北京教育科学研究院孵化项目"大数据背景下首都基础教育质量提升计划"研究成果

大数据背景下的
基础教育质量提升

思维与应用

张熙 等 ◎ 著

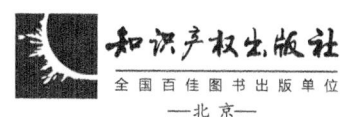

全国百佳图书出版单位

——北京——

图书在版编目（CIP）数据

大数据背景下的基础教育质量提升：思维与应用/张熙等著. —北京：知识产权出版社，2024.9. —ISBN 978-7-5130-9512-9

Ⅰ. G632.0

中国国家版本馆 CIP 数据核字第 2024YK0472 号

责任编辑：高　超　　　　　　　　责任校对：谷　洋
封面设计：邵建文　马倬麟　　　　责任印制：孙婷婷

大数据背景下的基础教育质量提升：思维与应用

张　熙　等◎著

出版发行	知识产权出版社 有限责任公司	网　　址	http://www.ipph.cn
社　　址	北京市海淀区气象路 50 号院	邮　　编	100081
责编电话	010-82000860 转 8383	责编邮箱	morninghere@126.com
发行电话	010-82000860 转 8101/8102	发行传真	010-82000893/82005070/82000270
印　　刷	北京九州迅驰传媒文化有限公司	经　　销	新华书店、各大网上书店及相关专业书店
开　　本	720mm×1000mm　1/16	印　　张	19.25
版　　次	2024 年 9 月第 1 版	印　　次	2024 年 9 月第 1 次印刷
字　　数	300 千字	定　　价	88.00 元

ISBN 978-7-5130-9512-9

出版权专有　侵权必究

如有印装质量问题，本社负责调换。

序　言

为贯彻落实国家和北京市相关教育政策，贯彻落实习近平总书记关于教育的一系列重要讲话精神，主动应对数字时代的教育挑战，北京教育科学研究院（以下简称北京教科院）在2021年工作计划中提出"设立重点方向的孵化项目"，拟在核心业务中开展跨部门、前瞻性研究，以提升学校质量和变革学习方式的课程、教学、评价综合改革研究支持形成首都高质量教育发展新格局。

一、研究背景

（一）何谓"孵化"

孵化一词可以用来比喻事物逐渐形成的过程。"孵化项目"就是在新的背景下培育新的项目计划。从宏观方面讲，新的背景至少需要关注时代和政策两大方面。

一是时代背景。如何利用在线教育提升基础教育质量和人才培养质量，是教育界和社会各界共同关注的时代问题。数字化的迅猛发展为学校治理数字化转型提供了理念引导和技术支持。数字化赋能表现在学校课程开发、教学设计、师生管理、综合评价等方面，在促进教育数字化与学校治理有机结合的过程中，学校治理的数字化发展暴露出基建不完善、数据安全系数低和整体联通不畅等问题。

更多学者关注的是"学生获得问题"，即面向21世纪的人才培养问题。马克·平恩斯卡（Marc Prensky）曾提出"数字原住民"概念，他认为，对于数字原住民来说，互联网不仅可以迅速、便捷地获取所需的信息，而且信息交互的方式不依赖于现实生活中的人际关系，因此"数字原住民"有新型的学习方式。然而很多学者发现尽管学生依靠搜索引擎能够迅速获得大量信息，但是并不能真正理解所学的知识，更不能形成解决问题的能力，因此"学生核心素养"成为全球教育改革研究的焦点议题，世界各国和地区以及国际组织争相提出21世纪核心素养框架。在中国语境下，素养是一种道德性运用知识解决复杂问题的能力，也是生命个体品质与气质的完整体现。2016年，中国学生发展核心素养框架体系正式发布，框架提出"人文底蕴、科学精神、学会学习、健康生活、责任担当、实践创新"6大素养。核心素养概念的提出是当今时代人才培养战略的智慧结晶和价值向度，为面向未来，我们应培养什么样的人指明了方向，必将对未来的教育改革产生更为深远的影响。

随着数字技术、智能技术的发展以及与教育评价的进一步融合，针对一些非认知类的、综合型、表现型核心素养的测评取得了初步进展，国际学生评估项目（The Programme for International Student Assessment，以下简称PISA）具有典型意义，它通过人机互动系统实现了对创造性问题解决能力、合作问题解决能力、全球素养的测评，引发了世界各国的关注，但是，教育评价数字化转型中存在"技术至上""数据至上"的风险，如何坚持价值先行、以人为本的理念与原则是我们面临的前所未有的挑战。

二是政策背景。《中国教育现代化2035》（2019）是我国第一个以教育现代化为主题的中长期战略规划，为教育变革、教育信息化的发展进行顶层设计，明确了实施路径。其中，加快信息化时代教育变革战略提出建设智能化校园，统筹建设一体化智能化教学、管理与服务平台。利用现代技术加快推动人才培养模式改革，实现规模化教育与个性化培养的有机结合。创新教育服务业态，建立数字教育资源共建共享机制，完善利益分配机制、知识产权保护制度和新型教育服务监管制度。

2019年，教育部颁布了关于新时代科研和教研要求的两个文件。《关于加强新时代教育科学研究工作的意见》认为教育科学研究是教育事业的重要组成部分，对教育改革发展具有重要的支撑、驱动和引领作用。该文件提出，按照国家教育现代化总体部署，构建更加健全的中国特色教育科研体系，力争用5年左右的时间，重点打造一批新型教育智库和高水平教育教学研究机构，建设一支高素质创新型科研队伍，催生一批优秀教育科研成果。而《关于加强和改进新时代基础教育教研工作的意见》则提出了教研的四项主要任务，即服务学校教育教学，引领课程教学改革，提高教育教学质量；服务教师专业成长，指导教师改进教学方式，提高教书育人能力；服务学生全面发展，深入研究学生学习和成长规律，提高学生综合素质；服务教育管理决策，加强基础教育理论、政策和实践研究，提高教育决策的科学化水平。

2020年，《深化新时代教育评价改革总体方案》以习近平总书记关于教育的重要论述为根本指导思想，重申教育评价事关教育发展方向。指明了新时代教育评价改革的发展方向，明确了教育评价改革的实施路径。

2021年，《关于进一步减轻义务教育阶段学生作业负担和校外培训负担的意见》提出切实提升学校育人水平，持续规范校外培训（包括线上培训和线下培训），有效减轻义务教育阶段学生过重作业负担和校外培训负担（双减）。具体的工作目标是：学校教育教学质量和服务水平进一步提升，作业布置更加科学合理，学校课后服务基本满足学生需要，学生学习更好回归校园，校外培训机构培训行为全面规范。学生过重作业负担和校外培训负担、家庭教育支出和家长相应精力负担一年内有效减轻、三年内成效显著，人民群众教育满意度明显提升。

新的背景使得北京基础教育研究面临传统经验提升为新优势、锻造新模式、激活新动能和开创新赛道的机遇与挑战。

（二）何谓"重点方向"

北京教科院成立于1996年，主要职责是进行教育科学应用、基础理论、教育发展战略、教育教学方面的研究，为提高教学质量、教育管理和决策水平服务，在上述研究领域中显示出特色，如：

教材建设方面：持续推进课程思政研究，将国家"育人蓝图"转化为"育人施工图"。协助北京市教委研制系列课程方案，率先提出"课程育人、实践育人和课程赋权"等思路和举措，受到教育部高度肯定并在全国推广。编写修订语文、数学、英语等14个学科158册教材，供上百万北京市中小学生学习使用，发挥了重要的育人作用。在教材修订过程中，多措并举守牢守好教材意识形态阵地，不断完善教材建设的责任链、流程链、服务链，努力构建与首都地位相匹配的新时代高质量教材体系。

课程研究方面：自主研发开展A-S-K课程实验，形成学生核心素养培养的课程—教学评价一体化解决方案，并走进教育实践，取得了良好的效果。A-S-K课程实验是以培养学生的态度（Attitude）、技能（Skill）和知识（Knowledge）为基础，以发展学生核心素养为目标，培养学生综合能力与创新思维的面向未来的教育实验。A-S-K课程实验秉持课程、教学、评价一体化的理念，以现行学校课程为基础，以核心素养指标框架为导向，以学生自主构建为主要学习方式，目的是实现学校对学生核心素养的进阶式培养。

数字教育方面：经历2003年非典时期的远程教学，2014年的极端天气（暴雪）、2015—2016年空气重污染等恶劣天气的红色预警的弹性学习，对利用数字技术让每一个受教育者可以获得高水平的教育服务有了更清晰的认识。北京数字学校的成立就是依托优质的数字化教学资源构建公共服务的新模式。北京市教委领导，北京教科院牵头全市教科研部门，汇聚了上万节与教材同步的数字课程。

教育测评方面：拥有我国基础教育教学研究领域中唯一的教育测量与统计研究应用团队，团队成员部分为国家课程标准组核心成员、部分为国家基础教育质量监测中心特聘专家。团队掌握国际先进教育测量与统计挖掘技术，具有多年校外大规模教育质量测评、问题解决（合作问题解决）等核心素养的测评经验；具有教学追踪实验研究的实施经验；具有核心素养测评作答过程中海量数据的挖掘经验。

研究团队拥有核心技术和重要成果，但是新时代的教育任务的复杂性问题不是一个团队能够完全解决的，我们需要考虑的是，如何基于上述基础进行新时代的教育研究。我们在研究思路上共识了四个一致，即与未来谋划相一致，教育领域改革小逻辑符合深化综合改革的大逻辑；与教育改革方向相一致，在核心素养新课程方案框架下研究操作机制；与首都高质量发展相一致，在"减量发展"的理念下探索有首都特点的基础教育教育质量提升方法；与专业促进工作质量提升相一致，在教科研研究与服务深度融合上下功夫。

按照这个思路，北京教科院组织基教所、基教研中心、课程中心、创新教育中心等核心研究队伍，召开多次多部门研讨会，开展国内外教育质量提升的比较研究，向学术委员会专家进行咨询，严肃认真地提出了"大数据背景下首都基础教育质量提升计划"（Big-EQ）孵化项目，经过第15次院党委会批准，正式展开研究。研究强调循证、数智、联合，以贯彻落实"双减"等政策为线索，聚焦首都基础教育质量提升的热点、难点，着力实践改进。

二、研究突破

"大数据背景下首都基础教育质量提升计划"（Big-EQ）孵化项目追求以高质量的研究促进首都基础教育高质量发展。在分析国内外已有研究和相关文件基础上，探寻首都高质量教育的内涵、结构与基本特征，构建综合质量改进系统和关键能力提升系统，形成以"一库一测 N 坊"为特征的首都基础教育高质量支持体系。

"一库"是指研究库（数据库），"一测"是指关键能力测试，"N 坊"是以教研员、学科带头人、骨干教师等为培训对象，依据"一测"结果，建立由通识和学科内容相结合的培训工作坊，促进其专业素养的提升，最终指向教学质量的改进。应该说，"一库一测 N 坊"是相互联系、相互支撑的，通过基础研究、测试技术以及培训的支持，教育高质量发展才有可能。

（一）"一库"

研究库主要以贯彻落实"双减"等文件为主线，针对政策落地的难点团队开展了政策分析、课内课后一体化设计、课堂教学改进以及作业设计四个方面的研究，目的在于提高政策理解力，提高学校教育质量，提高课堂教学质量，落脚于学生的实际获得和素养提升。

1. 政策分析

减负问题的研究我们并不陌生，从 1955 年第一份减负令至今已经过去 60 余年。从发文主体看，除"双减"文件，其余文件的发文主体都是"教育部"。从发文时间看，2000 年前的文件着力课堂内的负担，政策靶向是课程设置和教学时数、限制作业量等；2000 年后，主要靶向是制度性安排，例如取消百分制、免试升初中等。对于研究机构而言需要全面准确把握"双减"实质。"双减"意见首次将作业负担和校外培训负担共同作为减轻学生学业负担的两大重任，这是一个全新的变化。

《关于进一步减轻义务教育阶段学生作业负担和校外培训负担的意见》包括八个方面，共 30 条要求；《北京市关于进一步减轻义务教育阶段学生作业负担和校外培训负担的措施》包含七个方面，共 31 条措施。归结为"三限"：数量、时间、收费；"三严"：内容、资本、广告；"三提升"：质量、作业、课后；"三管"：教学、评价、教师。我们可以看到，两个文件在主旨思想、工作重点等方面一脉相承，但是也有不同，例如，在工作目标上，北京郑重承诺，到 2021 年 12 月底前，学生过重作业负担和校外培训负担、家庭教育支出和家长相应精力负担有效减轻，两年内成效显著。

习近平总书记在两会期间（2021）对校外机构乱象问题做了回应，强调的中心是教育是党之大计国之大计；强调的原则是要坚持教育公益性；强调的路径是全面治理，不是教育部门单独的事情。提示我们必须从立德树人、解决民生和深化改革三个角度加强"双减"的思想共识。

落实"双减"要求，是缓解教育焦虑，落实"人民为中心"思想的具体体现；是尊重教育规律，系统解决中小学生负担过重，扎实推进立德树人的重大行动。要把思想统一到中央精神上来，这是是深化教育综合改革，强化学校教育主阵地作用，构建首都高质量教育体系的必然要求。

"双减"政策首次将作业负担和校外培训负担共同作为减轻学生学业负担的两大重任，而省级和地市级的政策是确保减负能否落实的关键。基于政策工具的理论视角，项目组梳理了28个省89个市共计461份校内减负政策文本和校外培训机构规范政策文本，构建"政策工具—减负类型"二维分析框架进行文本分析。研究发现，权威工具和能力建设工具使用过溢，激励、象征与劝诫、系统变革工具使用不足；省级层面和地市级层面的校内校外减负政策工具存在同质化现象；校内减负和校外减负政策工具选择之间存在不均衡情况。结合"双减"政策导向，未来省市级选择减负政策工具可以进行以下改进：以权威工具为抓手，优化减负政策工具使用结构，提升政策协同效力；减负政策推进关注"本土性"，寻求本地减负政策工具和政策文化、空间及受众的自洽；注重激励工具和系统变革工具的使用，对学生学业的管理由"双减"转向"双提升"。

2. 课内课后一体化设计

高质量教育必须进行课内课后一体设计。一是多措并举保障课内提质增效。严格落实课程方案和课程标准，聚焦核心素养导向的教学设计、学科实践（实验教学）、跨学科主题学习等重点；建立高质量作业设计机制，发布义务教育阶段教师优化作业的十条建议，作业总量和时长全面压减；加强校园阅读指导，创设和拓展学生阅读空间，以数字化手段建设师生阅读新场景；建立考试命题创新机制，推动考试评价从知识素养立意转化。调查显示[①]"双减"后教师在课程教材分析、学情分析、教学设计、作业研究、教学精准度把握、教学效率等方面的投入持续增加。二是丰富供给实现课后服务育人。100%的学校提供包含体育锻炼、作业辅导、课业答疑和素质拓展等内容的课后服务，98%的学校基本形成课后服务课程体系；调查中86%的学生参加了课后服务，92%的教师参加了提供课后服务，88%的家长"非常支持"和

[①] 北京教科院课程中心采用典型抽样方式，于2022年底对北京市6区、139所学校、5988名教师和28883名学生进行的问卷调查。本书序言"双减"相关数据均源于此次调查。

"比较支持"；51%的学生认为参与课后服务收获"非常大"；课后服务促进学生道德品质、身体素质、行为习惯、意志品质、审美情趣、责任担当、文化知识、人文情怀、思维方法、科学精神、探究能力、自主管理、合作能力、问题解决、技术应用等核心素养的形成。三是综合治理促进校外培训回归。率先出台课后服务教师绩效激励经费保障政策，在非学科培训治理上率先创设"行业归口+行为监管"治理模式，统筹校外培训治理和经济社会发展并使之成为学校教育的有益补充。目前校外培训治理已进入平稳期，政策机制日趋完善，执法检查持续经常，风险防范平稳可控，常态化治理格局基本形成。

3. **课堂教学改进**

课堂教学改进研究主要围绕"什么是一堂好课"这个主题进行研究。其价值取向为：为发展素质教育、提高教学质量提供思路；为中小学校整体性、结构化教学提供模型；为教师教学提供操作建议，从而促进课堂教学的转型优化升级，真正实现减负提质增效的目的。"双减"背景下中小学课堂教学提质增效的指导意见，并不求面面俱到，而是以切实有效地减轻学生过重学业负担、提升教育教学质量为目标，以"少而重要"为选择标准，力求突出核心要素，解决关键问题。指导意见按照"一个目的、三个维度、十个要素"逐层构建整体框架，围绕十个要素拟订具体意见。三个维度、十个要素并非简单的线性排列，而是互为照应、有效衔接，充分体现"目标—教学—评价"的一致性。课堂教学目标统领教学过程，课堂教学事件指向素养目标；教学需要反馈，评价也是教学；"核心素养导向""学习者为中心""支持深度学习"的教学理念贯穿课堂始终。具体讲：一是突出学科育人。学科教学要落实立德树人的根本任务，弘扬社会主义核心价值观，切实体现学科育人属性，促进学生养成积极向上的情感、意志和价值观念。课堂教学的育人目标应具体明确，贴合教材内容、贴近生活实践。二是聚焦学科思维。课堂教学要聚焦学科核心素养和关键能力的培养，指导学生在实践、体验的过程中掌握学科思想方法及解决问题的思维方式。要针对学科重要概念、原理和方法策略，设置素养导向的教学目标，引导学生形成普遍适用的、可迁移的问题解决思路，提高学生的创新思维能力。三是立足学生发展。学科教学要有利于学生的可持续性发展，要充分尊重学生天性，立足学生的已有知识、困惑和需求，在充分把握学情的基础上，制定合宜的教学目标，从学生发展和变化的角度描述教学目标。在课堂上教师应为学生提供充足的学习空间，促进学生的全面发展和健康成长。四是以学习主题为依托，使教学内容情境化。基于学习主题创设有利于激发学生学习兴趣，能引发学生持续探究和深度思考的情境。所设置情境要联结学生已有经验，联结有实践价值的学习内容。通过真实的学习情境，引起认知冲突、激发探究欲望，调动学生学习的主动性。五是以核心问题为引领，使教学内容结构化。基于课程标准和学生已有知识经验，凝练核心问题，精选有价值的教学内容。围绕核心问题对教学内容进行重组、整合，把握好教学内容在深度和广度上的平衡，体现情境性和逻辑性的统一。在教学中以核心问题为引领，聚合学习资源和材料，培养学生的迁移运用能力。六是以学习任务为载体，使教学内容活动化。基于情境和问题设计挑战性任务，以任务驱动学生学习。任务难度应与学生已有知识、技能水平相适应，匹配学生最近发展区。任务的数量和类型，要体现进阶的特点，有利于学生循序渐进展开学习。为学生提供必要的学习支架，帮助学生"做中学""用中学""创中学"。七是提供学习资源，运用适切教学方式。提供符合学习任务需求和学生认知特点的学习资源，支持学生解决问题，完成任务。根据学习目标和学习内容的特点，选择适宜的教学方式，灵活运用直接教学、体验式教学、探究式教学、项目式教学等多种教学方式，注重教学方式方法的实效。八是指导学习方法，促进多边互动交流。为学生提供体现学科本质特点的方法指导和思维点拨，指导学生向学科专家那样思考和探究。营造平等、民主、自由的课堂氛围，通过多边互动，激发学生积极蓬勃的学习态度。围绕核心问题和任务组织适切的交流活动，教师要在讨论过程中给予有效指导和帮助。九是全过程反馈和改进。要把教学反馈和改进贯穿到教学的每一个环节，包括课前的学习诊断、课中的教学评价和课后的效果检测等。以学习目标主导学习活动与课堂评价，体现教、学、评的一致性。注重评价标准与评价工具的适切性和操作性，指导学生基于标准开展自我评价和反思改进。十是全方位循证与调控。课前、课中、课后，要进行循证的分析和教学评价，基于证据进行及时的教学反馈和指导，为学生的学习改进提供方向和路径。通过观察、交流、问卷、量表等多种途径收集证据，全过程关注和分析学生的作品、作业及行为表现。积极运用现代教育技术手段，掌握真实学情，调控课堂进程。

4. 作业设计

课题组在北京市开展了问卷调研，调研发现全市在强化学校主阵地作用、统筹作业管理方面取得了阶段性成就。但是布置作业的主要来源仍是"直接使用教材习题"，自主设计还有较大的发展空间。教师呼吁进行分层作业设计的培训，可见科学进行分层作业是教师公认的难点。

由此，北京教科院针对作业问题开展了三次全市会议。第一次，2021年在朝阳实验小学，课题组发布了《北京市义务教育教师优化作业的十条建议》（以下简称《十条建议》），从树立正确的作业质量关；建立教师试做制度；明确作业留、做、批、评全过程管理环节和要求；引导教师立足学科特点，丰富作业类型，精心设计、精选内容，通过分层次、弹性化、个性化作业，切实发挥作业在学生成长中的作用，保证教、学、评一致性，落实"优化作业，减负提质"。第二次，2022年在北京汇文中学，课题组发布了《各学科作业指导手册》和《中小学综合类学习活动指导手册》（以下简称《指导手册》），《指导手册》从各学科调研和访谈中发现的作业现状入手分析，提出基于市级要求和学科特点的解决问题的基本策略，并分类给出了学科作业的样例示范。第三次，2022年在门头沟教育研修院，课题组介绍了在全市开展的优秀作业设计和作业案例征集情况，展示了优秀作业设计成果，这次优秀作业设计征集正是基于前期的《十条建议》和《指导手册》的基础上，搭建了市级优秀作业设计和案例征集平台，汇集全市各区县教研和学校教师的群体智慧，征集基于单元教学的课时作业设计和实施案例，通过各学科评选将优秀作业设计汇编成册下发学校，为教师提供具有学习借鉴价值的作业设计范本。12个学科分会场也聚焦本学科优秀作业设计成果进行展示交流。

通过《十条建议》《指导手册》和《优秀作业设计暨作业案例集锦》，课题组带领全市教研团队、学校和教师努力实践，发扬主动作为精神，切实落实"双减"文件，扎实推进作业优化，让学生发展落到实处。

（二）"一测"

"一测"主要是指关键能力测试。关键能力指创新意识、问题解决能力、推理能力以及信息能力等，着力创新与未来。

具体讲，就是要了解关键能力的发展现状：通过对代表性年级的测评，了解北京市中小学生关键能力的发展现状，提出促进关键能力的教学策略。制定并实施提升关键能力的方案：采用教学实验研究的方式，根据关键能力的内涵、结构、年龄特征、进阶路径，开发不同年级的学科教学设计方案，以学科教学和非学科指导为抓手促进中小学生关键能力的发展。建构关键能力测评框架：依据国际研究成果与新课程标准要求，建构关键能力内涵、测评框架的结构与要素，分析在年级或年龄水平上的典型特征表现。开发关键能力测试工具：确定学科载体，进行在线测试或网上测评工具的开发。实施关键能力测试：确定代表性年级与样本，实施测试。在此过程中，抓取过程性数据、获取文字题目原始作答数据、网阅评分数据。挖掘关键能力测试作答数据：清理数据、标准划定、分数链接、数据模拟、选择算法、进行数据分析与挖掘。反馈解释关键能力测试的分数报告，并析取提升策略：根据关键能力框架与数据分析挖掘结果，反馈与解读关键能力发展现状；凝练和析取关键能力的提升策略。指向关键能力提升的教学实验研究：基于前述实证研究，设计指向关键能力提升的大规模教学实验研究方案，开发渗透有效策略的教学设计方案并进行实施。

（三）N 坊

2018 年 PISA 测试结果表明，北京学生的阅读、数学与科学素养表现均居参测国家（地区）首位，各素养领域平均分高于我国其他三省市（上海、江苏、浙江），也高于其他参测国家（地区），取得这样的成绩是首都各种优势汇聚、各方共同努力的结果。其中，敬业爱岗、业务专精的教研队伍功不可没。以教研员、学科带头人、骨干教师等为培训对象，着力用人才培养人才。建立由通识和学科内容相结合的工作坊培训的方式，促进其专业素养的提升，最终指向教学质量的改进。

坚持首善标准，率先将国家要求"铺开来"。项目组时刻牢记"育人的根本在于立德"，主动全面投入《习近平新时代中国特色社会主义思想学生读本》编写试教中，带领学校先行先试，开发系列课程教学资源，组织开展多类型教研活动，形成示范教学课例，为读本在全国推广提供有力保障。同时，大力推动铸牢中华民族共同体意识教育内容充分融入中小学思政课，牵头组织全国思政课教师基本功、班主任基本功以及特殊教育教师教学基本功展示活动。持续开展京津冀跨学科、跨地域、跨工作组的联通互动，基于课改联盟项目推动下的三地协作发展逐渐达成共识，三地协作发展的工作路径与模式逐渐清晰。

坚持上好每一堂课，让师生成长"实起来"。课堂是教师的主战场，是培养人才的主渠道。基础教育既要夯实学生的知识基础，更要激发学生崇尚科学、探索未知的兴趣，培养其探索性、创新性思维品质。因此，"上好每一堂课"对师生的成长至关重要。教研是促进教师"知行合一""理论联系实际"的专业化过程，更在缩小"国家要求"与教师"个性化背景"差距的过程中

序　言

发挥着不可替代的独特作用。北京教科院教研团队深入课堂，把握教学实情，针对普遍性、关键性问题开展研究，以示范课、研究课为载体，以主题教研等多种形式为区教研、学校教师提供理论、工具和支架。

依托教育部学科教研基地、名师工作室、特级教师工作站、基地和工作坊，将优秀教学经验辐射推广；每年组织市级优秀课堂教学设计评选与交流，推出一批优质教学课例，促进教研成果的转化与应用。构建"两普双高"发展模式，办好百姓家门口的优质学校。坚持人民至上，坚持"在普通社区和普通学校以普通投入办人民满意的教育"，秉承"在普通的学校开展不普通的教育，让每一个平凡家庭的孩子都能获得教育享受"的理念，发挥专业智慧，将教育研究成果进行有效转化，因校制宜设计学校优质加速的路径、实施要点以及配套资源，设立学科基地，全面推进学校"高质量、高速度"发展。

与讲座培训相比，工作坊培训设计通常规模较小、互动较多，有任务主题，效果较好。项目组在北京教科院的支持下已在全市开展了17期命题与评价专题工作坊培训，已开发录像课分析系统并在全市开展应用，均获得广泛认可。逐渐构建起具有首都特色的"校—区—市"三级贯通中小学思政课教研体系和班主任培养保障体系，开展第五届优秀班主任市级工作室培训活动，指导全市16个区工作站和140个学校工作坊进行专题研修。

"一库一测N坊"力求综合改革研究和重点突破相结合，历时一年有余，研究成果十分丰富，最终选取了思维与运用、机制与路径作为孵化项目成果的代表。"思维与运用"聚焦问题解决能力，该能力需要学生在现实情境中，提取和理解给定的信息，识别问题的相关因素及其相互关系，构建或运用外部表征去解决问题，并表达、论证、反思他们的解答。研究构建了小学数学和综合实践活动中的问题能力测评方案，论证了测评框架、标准、方式、水平描述等，并通过实际测评既反映了教学质量现状，也提供了质量提升的建议。"机制与路径"则总结了国内外基础教育质量发展状况，厘清了首都基础教育质量提升的历史进程，分析了大数据时代对人才培养的新要求，阐述了不同时期质量提升的不同机制，并对项目制、贯通培养等路径做了探索。

三、几点思考

当代社会变化太快，在这种环境中生存，无论是理念还是具体的操作方式都时时刻刻面临挑战，只有提升主体的判断力、选择力、创造力、适应力和主动性，才能在变动不居的社会中生存发展。孵化项目的研究历程让我们直面强大的冲击和教育改革深水区的考验，很多没有预料的、不确定的变化对学校教育提出要求，例如：新冠病毒感染疫情的影响，学校教育的长效与短效问题，数字化如何赋能，评价如何有效等，在研究推进中，出现实践打破当初预设的情况，例如分类作业的效能问题，但是我们并没有固守预设而是根据实践需要改变预设。其实这种改变显现了理论和实践的互动，在"改变人"和"改变事"上的"伟力"，展现了教育改革主体的巨大创造性，正因如此，也让我们获得了"技术、方法、心灵、精神、智慧"的力量。

第一是"系统设计"。在项目研究初期我们努力地构建"一库一测 N 坊"，试图为政策落实、学校整体系统变革服务。在推进过程中，原来显稚嫩、不稳定的因素逐渐清晰，在制度、机制、测评体系和实践改进方面都有了不同程度的推进。

第二是"理实融通"。如果说系统化是结构清晰的话，"理实融通"就是要形成理论和实践的良好互动。"融通"的基础是"通"。理实融通是相互滋养和丰富的过程。只有理念变成教师的习惯和新基本功时，理念才是生根了，才能对日常教育教学发生作用。

第三是"细节管理"。细节并不是无休止的碎片化，而是指系统内的"关键细节"，是"节点性事件"。例如，新冠病毒感染疫情出现后，项目组配合北京市教委制定了《线上线下课程实施指导意见》和学生居家学习指南，及时牵头建立起全市线上应急教学体系，有力地支持了十万教师、百万学生顺利开展教育教学，保障了特殊时期全市教学工作的基本运行秩序，为社会稳定大局做出重要贡献。全力协助行政部门研制了《北京市义务教育课程实施办法》、幼儿园课程设置方案、评价体系与实施办法，将教育"深综改"的目标转化为具体可行的教育教学制度、方案及措施，并开展了扎实的教师培训、教学指导、专题研究等工作，《北京日报》、光明网、学习强国等媒体进行了详细报道。

第四是"合作共建"。既体现在北京教科院内部各所、中心的联合，也以北京教科院为核心构建了市区校三级研究机制，统筹指导区域和学校开展教科研工作，实现所有区全覆盖。中小学教研团队还建设"流动教研"机制，建立常态化的"流动"教研基地，对各区教育教学"精确问诊"。早教团队建立纵向深入、横向联动的学前教研共同体工作机制，形成具有区域特色的教研工作指导策略。特教团队形成上下联动、普特融合的教研方式，培育了

序　言

一支跨专业协同的特教教研队伍

　　正是由于实实在在地在"做"，切切实实地在"悟"，因此才真真实实地成长了。孵化项目组在研究推进中成功立项了北京市教育规划重大课题"新时代北京市中小学生创新思维评价及培养路径研究"。研究基于中小学生创新思维发展水平可测量、可常态化培养的研究假设，定位于教育教学实践研究，着力解决中小学生创新思维培养存在的"三多三少"矛盾，力图在理论上实现创新思维概念的本土化、可操作化；在方法上实现创新思维评价的信息化、情境化；在实验上实现创新思维培养的科学化、多路径化；在政策上为国家创新人才早期培养提供北京方案。其研究重点在于：①提出创新思维的本土化概念、内涵、要素、结构；构建适用于北京市中小学创新思维测评的操作模型。②开展学科、跨学科、整体性教育教学实验，探索北京市中小学创新思维培养的多元路径。对于创新思维测评，如何引入更科学先进的体系、流程、技术改进创新思维评价的框架构建、命题、实施等一直有待突破，因此本研究的难点体现在：①中小学生创新思维测评工具的开发；②情境化测试的大规模实施。这正是"一库一测"的深化，可以说，这两本小册子既是孵化项目的汇集，也是北京市教育规划重大课题"新时代北京市中小学生创新思维评价及培养路径研究"的阶段成果。

　　其实，从与宏观教育改革上讲，孵化研究也好，重大研究也罢都只是当今首都、中国教育改革大潮中的一朵小小浪花，它的飞跃之势是由于激越的大潮与坚硬的礁石相碰撞而迸发。在这个研究过程中，我们遇到了什么、思考了什么、回答了什么、改变了什么、获得了什么都将深刻地影响每一位项目、课题研究成员，影响每一所学校每一名教师，从而影响整个教育体系，这就是本研究对首都教育乃至中国教育改革的意义。

张　熙
2024.09

| 目　录 |

第一章　问题解决思维能力测评方案 …………………………… 001

　第一节　小学数学问题解决思维能力测评方案／001

　　　一、测评框架／001

　　　二、测评标准／004

　　　三、测评方式／006

　　　四、分数构成／006

　　　五、水平描述／007

　　　六、样题示例／007

　第二节　综合实践活动问题解决思维实践能力测评方案／011

　　　一、测评框架／011

　　　二、测评标准／013

　　　三、测评方式／015

　　　四、分值分布／016

　　　五、水平描述／017

　　　六、样题示例／017

第二章　小学数学问题解决思维能力测评分析及建议 …………………… 021

　第一节　小学数学问题解决思维能力测评概况／021

　　　一、框架构成／021

　　　二、水平描述／022

　　　三、工具制定与实施／023

　　　四、测评情况／024

　第二节　小学数学问题解决思维能力测评结果及分析／025

　　　一、测评结论／025

二、总体结果 / 025

三、性别比较 / 030

四、不同地域比较 / 035

第三节 影响小学数学问题解决思维能力的相关因素分析 / 041

一、相关因素分析结论 / 041

二、相关因素结果分析 / 041

第四节 小学数学问题解决思维能力高低水平学生特点分析 / 059

一、特点 / 059

二、特点分析 / 059

第五节 小学数学问题解决思维能力问题与建议 / 064

一、当前现状 / 064

二、问题与建议 / 067

第六节 小学数学问题解决思维能力录像课分析 / 074

一、研究目的 / 074

二、录像课样本 / 075

三、研究方法与工具 / 076

四、研究结果 / 080

五、结论 / 098

六、教学改进建议 / 098

第七节 小学数学问题解决思维能力教学质量分析 / 099

一、教学质量现状 / 100

二、现状分析 / 102

三、提升建议 / 106

第三章 小学综合实践活动问题解决思维实践能力测评分析及建议 ……… 111

第一节 小学综合实践活动问题解决思维实践能力测评概况 / 111

一、框架构成 / 111

二、水平描述 / 112

三、工具制定与实施 / 112

四、测评情况 / 114

第二节 小学综合实践活动问题解决思维实践能力测评结果及分析 / 114

　　　　　一、测评结论 / 114
　　　　　二、测评结果分析 / 115
　　　　　三、性别比较 / 119
　　　　　四、不同地域比较 / 122
　　第三节　影响小学综合实践活动问题解决思维实践能力的
　　　　　相关因素分析 / 126
　　　　　一、相关因素分析结论 / 126
　　　　　二、相关因素分析 / 127
　　第四节　学生特征分析 / 150
　　　　　一、基础特征分析 / 150
　　　　　二、学习品质特征分析 / 153
　　　　　三、学习特征分析 / 153
　　第五节　小学综合实践活动问题解决思维实践能力问题与建议 / 155
　　　　　一、当前现状 / 155
　　　　　二、问题与建议 / 157
　　第六节　小学综合实践活动问题解决思维实践能力录像课分析 / 164
　　　　　一、研究目的 / 164
　　　　　二、录像课样本 / 164
　　　　　三、研究方法 / 165
　　　　　四、研究结果 / 168
　　　　　五、结论 / 187
　　　　　六、教学改进建议 / 189
　　第七节　小学综合实践活动问题解决思维实践能力教学质量
　　　　　分析及提升建议 / 190
　　　　　一、教学质量现状 / 190
　　　　　二、质量提升建议 / 191

第四章　中学综合实践活动问题解决思维实践能力测评分析及建议 …… 194
　　第一节　中学综合实践活动问题解决思维实践能力测评概况 / 194
　　　　　一、框架构成 / 194
　　　　　二、水平描述 / 195
　　　　　三、工具制定与实施 / 195

第二节 中学综合实践活动问题解决思维实践能力测评结
果及分析 / 197
  一、测评结论 / 197
  二、总体结果 / 198
  三、性别比较 / 201
  四、不同地域比较 / 205
第三节 影响中学综合实践活动学生思维实践能力的相关
因素分析 / 210
  一、相关因素分析结论 / 210
  二、相关因素分析 / 210
第四节 学生特征分析 / 239
  一、在性别上的差异 / 239
  二、家庭背景的特征分析 / 239
  三、学习品质特征分析 / 240
  四、学习特征分析 / 242
第五节 中学综合实践活动问题解决思维实践能力问题与建议 / 244
  一、当前现状 / 244
  二、问题与建议 / 247
第六节 中学综合实践活动问题解决思维实践能力录像课分析 / 254
  一、研究目的 / 254
  二、录像课样本 / 254
  三、研究方法 / 255
  四、研究结果 / 256
  五、结论 / 276
  六、教学改进建议 / 276
第七节 中学综合实践活动问题解决思维实践能力教学质量
分析 / 278
  一、教学质量现状 / 279
  二、现状分析 / 281
  三、提升建议 / 282

后　记 ·· 285

第一章
问题解决思维能力测评方案

第一节 小学数学问题解决思维能力测评方案

问题解决思维能力的培养是许多国家教育的核心目标之一。在现实情境中，学生要有能力提取和理解给定的信息，识别问题的相关因素及其相互关系，构建心理表征或运用外部表征去解决问题，并表达、论证、反思他们的解答方案。问题解决广泛地存在于数学、阅读、科学等学科之中。

一、测评框架

（一）理论依据

皮亚杰把认知发展划分为四个阶段：感知运动阶段（0—2岁）、前运算阶段（2—7岁）、具体运算阶段（7—11岁）、形式运算阶段（11岁以后）。[1] 小学生的认知发展处于具体运算阶段，这个阶段的学生基本具备了从多方面看问题并解决问题的能力。

国际学生评估项目（Programme for International Student Assessment，以下简称PISA），是目前世界上最具影响力的国际学生学习评价项目之一。PISA以问题解决的基础研究为根基，系统测评15岁学生基于阅读、数学、科学等跨学科的问题解决能力。

问题解决经历了如下发展过程：2003年是基于纸笔测试评估个人问题解

---

[1] David R. Shaffer, Katherine Kipp. 发展心理学[M]. （第九版）邹泓，等译. 北京：中国轻工业出版社，2016：209.

决能力，2012年是基于计算机评估个人问题解决能力，2015年是基于计算机评估协作问题解决能力。

在《义务教育数学课程标准（2022年版）》（以下简称义务教育数学课标）中，课程目标以学生发展为本，以核心素养为导向，进一步强调学生获得数学基础知识、基本技能、基本思想和基本活动经验（简称"四基"）发展运用数学知识与方法去发现、提出、分析和解决问题的能力（简称"四能"），形成正确的情感、态度和价值观。

2012 PISA测试的主项是数学，其目标是评估学生的数学素养。中国上海的数学成绩最高，平均分为613分，超过排名第二的新加坡的数学成绩40分。[①] 但是在协作问题解决能力方面，上海的绝对值排名第七。PISA对协作问题解决能力进行了预测，形成了预测值，然后再进行实际测量，并得到实际值。中国学生的实际问题解决表现成绩低于预期表现成绩，这说明中国学生问题解决协作能力比纸笔测试成绩低，所以相对表现是倒数第二。中国学生纸笔测试成绩高于问题解决能力的现象值得我们思考。

（二）框架特征

①问题解决能力为学生将来学习、有效地融入社会及开展个人活动奠定了基础。个人问题解决能力的研究为人们应对生活中的挑战，运用概念、判断、推理等基本思维方式及其他认知能力打开了一扇窗。

②以义务教育数学课标为基础，借鉴PISA测试框架，结合北京市义务教育阶段小学数学教学现状和学生学习现状，旨在评估和报告学生建构在小学学科基础之上的问题解决能力的表现，而不在于报告学生已习得的课堂知识水平。

③基于小学数学问题解决思维能力的测评。

（三）问题解决思维能力

问题解决是在没有明显可行的解决路径的情况下，个体运用认知过程面对和解决真实的、学科内的问题情境的能力，在这些问题情境中，解决途径并不是显而易见的，而可以适用于该情境的文化或课堂知识，将既定状态转

---

① 2012 PISA成绩公布：上海学生各科成绩均位居第一 [EB/OL]. [2023-06-06]. http://edu.people.com.cn/n/2013/1204/c1053-23741846.html.

化为目标状态的认知加工过程。

（四）小学数学问题解决思维能力框架

小学数学问题解决思维能力框架中的核心要素，如图 1-1-1 所示。

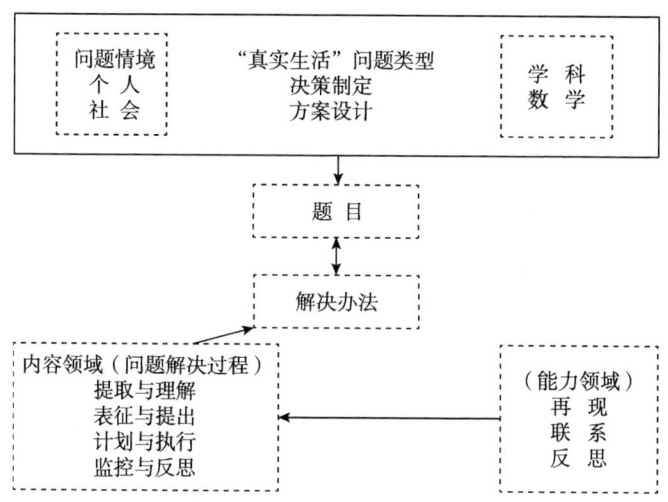

图 1-1-1　小学数学问题解决思维能力框架中的核心要素

关于问题类型的解释，见表 1-1-1。

表 1-1-1　关于问题类型的解释

问题类型	具体要求
决策制定	要求学生理解情境中的多种可供选择的可能性和约束条件，并制定一个满足所有约束条件的决策
方案设计	要求学生根据问题背景中各属性之间的关系，分析复杂情境以理解其逻辑，并设计一个有效的且能实现某些目标的方案

关于内容领域（问题解决过程）的解释，见表 1-1-2。

表 1-1-2　关于内容领域（问题解决过程）的解释

内容领域 （问题解决过程）	具体要求
提取与理解	目标是构建问题中每一个信息片段的心理表征，这包括：探索问题情境，即去观察、与之互动、搜寻信息，找出限制及障碍；接着理解已有信息及问题情境互动中发现的信息；证实相关概念的理解

续表

内容领域 （问题解决过程）	具体要求
表征与提出	目标是构建问题情境连贯的心理表征（一个情境模型或一个问题模型）。要做到这一点，必须选择相关信息，进行重新组织并与相关的先验知识进行整合。这包括：问题表征通过构建表格、图形、符号或者言语去实现，并在表征形式之间进行切换；接着通过识别问题的相关因素及其相互关系提出假设；组织并批判性地评估信息
计划与执行	计划由设置目标和制订计划或策略所组成，前者包括清晰整体的目标，如有必要设置子目标；后者包括达成目标状态的实施步骤；执行，即把计划付诸实践
监控与反思	监控每一阶段的进程，包括检查过程及最终结果，察觉意外事件，必要时采取补救措施；及时反思，从不同视角审视解决方案，批判性地评估假设及替代性方案，确认额外信息

关于能力领域的解释，见表 1-1-3。

表 1-1-3　关于能力领域的解释

能力领域	具体要求
再现	对所学的数与代数、图形与几何、统计与概率、综合与实践四个领域中的基本概念和基本规律具有初步的感性认知，能够在熟悉的情境中对其结构和含义进行辨认、加工和重组
联系	在将实际问题进行抽象的过程中，能将信息进行加工、整理，发现其中的逻辑关系，进行推理，并调用知识、经验和策略，从而解决问题
反思	在再现和联系的基础上，能够从不同视角审视解决方案，有目的地进行自我校准，并有效地进行修正和调整

二、测评标准

小学数学问题解决思维能力评价既要运用多个范畴的背景和知识，又要具备运用各学科知识的运用能力。同时评估问题解决类型的各个方面，并对问题解决的能力水平进行分类和说明。

（一）评价指标体系

小学数学问题解决思维能力的评价指标体系，见表 1-1-4。

表 1-1-4　小学数学问题解决思维能力的评价指标体系

评价指标体系		
一级指标	二级指标	评价要素
题目	背景	个人
		社会
	"真实生活"问题类型	决策制定
		方案设计
	性质	互动
		静态
	学科	数学
内容领域（问题解决过程）	提取与理解	①把握联系，理解信息 ②理解问题，将问题转化
	表征与提出	①用文字、符号、图画、语言等将信息整理表述出来 ②将问题定向
	计划与执行	①构建解决问题的方案 ②确定解决问题的策略 ③调用相关的知识技能 ④对解决问题的过程进行表达
	监控与反思	①能回顾与反思解决问题的过程 ②围绕解决问题的过程进行再思考

（二）内容领域

小学数学问题解决思维能力的内容领域，见表 1-1-5。

表 1-1-5　小学数学问题解决思维能力的内容领域

		决策制定	方案设计
涉及的过程	提取与理解	提取出相关的约束条件，并能够理解一个存在着不同选项、约束条件和特定任务的情境	提取特定任务相关的约束要求，并理解关于给定情境所涉及的条件要素间的相互关系
	表征与提出	通过表格、图形、符号等表征出可能的选项，并提出决策的初步思路	通过表格、图形、符号等表征出所需设计方案各部分之间的关系，并提出初步的设计方案

续表

		决策制定	方案设计
涉及的过程	计划与执行	设定明确目标并设计可行性的计划，从计划可选项中选出方案做出决策	设定符合相关约束条件的明确、合理的计划，并依据方案设计
	监控与反思	监控做出决策的每一阶段进程，并反思已做出决策的结果的合理性	监控设计方案过程中的每一阶段是否优化且合理，并反思和评价方案设计的可实施性

三、测评方式

小学数学问题解决思维能力的评价，针对小学数学学科，采用纸笔测试和问卷相结合的方式进行评价。测试题型包括选择、填空、问答，测试时间为 120 分钟。

四、分数构成

内容领域分数构成，见表 1-1-6。

表 1-1-6　内容领域分数构成

内容领域	所占比例（%）
提取与理解	约 40
表征与提出	约 30
计划与执行	约 20
监控与反思	约 10
合计	100

能力领域分数构成，见表 1-1-7。

表 1-1-7　能力领域分数构成

能力领域	所占比例（%）
再现	约 25
联系	约 50
反思	约 25
合计	100

五、水平描述

小学数学问题解决思维能力水平描述，见表1-1-8。

表1-1-8 小学数学问题解决思维能力水平描述

	水平描述
三级水平	反思的、善于表达的问题解决者 ①提取与理解方面：能有目的地搜寻信息，找出相关信息，并能在信息与信息、信息与问题之间建立联系 ②表征与提出方面：借助表格、图形、符号等直观方式表征出对问题情境的理解，并能提出解决问题的初步设想，对所提出的设想有基本的评估 ③计划与执行方面：能够设定明确目标和可行性的计划，并解决问题 ④监控与反思方面：能检查解决问题的过程和最终结果，能从不同视角审视解决方案，并做出相应的修改和替代
二级水平	推理的、做决定的问题解决者 ①提取与理解方面：能有目的地搜寻信息，并找出相关信息 ②表征与提出方面：借助表格、图形、符号等直观方式表征出对问题情境的理解，并能提出解决问题的初步设想 ③计划与执行方面：能够设定明确目标和可行性的计划，但是未能调用相关的知识与技能解决此问题；或者所使用知识与技能正确，但计划不够完备，导致问题不能解决 ④监控与反思方面：能检查解决问题的过程和最终结果，能按照原计划审视解决方案，或者能从不同视角审视解决方案，并做出相应的修改和替代
一级水平	基本的问题解决者 ①提取与理解方面：能有目的地搜寻信息 ②表征与提出方面：借助表格、图形、符号等直观方式表征出对问题情境的理解 ③计划与执行方面：能够设定明确目标，但是计划不够完备，未能调用相关的知识与技能解决此问题 ④监控与反思方面：没有对问题解决的过程和最终结果反思的意识

六、样题示例

样题1：木匠有32米木材，想要在花圃周围做边界。他考虑将花圃设计成以下造型。不能实现的设计是（   ）。

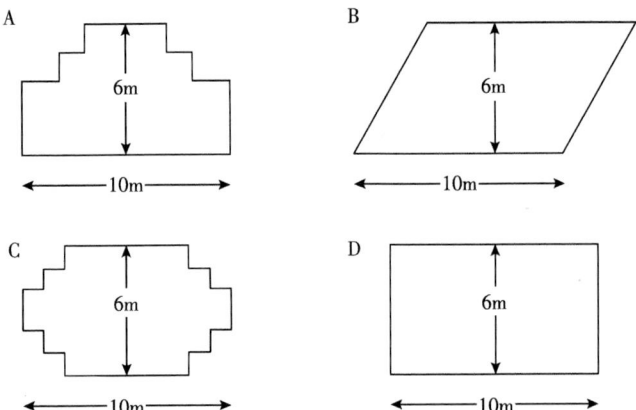

答案要点：B
题　　型：选择题
题目背景：个人
问题类型：决策制定
题目性质：静态
能力层次：再现
题目难度：易

样题 2：在长 100 米、宽 50 米的长方形广场，大家站着听一场演唱会，下面哪一个数据最接近来参加演唱会的人数（　　）。

A. 5000　　　B. 20000　　　C. 50000　　　D. 100000

答案要点：B
题　　型：选择题
题目背景：社会
问题类型：决策制定
题目性质：静态
能力层次：联系
题目难度：中

样题3：某道路沿线上有8个垃圾站点，每天要把回收的垃圾整理后运送到总站（总站也可以设在站点上）进行处理，现在需要在这条道路上设置一个地方建垃圾处理总站，但要使所有垃圾站点运送垃圾车行驶的距离总和尽可能地短。

如下图的8个垃圾站点，你认为此时总站应该设在什么位置？请简要说明你是如何安排的。（单位：千米）

○—1—○—1—○—1—○—1—○—2—○—4—○—1—○

答案要点：安排在站点4，站点5或站点4、5之间

题　　型：问答题

题目背景：社会

问题类型：决策制定

题目性质：静态

能力层次：反思

题目难度：难

样题4：北京市某家大型接待公司，经常派车去首都机场接送客人，每次接送客人时，都遵守道路安全法把车辆停在机场停车楼等候。

可供选择的车型	
小轿车	核定为7座以下（含7座）客车、载重1吨以下（含1吨）货车、摩托车
面包车	核定为8座至19座（含19座）客车、载重1吨以上至7吨（含7吨）货车
大客车	核定为20座至40座（含40座）客车、载重7吨以上至15吨（含15吨）货车
重型车	核定为40座以上客车、载重15吨以上货车、集装箱运输车

> **关于调整北京首都国际机场停车楼收费标准的通知**
>
> 北京市物价局
> 发布日期：2000-04-29 实施日期：2000-05-01
> （京价（收）字 [2000]192号）
>
> 北京首都国际机场：
>   为进一步加强北京首都国际机场停车楼收费标准与我市公用机动车停车场收费标准的衔接，经市政府批准，调整北京首都国际机场停车楼收费标准。现将有关规定通知如下：
>   一、临时停车收费标准
>   小型机动车由现行第一小时10元，以后每半小时5元调整为第一小时6元，以后每半小时5元。
>   大型机动车由现行第一小时20元，以后每半小时10元调整为第一小时10元，以后每半小时10元。
>   上述标准第一小时不足一小时按一小时计算，以后不足半小时的按半小时计算。
>   二、北京首都国际机场停车楼可根据临时停车收费标准制定长期包租、长期停放的其他优惠停车收费标准。
>   三、北京首都国际机场停车楼在收费标准调整时，应在停车楼出入口处明码标价，严格执行新的收费标准。
>   本通知自2000年5月1日起执行。
>
> 二〇〇〇年四月二十九日

（1）北京首都国际机场停车楼的收费标准调整后有什么变化？请你举例说明。

（2）如果在2000年4月28日，公司要派车去首都机场接一个36人的旅行团，如果只考虑停车费用这一因素，请你设计一种派车方案使得停车费更少？

（3）收费标准的调整对派车方案有影响吗？请用你喜欢的方式表达你的想法。

答案要点：（1）小轿车第一小时降价未到一半，而大客车第一小时降价一半。

（2）2000年4月28日属于未调整期，有三种派车方案，调整前派两辆面包车，或者一辆大客车，停车费用相同，且费用最少。

（3）调整后第一小时停车费发生变化，而且一辆大客车第一小时的停车费不再是一辆小轿车停车费的2倍，所以收费标准的调整对派车方案有影响。

题　　型：问答题
题目背景：个人
问题类型：方案设计
题目性质：静态
能力层次：反思
题目难度：难

第二节　综合实践活动问题解决思维实践能力测评方案

综合实践活动问题解决思维实践能力测评方案，依据《中小学综合实践活动课程指导纲要》（以下简称《综合实践指导纲要》）[1]，结合北京市义务教育综合实践活动教学的实际情况而制定，是进行义务教育阶段综合实践活动课程教学质量分析与评价的主要依据。

一、测评框架

（一）基本依据

《综合实践指导纲要》强化了课程育人导向，注重引导学生体认、践行社会主义核心价值观，培养社会责任感、创新精神和实践能力；强化了新型课程形态的建构，要求通过探究、服务、制作、体验等方式进行学习，综合运用各学科知识分析、解决现实问题；明确了综合活动课程的总目标为："学生能从个体生活、社会生活及与大自然的接触中获得丰富的实践经验，形成并逐步提升对自然、社会和自我之内在联系的整体认识，具有价值体认、责任担当、问题解决、创意物化等方面的意识和能力。"

其中，小学学段问题解决具体目标为："能在教师的引导下，结合学校、家庭生活中的现象，发现并提出自己感兴趣的问题。能将问题转化为研究小课题，体验课题研究的过程与方法，提出自己的想法，形成对问题的初步解释。"初中学段问题解决具体目标为："能关注自然、社会、生活中的现象，深入思考并提出有价值的问题，将问题转化为有价值的研究课题，学会运用科学方法开展研究。能主动运用所学知识理解与解决问题，并做出基于证据的解释，形成基本符合规范的研究报告或其他形式的研究成果。"[2]

同时，本研究基于对国内外相关测评项目进行深入分析和梳理。其中，PISA、美国教育进步评估（National Assessment of Education Progress，以下简

---

[1] 教育部. 中小学综合实践活动课程指导纲要［M］. 北京：北京师范大学出版社，2017.
[2] 教育部关于印发《中小学综合实践活动课程指导纲要》的通知［EB/OL］［2023-01-08］. http://www.moe.gov.cn/srcsite/A26/s8001/201710/t20171017_316616.html.

称 NAEP)、国际数学与科学学习趋势项目（Trends in International Mathematics and Science Study，以下简称 TIMSS）是当前受到广泛关注的国际学生评价项目，通过分析和比较发现这三个项目评估的目标、内容和基本框架有所不同，NAEP 和 TIMSS 主要关注学生对科学和数学的知识与技能的掌握情况，而 PISA 则重在评估学生将科学和数学的观点、方法和技能应用到日常生活和社会情境的能力，更接近综合实践活动课程的目标以及评价的重点。同时，也发现三个国际项目都侧重对学生思维能力的评估，都包含一定比例具有多种答案开放性的题目，这些评价的理念和方式也是笔者在制定本次评价方案的过程中所关注的。

(二) 框架特征

本次评价方案在制定的过程中考虑了评价方式、评价内容、评价主体的多元性，以学生的表现性评价为主。评价内容涉及对学生情感态度与价值观的发展情况、学生能力的发展情况、学生知识与技能的获得等多方面内容。评价主体可以是学生本人，也可以是学生的同伴，还可以是教师，以至其他跟学生活动相关的人。

测评框架侧重对学生综合实践活动问题解决思维实践能力的评价，认为综合实践活动问题解决思维实践能力是指人解决社会生活实践中的真实性问题所必备的生理与心理特征的总和，是一种有目的、有意识地改造主观世界和客观世界的意识与能力。实践能力最终体现在学生完成现实任务的质量和水平。实践能力对于当今社会的每个人来说都是非常重要的，它是我们探索世界、改变世界、改变自身所不可或缺的素质。综合实践活动课程可以重点培养学生发现问题的能力、规划与管理的能力、收集信息的能力、处理信息的能力、沟通与合作的能力、评价与反思的能力，这是本次测评的主要内容。

(三) 主要内容

开展综合实践活动，应重点发展学生解决问题的实践能力，使每个学生具备较强的解决现实生活中实际问题的能力和综合素质，增强学生探索自然、探索社会、探索自身的能力，手脑并用，促进中小学生全面发展。因此，问题解决思维实践能力是本次测评的核心内容。在综合实践活动中，学生的问题解决思维实践能力体现在围绕发现问题、收集信息、分析问题、尝试通过完成各项实践任务解决问题的质量和水平，主要包括发现问题的能力、规划与管理的能力、收集信息的能力、处理信息的能力、沟通与合作的能力、评价与反思的能力。

综合实践活动问题解决思维实践能力领域的层次划分及具体要求，见表1-2-1。

表1-2-1 综合实践活动问题解决思维实践能力领域的层次划分及具体要求

能力领域	具体内容
发现问题的能力	提出和表征问题的能力
规划与管理的能力	规划设计的能力 管理时间的能力 调控解决问题过程的能力
收集信息的能力	运用研究方法的能力 动手操作的能力
处理信息的能力	分析信息的能力 利用信息的能力
沟通与合作的能力	沟通交往的能力 表达能力 参与合作的能力 组织协调的能力
评价与反思的能力	客观评价的能力 自我反思的能力

注：每种能力的细化要求里面都要体现创新的部分，思维能力对学生来说是非常重要的，在每项能力的指标中都蕴含着思维能力。

二、测评标准

培养学生的问题解决思维实践能力是综合实践活动课程的重要目标。本次测评过程以实践能力为主要线索，对学生在综合实践活动中解决问题的各项能力表现进行评价。中小学综合实践活动问题解决思维实践能力评价内容标准如表1-2-2所示。

表 1-2-2 中小学综合实践活动问题解决思维实践能力评价内容标准

能力领域	评价内容	评价标准 小学	评价标准 中学
发现问题的能力	提出和表征问题的能力	关注身边的自然和社会现象，能从生活中发现问题；能够多角度思考，提出想要研究的问题；并分析问题，筛选出有价值的研究问题	能主动观察身边的自然和社会现象，提出自己感兴趣的问题；对提出的问题进行分类，从中选择有价值的问题，并恰当地表述出来以作为活动主题
规划与管理的能力	规划设计的能力	对主题有初步的研究思路，了解制订活动计划的重要性及基本步骤。通过小组合作制定出目标明确、过程清晰、切实可行的活动方案	针对确定的活动主题制定活动方案，选择合适的研究方法，根据小组成员的特长进行合理分工
规划与管理的能力	管理时间的能力	在活动中能做出相应的时间安排，能在规定时间内完成各项研究任务	根据任务完成的总体时间要求，设计活动各阶段的时间进程，并基本能按进度完成各项活动
规划与管理的能力	调控解决问题过程的能力	能够有意识地思考活动中出现的突发情况，根据实际情境对活动进行调整	对活动中可能遇到的问题和困难做出预测，当活动没有按计划实施时，能做出调整
收集信息的能力	运用研究方法的能力	了解收集信息的常用方法，会运用两种以上的不同途径收集与课题内容相关的信息资料	能够相对规范地使用常见的研究方法，通过多种途径收集信息和数据，客观、真实、准确地记录信息
收集信息的能力	动手操作的能力	能够通过动手操作完成自己的实验方案或作品设计方案	能够通过动手操作完成自己的实验方案或作品设计方案，操作过程符合规范要求
处理信息的能力	分析信息的能力	能够判断信息的准确性和可靠性，并进行初步的分类、整理	对活动中收集到的多种信息进行分类、整理、统计和分析，形成一定的研究结论
处理信息的能力	利用信息的能力	能够对获取的资料进行分析与加工，从中得出研究的结论	能够合理利用自己收集到的信息和数据分析问题产生的原因，提出解决问题的方法，支持自己的研究结论

续表

能力领域	评价内容	评价标准	
		小学	中学
沟通与合作的能力	沟通交往的能力	能围绕活动的任务与小组同学、教师和相关人员和谐相处，良好沟通	能围绕活动的任务与小组同学、教师、社会人员进行协商，得到他人的支持与配合，并就商讨的问题达成共识
	表达能力	能够积极参与小组讨论，在活动中积极坦诚地表达自己的意见，并能有条理地陈述自己的成果	在小组活动过程中能清晰表达自己的想法；在成果展示交流活动中能条理清楚、准确生动地陈述自己的研究过程和成果
	参与合作的能力	在活动中能够主动承担部分任务并完成，与小组同学合作共同完成探究任务	能积极主动参与小组合作活动，认真完成自己承担的任务，并在小组同学需要的时候及时提供帮助
	组织协调的能力	活动中及时与小组成员交流沟通、互相支持，遇到问题不慌张、能够认真分析原因、解决冲突与矛盾	与小组同学相互配合完成任务，在遇到问题时能及时协商，加以调整
评价与反思的能力	客观评价的能力	了解评价的基本方法，能够正确地评价自己和他人，总结收获与体会	能对自己和其他同学在活动中的表现做出客观评价，发现自己和其他同学的优点，指出别人的不足并提出一些改进的建议
	自我反思的能力	能够客观陈述任务完成情况及优缺点，虚心听取他人意见，明确努力方向	能全面回顾和反思研究的过程，能对自己的收获、成功的经验和失败的教训进行比较全面的思考

三、测评方式

第一种方式，基于给定主题的实践性作业：目的在于收集学生整个实践研究的过程性资料，作为评价和诊断的依据。实践性作业的形式包括小论文、调查报告、实验报告、作品方案设计等。

第二种方式，录像课分析技术：在为期 1 个月的主题研究过程中，教师提供 1~2 节课堂教学实录。运用录像课分析技术对课堂教与学的情况进行分析。

第三种方式，问卷调查。分别设计学校问卷、教师问卷、学生问卷。学生问卷的主要目的在于了解影响学生实践能力发展的影响因素。教师问卷的目的在于了解教师的指导在学生实践能力发展中的作用与效果等方面的因素。学校问卷的目的在于了解学校综合实践活动开设情况，以及可能影响到学生实践能力发展的因素等。

第四种方式，个案研究。对参与测评的教师进行访谈，了解综合实践活动课程开设的整体情况，以及本次测评在学校中实测的具体情况。在参与测评的学生中选取几名有代表性的进行小规模座谈，了解学生参与本次测评，尤其是完成测评任务的感受和建议。

四、分值分布

本次调研不采用传统的纸笔测试，而是采用基于真实任务的实践性作业的方式。首先，本研究根据本次测试选取的活动主题和综合实践活动基本实践环节设计综合实践活动手册。测试中，学生在综合实践活动手册的指导下，逐步完成实践任务，将完成任务的过程和结果填写在手册中作为评价的依据，重点评测学生的能力发展的实际情况，综合实践活动问题解决思维实践能力分值分布情况见表 1-2-3。

表 1-2-3 综合实践活动问题解决思维实践能力分值分布情况

能力领域	小学各能力领域所占百分比（%）	中学各能力领域所占百分比（%）
发现问题的能力	10	15
规划与管理的能力	10	10
收集信息的能力	30	30
处理信息的能力	30	20
沟通与合作的能力	10	10
评价与反思的能力	10	15

五、水平描述

中小学综合实践活动问题解决思维实践能力水平描述，见表1-2-4。

表 1-2-4　中小学综合实践活动问题解决思维实践能力水平描述

	小学学生水平	中学学生水平
优秀水平	处于优秀水平的学生，能够积极主动观察和思考身边的自然和社会现象，并从中提出若干有价值的研究问题，能够选择适切的研究方法、规划研究的进程，规范地使用多种方法收集研究有关的信息，经过思维加工从中获得科学、可信的研究结论。能够跟他人积极互动、顺利沟通，与小组同学完成任务，能客观地评价自己的研究过程，总结出优点和不足	处于优秀水平的学生，能够始终积极主动地参与活动，具有一定的领导能力，与他人良好地沟通与合作。在活动中能自主发现并提出有一定价值的活动主题，选择合适的研究方法，规范、有序地开展活动，收集的数据真实、准确，取得有价值的研究成果，能客观评价和反思活动过程，并在此基础上进一步发展和提高
良好水平	处于良好水平的学生，能够根据身边的自然和社会现象，发现存在的问题，并能顺利将它们转化为研究的主题。能够选择和使用多种研究方法收集信息，经过思维加工提出较为科学、可信的研究结论。能够与小组同学顺利合作，完成任务，能够陈述自己的研究过程的特点、研究感悟等	处于良好水平的学生，能始终积极地参与活动，愿意与他人合作。能围绕一定情境发现并提出问题，相对规范地开展研究，收集到比较充分的信息和证据，在此基础上形成研究成果，并能对活动过程进行比较客观的评价和反思
合格水平	处于合格水平的学生，能够在教师的指导下从身边的自然和社会现象选择研究课题。能够选择两种以上的方法收集信息，并提出初步的研究结论。能够与小组同学合作开展研究，能形成自己的研究成果	处于合格水平的学生，在他人帮助下能够进入问题情境，了解活动的任务和要求，按要求参与活动，能够配合其他同学完成任务，取得一定的研究成果，并对活动过程进行评价和反思

六、样题示例

（一）小学样题

教师需要指导学生围绕一个给定的主题范围确立研究主题，按照综合实践活动的基本步骤——"确定主题""制订计划""开展实践研究活动""形成成果""评价反思",利用1个月左右的时间,运用多种方法开展实践研究。

以"低碳生活"主题活动的实施为例,以"确定主题""开展实践活动"两个环节中的部分任务要求为例,样题示例如下。

样题:

主题名称:低碳生活

确定主题

1. 请同学们仔细观察家庭、社区等熟悉的生活环境,你发现有哪些违背"低碳生活"原则的现象,请列举出两条。
_____
_____

2. 在生活中,你发现家人或朋友有哪些"低碳生活"的行为表现,请列举出两条。
_____
_____

3. 对于低碳生活话题,你有哪些问题吗?请列举三个。
_____
_____
_____

4. 请将你提出的问题与同学们进行交流,确定一个自己感兴趣的、能研究、有意义的研究主题。
_____

开展实践活动——访谈活动

……

在研究的过程中,同学们可以选择访谈对象,与他们进行交流,了解他们对低碳环保问题的看法(想法),有助于同学们收集信息并进行分析,请按要求完成下表。

访谈表

访谈目的	
访谈对象	
访谈时间、地点	
访谈提纲	
访谈中获得的有价值信息	

……

(二) 中学样题

样题 1:"中学生带手机进入校园"是人们普遍关注的问题。请你通过访谈的方式了解大家对这一问题的看法。要求:为更加全面地收集信息,访谈对象要包括在校中学生、中学生家长、学校教师、学校领导以及在校大学生中至少三类,每一类访谈对象至少访问两位。访谈之前要分别列出访谈提纲,访谈过程中可以通过录音、录像、文字等方式进行记录。访谈后撰写一份访谈报告,在综合分析大家的看法之后,提出你自己的观点以及相应的对策和建议。访谈结束后,请对你自己的活动表现进行评价,同时总结一下你有哪些成功的访谈经验。

样题 2：纸巾是人们日常生活中的必需品，而纸巾的质量也直接影响人们的身体健康。当前市场上纸巾品牌众多，品种丰富，花样繁多，怎样辨别纸巾的质量呢？请同学们设计一组实验，对不同种类的纸巾进行测试，比较各种纸巾的质量。具体要求：请同学们从纸巾的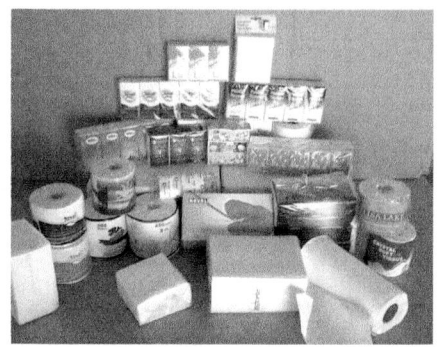吸水性和韧性（抗张力）中选择一项，设计实验方案，对至少三种纸巾进行对比实验，并完成实验报告。实验后，请同学们对自己的实验情况进行评价，对实验中出现的问题进行分析。

第二章

小学数学问题解决思维能力测评分析及建议

第一节　小学数学问题解决思维能力测评概况

一、框架构成

（一）内容领域

1. 提取与理解

目标是构建问题中每一个信息片段的心理表征，包括：探索问题情境：去观察、与之互动、搜寻信息，找出限制及障碍；理解已有信息及问题情境互动中发现的信息；证实对相关概念的理解。

2. 表征与提出

目标是建立问题情境连贯的心理表征（一个情境模型或一个问题模型）。要做到这一点，必须选择相关信息，在心里进行重新组织并与相关的先验知识进行整合。包括：问题表征通过构建表格、图形、符号或者言语去实现，并在表征形式之间进行切换；通过识别问题的相关因素及其相互关系提出假设；组织并批判性评估信息。

3. 计划与执行

计划由设定目标和制订计划或策略组成，前者包括清晰的整体目标，如有必要设置子目标；后者包括达成目标状态的实施步骤；执行，即把计划付诸实践。

4. 监控与反思

监控每一阶段的进程，包括检查过程及最终结果，察觉意外事件，必要时采取补救措施；及时反思，从不同视角审视解决方案，批判性评估假设及替代性方案，确认额外信息或进一步澄清的需求。

(二) 能力领域

1. 再现

对所学的数与代数、图形与几何、统计与概率、综合与实践四个领域中的基本概念和基本规律具有初步的感性认知，能够在熟悉的情境中对其结构和含义进行辨认、加工和重组。

2. 联系

在将实际问题进行抽象的过程中，能将信息进行加工、整理，发现其中的逻辑关系，进行推理，并调用知识、经验和策略，从而解决问题。

3. 反思

在再现和联系的基础上，能够从不同视角审视解决方案，进行有目的的自我校准，并有效地进行修正和调整。

二、水平描述

三级水平：反思的、善于表达的问题解决者。

提取与理解方面：能有目的地搜寻信息，找出相关信息，并能在信息与信息、信息与问题之间建立联系。

表征与提出方面：借助表格、图形、符号等直观方式表征出对问题情境的理解，并能提出解决问题的初步设想，对所提出的设想有基本的评估。

计划与执行方面：能够设定明确的目标和可行性的计划，并解决问题。

监控与反思方面：能检查解决问题的过程和最终结果，能从不同视角审视解决方案，并做出相应的修改和替代。

二级水平：推理的、做决定的问题解决者。

提取与理解方面：能有目的地搜寻信息，并找出相关信息。

表征与提出方面：借助表格、图形、符号等直观方式表征出对问题情境的理解，并能提出解决问题的初步设想。

计划与执行方面：能够设定明确目标和可行性的计划，但是未能调用相关的知识与技能解决此问题；或者所使用知识与技能正确，但计划不够完备，导致问题不能解决。

监控与反思方面：能检查解决问题的过程和最终结果，能按照原计划审视解决方案，或者能从不同视角审视解决方案，并做出相应的修改和替代。

一级水平：基本的问题解决者。

提取与理解方面：能有目的地搜寻信息。

表征与提出方面：借助表格、图形、符号等直观方式表征出对问题情境的理解。

计划及执行方面：能够设定明确目标，但是计划不够完备，未能调用相关的知识与技能解决此问题。

监控与反思方面：没有对问题解决的过程和最终结果反思的意识。

三、工具制定与实施

（一）测评工具的制定

1. 制定评价框架

本研究在广泛借鉴国内外最新研究资料的基础上，研制分析与评价方案，并在外请专家审读方案后进行修订。

2. 制定测评工具

依据小学数学问题解决思维能力的测评框架，结合北京市义务教育阶段使用的教材和教学实际情况，命题小组制作小学数学问题解决预测试卷。对所抽样本的小学学生进行预测试，学生学业水平质量分析与评价核心组成员在分析预测试相关数据的基础上，进一步修改完善测评工具，最终确定测评工具。小学数学问题解决思维能力测评内容细目如表2-1-1所示。

表 2-1-1　小学数学问题解决思维能力测评内容细目

内容与能力领域	提取与理解 题量	提取与理解 分值	表征与提出 题量	表征与提出 分值	计划与执行 题量	计划与执行 分值	监控与反思 题量	监控与反思 分值	合计 题量	合计 分值
再现	5	21	1	6	0	0	0	0	6	27
联系	3	12	6	22	3	14	0	0	12	48
反思	0	0	0	0	2	6	4	19	6	25
合计	8	33	7	28	5	20	4	19	24	100

3. 编制调查问卷

本研究所使用的调查问卷包括学生问卷和教师问卷。其中，学生问卷的调查内容主要包括学生的个人基本信息，学生家庭学习环境，课堂学习与课后学习，学习的内容与方式，学习效能感与学习兴趣，学习压力与学习动机以及针对问题解决时的态度、方法和行为等；教师问卷的调查内容主要包括教师的基本信息、教师的专业素养、教学实施、课前准备、问题解决对学生的影响、问题解决的评估等。

（二）测评工具的实施

小学数学问题解决思维能力测评采用纸笔测试的方式。测试题包括选择题、填空题、解答题，测试时间为 120 分钟，其中选取不同层次的 32 名学生进行口语报告，调查问卷实施时间为 30 分钟。对学生进行思维能力测评与问卷调查的同时，对抽测学校领导和抽测班级的数学教师进行问卷调查。

四、测评情况

北京市参加小学数学问题解决调研的学生数为 1232 人，实际测试学生数为 1224 人，缺失 8 人，各占总体的 99.4% 和 0.6%，其中，实际测试学生中包括 4 名随班就读学生，以下分析建立在不含随班就读学生的实际测试学生群体（1220 人）的基础之上。

第二节　小学数学问题解决思维能力测评结果及分析

一、测评结论

（一）小学数学问题解决思维能力总体达到较高水平

具体而言，此次测评满分为100分，平均分为83.2分，处于良好水平。其总体合格率为95%，优秀率为44.4%。从各内容领域的学业水平情况来看，就合格率而言，"提取与理解"领域合格率最高，为94.7%；其次是"表征与提出"领域，为93.8%；"监控与反思"领域的合格率最低，为90.5%。就优秀率而言，"提取与理解"领域优秀率最高，为67.9%，其次是"表征与提出"领域，为56.9%，"监控与反思"领域的优秀率最低，为38.1%。

（二）不同性别、不同地域学校学生在小学数学问题解决思维能力的合格率和优秀率上存在一定差异

就不同性别学生而言，小学数学问题解决学生学业水平均为良好水平，而女生在合格率及优秀率方面都略高于男生的水平。其中男生的合格率比女生低1.4个百分点，优秀率低2.7个百分点。

就不同地域学校学生而言，城市学校、县镇学校、农村学校小学数学问题解决能力学业水平均达到良好水平。城市学校的得分率、合格率及优秀率均较高于县镇学校及农村学校，而县镇学校在得分率及优秀率两个方面的表现略低于农村学校。

二、总体结果

（一）学生总体测评结果

1. 学生总体测评结果

小学数学问题解决思维能力学生总体测评结果，见表2-2-1。小学数学问题解决思维能力学生分数分布情况见图2-2-1。

表 2-2-1　小学数学问题解决思维能力学生总体测评结果

测评结果	平均分	平均学业水平
分数（SE）	83.2（0.36）	良好

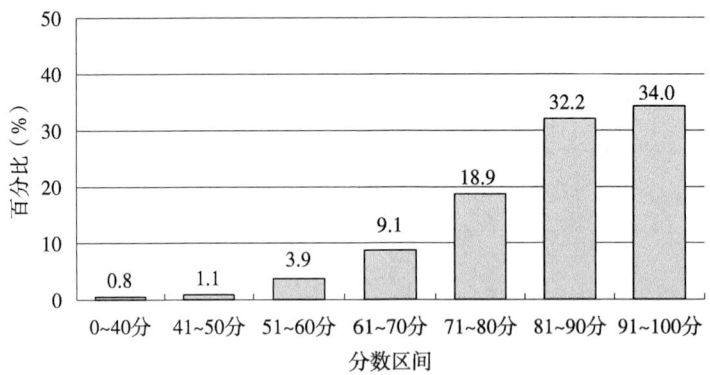

图 2-2-1　小学数学问题解决思维能力学生分数分布

2. 学生总体学业水平情况

小学数学问题解决思维能力学生总体学业水平情况，见表 2-2-2。

表 2-2-2　小学数学问题解决思维能力学生总体学业水平情况

学业水平	百分比（%）
优秀	44.4
良好	36.6
合格	14.0
不合格	5.0

（二）学生总体在评价领域中的测评结果

1. 各内容领域的情况

小学数学问题解决思维能力学生总体在各内容领域的情况，见表 2-2-3。小学数学问题解决思维能力各内容领域得分率分布情况见图 2-2-2，小学数学问题解决思维能力各内容领域学业水平情况见图 2-2-3。

表2-2-3 小学数学问题解决思维能力学生总体在各内容领域的情况

内容领域	得分率（%）（SE）	平均学业水平
提取与理解	87.7（0.39）	良好
表征与提出	87.6（0.42）	良好
计划与执行	78.2（0.60）	良好
监控与反思	74.1（0.49）	良好
差异检验	彼此差异显著	—

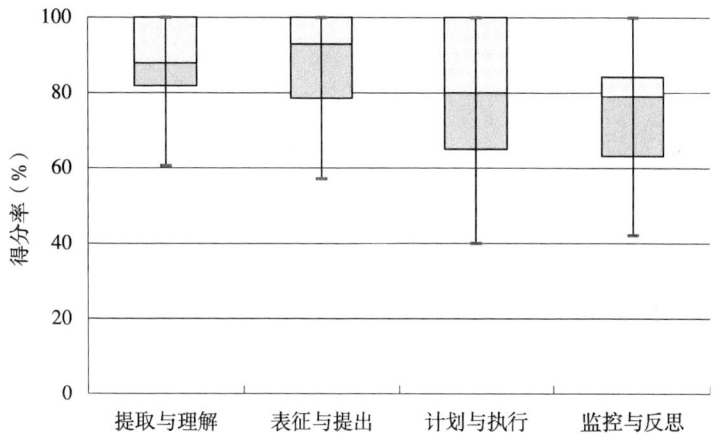

图2-2-2 小学数学问题解决思维能力各内容领域得分率分布

注：图2-2-2为盒式图，每个小图由一个盒子与上下两条短横线、中间一条长竖线组成，呈现出得分的集中与离散趋势。将北京市或某区学生的得分按从高到低的顺序排序，上短横线表示排名位于5%的学生所对应的得分；盒子上沿横线表示排名为25%的学生对应的得分，盒子中位线表示排名位于50%的学生对应的得分，盒子下沿横线表示排名为75%的学生对应的得分；下短横线表示排名位于95%的学生对应的得分。图中，盒子中位线大体描述了相应群体学生得分的平均水平，而上下两条短横线间距离（长竖线）在一定程度上描述了学生得分离散程度的大小。如果图中的横线少于上述五条，则说明有两条或两条以上横线重叠的情况，意味着重叠横线间所代表区域内学生得分率分布非常集中。下同。

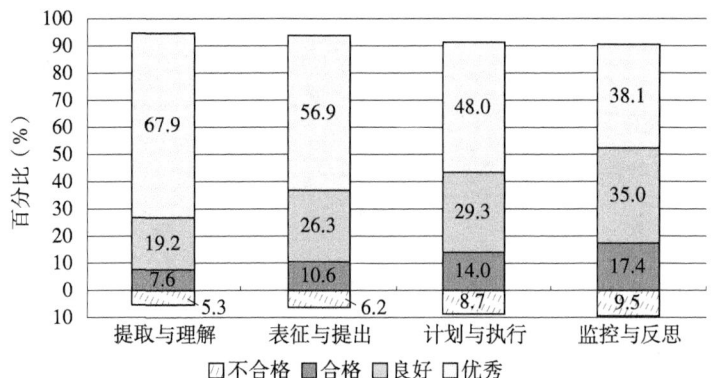

图 2-2-3　小学数学问题解决思维能力各内容领域学业水平情况

注：图中纵坐标轴上的 0 以下数字代表不合格占比，全书同类图余同。

2. 各能力领域的情况

小学数学问题解决思维能力学生总体在各能力领域的情况，见表 2-2-4。小学数学问题解决思维能力各能力领域得分率分布情况见图 2-2-4。

表 2-2-4　小学数学问题解决思维能力学生总体在各能力领域的情况

能力领域	得分率（%）（SE）
a. 再现	89.7（0.40）
b. 联系	84.5（0.41）
c. 反思	73.6（0.49）
差异检验	彼此差异显著

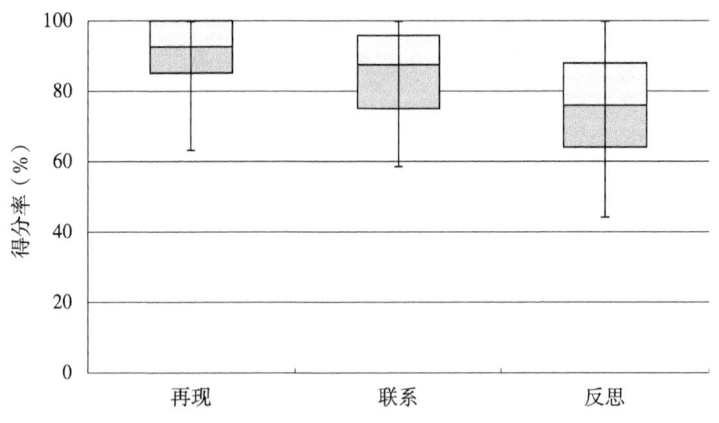

图 2-2-4　小学数学问题解决思维能力各能力领域得分率分布

（三）结果分析

1. 学生总体测评情况

（1）学生总体测评结果

表 2-2-1 显示了小学数学问题解决思维能力学生总体测评结果。从表中可以看出，小学数学问题解决思维能力测评平均分为 83.2 分，处于良好水平。

图 2-2-1 显示了小学数学问题解决思维能力学生分数分布情况。从图中可以看出，整体呈现负偏态分布。在高分段分布相对密集，81~100 分最为集中，约占参加测评的学生总数的 66.2%；91~100 分的人数密集度最高，约占测评总人数的 34%。

（2）学生总体的整体学业水平情况

表 2-2-2 显示了小学数学问题解决思维能力学生总体学业水平情况。从表中可以看出，处于合格、良好和优秀水平的学生分别占参加测评学生总数的 14.0%、36.6% 和 44.4%。

2. 学生总体在评价领域中的测评情况

（1）各内容领域的测评情况

表 2-2-3 显示了小学数学问题解决思维能力学生总体在各内容领域的情况。从表中可以看出，"提取与理解"领域的得分率最高，为 87.7%，处于良好水平；其次为"表征与提出"领域，得分率为 87.6%，处于良好水平；"监控与反思"领域得分率最低，为 74.1%，处于良好水平。各领域的得分率彼此差异显著。

图 2-2-2 显示了小学数学问题解决思维能力各内容领域得分率分布情况。从图中可以看出：①从中位数上看，在"表征与提出"上有 50% 的学生得分率达到 90%；其余分领域的得分率也相对较高，50% 的学生得分率均达到 80% 左右。②从离散程度上看，"计划与执行""监控与反思"分领域的得分率离散较大。前 5% 的学生和后 5% 的学生得分率相差达到 60%。③从集中程度上看，"提取与理解""表征与提出"和"监控与反思"三个分领域在高分段有一定的集中趋势。

图 2-2-3 显示了小学数学问题解决思维能力各内容领域学业水平情况。从图中可以看出：①从合格率上看，"提取与理解"和"表征与提出"的合格率较高，有 94% 左右的学生达到合格以上水平；"监控与反思"的合格率相对较低，合格率为 90.5%。②从优秀率上看，"提取与理解"的优秀率最高，为 67.9%；"监控与反思"的优秀率最低，为 38.1%。

（2）各能力领域的测评情况

表 2-2-4 显示了小学数学问题解决思维能力学生总体在各能力领域的情况。从表中可以看出，"再现"部分的得分率最高，为 89.7%，"反思"部分得分率最低，为 73.6%。"再现"得分率与"反思"得分率之间、"联系"得分率与"反思"得分率之间彼此差异显著。

图 2-2-4 显示了小学数学问题解决思维能力各能力领域的得分率分布情况。从图中可以看出：①从中位数上看，三个部分的得分率存在差异，"再现"部分较高，在 92.5% 左右；其次是"联系"部分，在 88.5% 左右；"反思"部分在 76% 左右。②从离散程度上看，"反思"部分的得分率差异最大，前 5% 的学生和后 5% 的学生得分率相差达到 58% 左右；其次是"联系"部分，前 5% 的学生和后 5% 的学生得分率相差 41% 左右；最后是"再现"部分，前 5% 的学生和后 5% 的学生得分率相差 38% 左右。③从集中程度上看，三部分均不存在明显的集中趋势。

三、性别比较

（一）男生—女生总体学生思维能力测评结果

小学数学问题解决思维能力男生—女生的测评结果，见表 2-2-5。小学数学问题解决思维能力不同性别学生得分率分布情况见图 2-2-5。小学数学问题解决思维能力不同性别学生学业水平情况见图 2-2-6。

表 2-2-5　小学数学问题解决思维能力男生—女生的测评结果

性别比较	人数百分比（%）	得分率（%）（SE）	平均学业水平
男生	52.2	82.7（0.52）	良好
女生	47.8	83.7（0.50）	良好
差异检验	彼此差异不显著		—

第二章 小学数学问题解决思维能力测评分析及建议

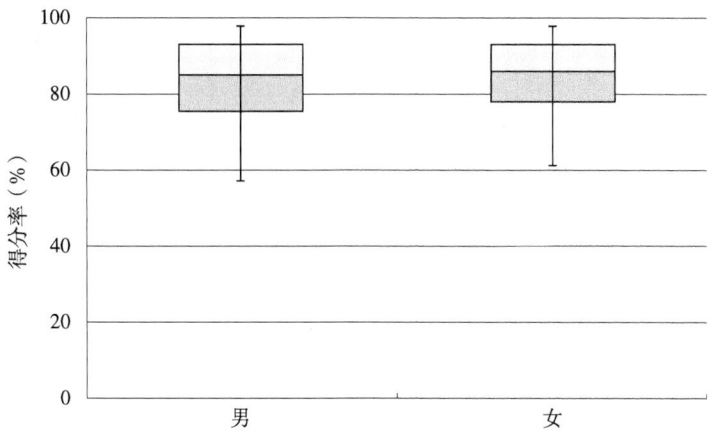

图 2-2-5 小学数学问题解决思维能力不同性别学生得分率分布情况

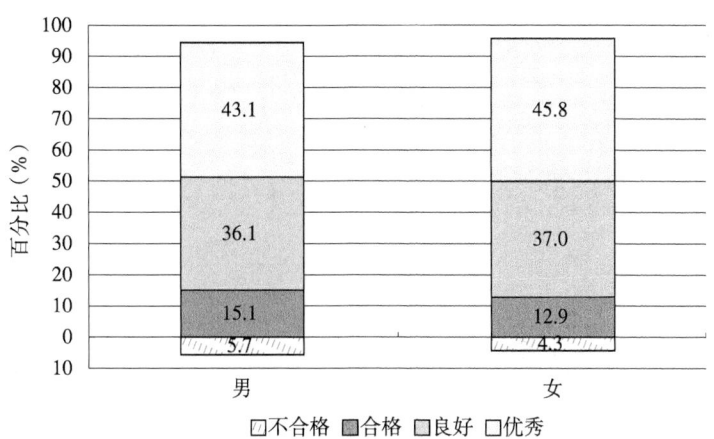

图 2-2-6 小学数学问题解决思维能力不同性别学生学业水平情况

(二) 男生—女生在各内容领域中的测评结果

小学数学问题解决思维能力男生—女生各内容领域测评结果，见表2-2-6。小学数学问题解决思维能力不同性别学生各内容领域得分率分布情况见图 2-2-7。小学数学问题解决思维能力不同性别学生各内容领域学业水平情况见图 2-2-8。

表 2-2-6　小学数学问题解决思维能力男生—女生各内容领域测评结果

内容领域	男生（%）（SE）	女生（%）（SE）	差异检验
a. 提取与理解	87.2（0.54）	88.2（0.55）	彼此差异不显著
b. 表征与提出	94.4（0.58）	95.7（0.61）	彼此差异不显著
c. 计划与执行	78.0（0.85）	78.4（0.83）	彼此差异不显著
d. 监控与反思	73.5（0.71）	74.8（0.68）	彼此差异不显著
差异检验	除a和b外，其余差异显著	除a和b外，其余差异显著	—

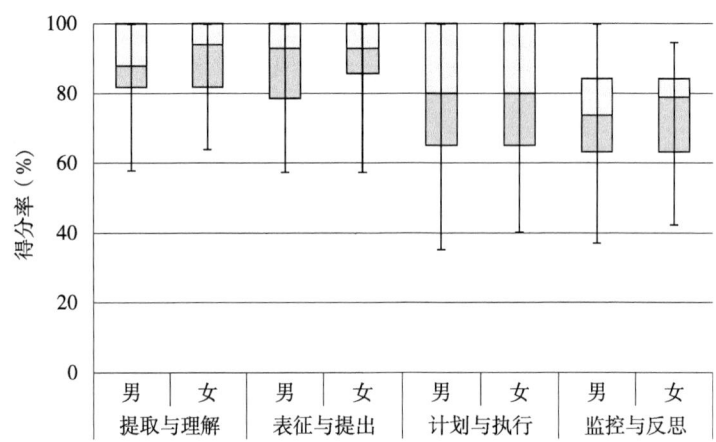

图 2-2-7　小学数学问题解决思维能力不同性别学生各内容领域得分率分布情况

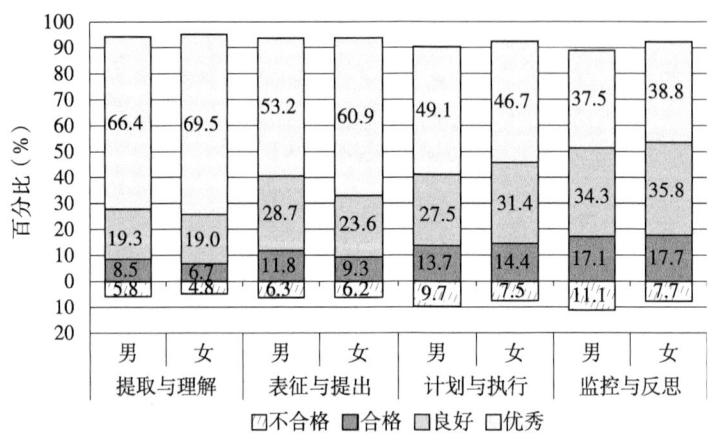

图 2-2-8　小学数学问题解决思维能力不同性别学生各内容领域学业水平情况

（三）男生—女生在各能力领域中的测评结果

小学数学问题解决思维能力男生—女生各能力领域测评结果，见表2-2-7。小学数学问题解决思维能力不同性别学生各能力领域得分率分布情况见图2-2-9。

表2-2-7　小学数学问题解决思维能力男生—女生各能力领域测评结果

能力领域	男生（%）(SE)	女生（%）(SE)	差异检验
a. 再现	89.9（0.55）	89.5（0.57）	彼此差异不显著
b. 联系	83.6（0.59）	85.6（0.57）	彼此差异显著
c. 反思	73.2（0.71）	74.0（0.68）	彼此差异不显著
差异检验	彼此差异显著	彼此差异显著	—

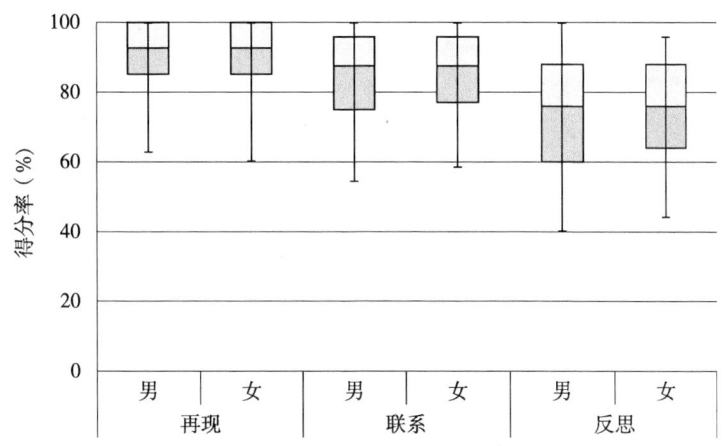

图2-2-9　小学数学问题解决思维能力不同性别学生各能力领域得分率分布情况

（四）结果分析

1. 不同性别学生测评情况

（1）不同性别学生测评情况

表2-2-5显示了小学数学问题解决思维能力男生—女生的测评结果。从表中可以看出：男、女生比例分别为52.2%和47.8%；男生平均得分率为82.7%，女生平均得分率为83.7%；男、女生的平均学业水平均达到良好。两者差异不显著。

图 2-2-5 显示了小学数学问题解决思维能力不同性别学生得分率分布情况。从图中可以看出：①从中位数上看，男、女生的得分率几乎持平。②从离散程度上看，男、女生得分的离散程度非常接近，女生中获得低分的学生较少一些。③从集中程度上看，男生和女生的集中程度均不明显。

（2）不同性别学生整体学业水平情况

图 2-2-6 显示了小学数学问题解决思维能力不同性别学生学业水平情况。从图中可以看出：①从合格率上来看，男生和女生的合格率分别为 94.3% 和 95.7%，均达到较高水平，男生的合格率比女生低 1.4 个百分点。②从优秀率来看，男生和女生的优秀率分别为 43.1% 和 45.8%，男生的优秀率比女生的低 2.7 个百分点。

2. 不同性别学生在各内容领域测评情况

表 2-2-6 显示了小学数学问题解决思维能力男生—女生各内容领域测评结果。从表中可以看出：男生在各内容领域得分率均低于女生。其中：①男、女生在"表征与提出"领域相差最大，男生的得分率比女生低 1.3%。②在"计划与执行"领域相差最小，男生的得分率比女生低 0.4%。进一步检验表明，男生和女生在各内容领域的得分率差异均不显著。

图 2-2-7 显示了小学数学问题解决思维能力不同性别学生各内容领域得分率分布情况。从图中可以看出：①从中位数上看，在"提取与理解"和"监控与反思"中男、女生得分率差异比较大，其余几乎持平。②从离散程度上看，在所有领域中，男生得分率差异略大于女生。③从集中程度上看，"提取与理解""表征与提出"和"计划与执行"三个领域在高分段有一定的集中趋势。

图 2-2-8 显示了小学数学问题解决思维能力不同性别学生各内容领域学业水平情况。从图中可以看出：①从合格率上看，男生在各个内容领域中的合格率均略低于女生。在"监控与反思"领域中二者相差 3.4 个百分点。②从优秀率上看，在"表征与提出"领域中，男生和女生优秀率相差最大，男生比女生低 7.7 个百分点；在"监控与反思"领域中两者相差为 1.3 个百分点。

3. 不同性别学生在各能力领域测评情况

表 2-2-7 显示了小学数学问题解决思维能力男生—女生各能力领域测评结果。从表中可以看出："再现"能力领域男生得分高于女生，"联系"和"反思"两个能力领域男生得分均低于女生。①男生和女生在"再现"和"反思"两个能力领域中彼此差异不显著，得分差异都在 1 分之内。②在"联系"能力领域中彼此差异显著，女生比男生高 2 分。进一步检验表明，男生和女生在各能力领域的得分差异不显著。

图 2-2-9 显示了小学数学问题解决思维能力不同性别学生各能力领域得分率分布情况。从图中可以看出：①从中位数上看，在所有能力领域中，男、女生得分几乎持平。②从离散程度上看，男生和女生在"联系"和"反思"两个能力领域中，男生得分差异略大于女生；在"再现"能力领域中，男生的得分差异略小于女生。③从集中程度上看，"再现"能力领域在高分段有一定的集中趋势，男、女生分布情况比较一致。

四、不同地域比较

（一）各地域学校学生测评结果

小学数学问题解决思维能力各地域学校学生测评结果，见表 2-2-8。小学数学问题解决思维能力各地域学校得分率分布情况见图 2-2-10。小学数学问题解决思维能力各地域学校学业水平情况见图 2-2-11。

表 2-2-8　小学数学问题解决思维能力各地域学校学生测评结果

各地域学校	所数百分比（%）	得分率（%）（SE）	平均学业水平
1. 城市学校	37.5	87.1（0.55）	良好
2. 县镇学校	25.0	80.7（0.60）	良好
3. 农村学校	37.5	81.0（0.68）	良好
差异检验	1 和 2，1 和 3 差异显著		—

大数据背景下的基础教育质量提升：思维与应用

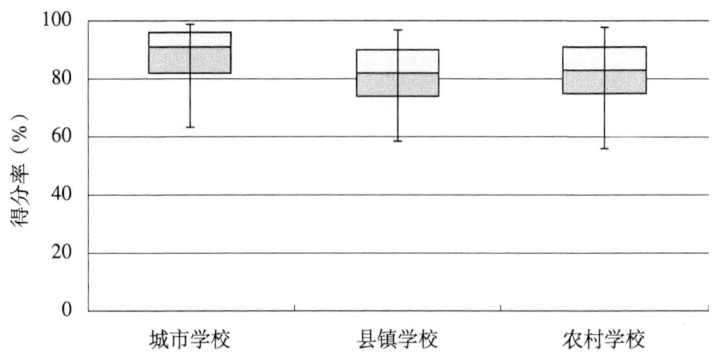

图 2-2-10　小学数学问题解决思维能力各地域学校得分率分布情况

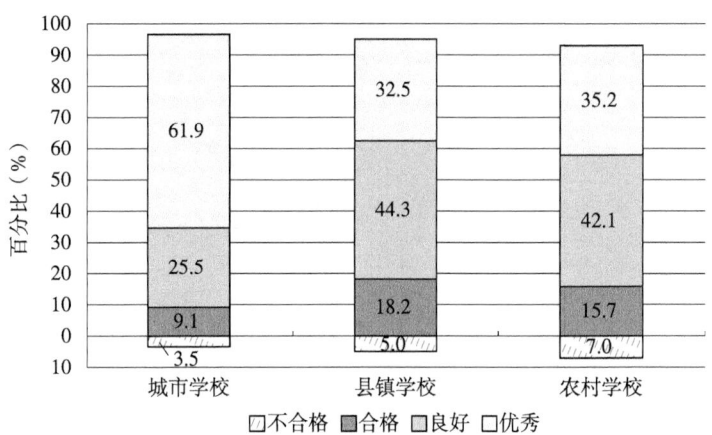

图 2-2-11　小学数学问题解决思维能力各地域学校学业水平情况

（二）各地域学校在各内容领域的测评结果

小学数学问题解决思维能力各地域学校学生各内容领域测评结果，见表 2-2-9。小学数学问题解决思维能力各地域学校学生各内容领域得分率分布情况见图 2-2-12。小学数学问题解决思维能力各地域学校学生各内容领域学业水平情况见图 2-2-13。

表 2-2-9　小学数学问题解决思维能力各地域学校学生各内容领域测评结果

内容领域	1. 城市学校 （%）（SE）	2. 县镇学校 （%）（SE）	3. 农村学校 （%）（SE）	差异检验
a. 提取与理解	90.9（0.57）	84.8（0.75）	86.9（0.66）	彼此差异显著
b. 表征与提出	91.1（0.62）	86.6（0.72）	84.3（0.85）	彼此差异显著

续表

内容领域	1. 城市学校 (%)(SE)	2. 县镇学校 (%)(SE)	3. 农村学校 (%)(SE)	差异检验
c. 计划与执行	83.4（0.91）	73.9（1.01）	76.3（1.14）	除2和3外，彼此差异显著
d. 监控与反思	78.4（0.77）	72.2（0.85）	70.8（0.91）	除2和3外，彼此差异显著
差异检验	除a和b外，其余差异显著	除c和d外，其余差异显著	彼此差异显著	—

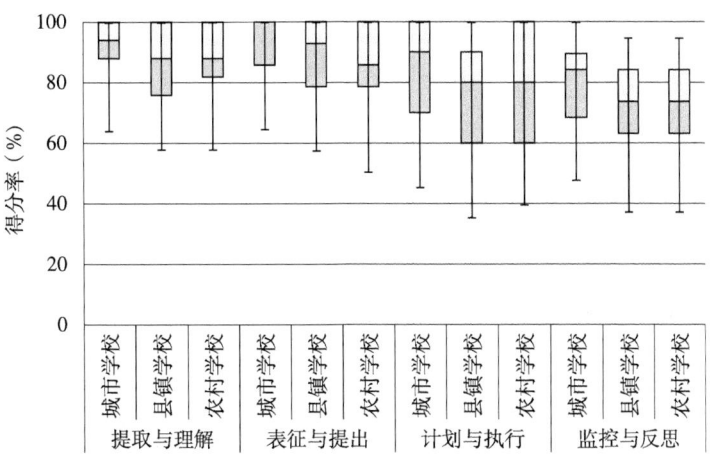

图2-2-12　小学数学问题解决思维能力各地域学校学生各内容领域得分率分布情况

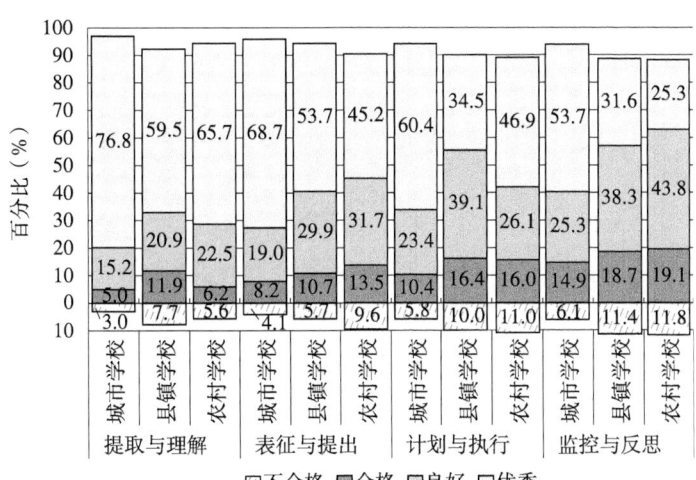

图2-2-13　小学数学问题解决思维能力各地域学校学生各内容领域学业水平情况

（三）各地域学校在各能力领域中的测评结果

小学数学问题解决思维能力各地域学校学生在各能力领域测评结果，见表2-2-10。小学数学问题解决思维能力各地域学校学生在各能力领域得分率分布情况见图2-2-14。

表2-2-10　小学数学问题解决思维能力各地域学校学生在各能力领域测评结果

能力领域	1. 城市学校 （%）（SE）	2. 县镇学校 （%）（SE）	3. 农村学校 （%）（SE）	差异检验
a. 再现	91.8（0.59）	89.0（0.71）	87.7（0.77）	除2和3外，彼此差异显著
b. 联系	88.8（0.61）	82.0（0.70）	81.9（0.80）	除2和3外，彼此差异显著
c. 反思	78.6（0.76）	69.3（0.86）	71.9（0.89）	彼此差异显著
差异检验	彼此差异显著	彼此差异显著	彼此差异显著	—

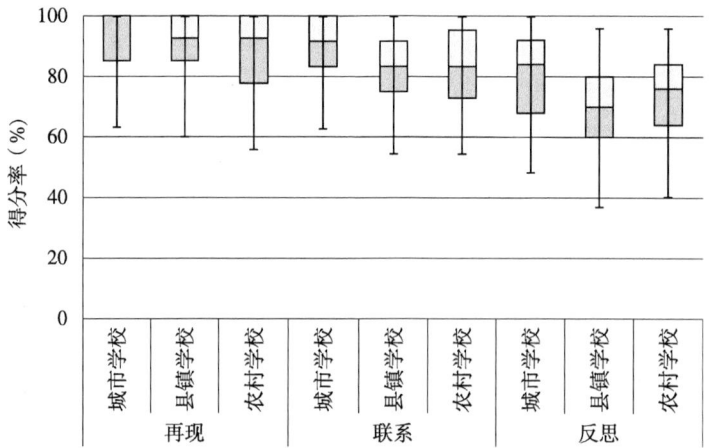

图2-2-14　小学数学问题解决思维能力各地域学校学生在各能力领域得分率分布情况

（四）结果分析

1. 不同地域学校学生思维能力测评情况

表2-2-8显示了小学数学问题解决思维能力各地域学校学生测评结果。从表中可以看出：城市学校、县镇学校和农村学校所数百分比分别是37.5%、

25.0%和37.5%，得分率分别为87.1%、80.7%和81.0%。城市学校、县镇学校和农村学校学生的平均学业水平均达到良好，县镇学校与农村学校之间差异不显著，城市学校与县镇学校和农村学校之间的差异显著。

图2-2-10显示了小学数学问题解决思维能力各地域学校得分率分布情况。从图中可以看出：①从中位数上看，城市学校的得分率最高，县镇学校、农村学校的得分率几乎持平。三个地域学校50%以上的学生得分率均在80%以上。②从离散程度上看，县镇学校和农村学校得分率差异较大，成绩位于前5%的学生和后5%的学生的得分率相差均为40%左右；城市学校得分率差异略小，成绩位于前5%的学生和后5%的学生的得分率相差约为30%。③从集中程度上看，城市学校的得分率较为集中，县镇学校和农村学校的得分率集中趋势不明显。

图2-2-11显示了小学数学问题解决思维能力各地域学校学业水平情况。从图中可以看出：①从合格率上看，城市学校、县镇学校和农村学校学生的合格率均达到较高水平，分别为96.5%、95.0%和93.0%。城市学校的合格率最高，农村学校的合格率最低。②从优秀率来看，城市学校、县镇学校和农村学校学生的优秀率分别为61.9%、32.5%和35.2%，城市学校学生的优秀率最高，县镇学校的优秀率最低。

2. 不同地域学校学生在各内容领域中的测评情况

表2-2-9显示了小学数学问题解决思维能力各地域学校学生各内容领域测评结果。从表中可以看出：在所有内容领域中，城市学校学生的得分率最高，县镇学校与农村学校学生得分率基本持平。除县镇学校与农村学校在"计划与执行"和"监控与反思"两个内容领域无显著差异之外，其他不同地域学校学生在各内容领域得分率差异显著。进一步检验表明，除城市学校在"提取与理解"和"表征与提出"两个内容领域以及县镇学校在"计划与执行"和"监控与反思"两个内容领域之外，所有地域学校在内容领域的得分率两两比较均彼此差异显著。

图2-2-12显示了小学数学问题解决思维能力各地域学校学生各内容领域得分率分布情况。从图中可以看出：①从中位数上看，在所有内容领域中，城市学校50%的学生得分率均高于县镇学校和农村学校，县镇学校和农村学

校得分率相当。②从离散程度上看，在所有领域中，城市学校要比县镇学校和农村学校的得分率的离散程度小。在"计划与执行"和"监控与反思"两个领域中，城市学校和县镇学校、农村学校的得分率差异最大。③从集中程度上看，各地域学校在"提取与理解""表征与提出"和"计划与执行"三个领域在高分段有一定的集中趋势。

图 2-2-13 显示了小学数学问题解决思维能力各地域学校学生各内容领域学业水平分布情况。从图中可以看出：①从合格率上看，城市学校在各个领域中的合格率均高于县镇学校和农村学校。在"监控与反思"领域中，城市学校和农村学校相差最大，高于农村学校的合格率约 5.7 个百分点。②从优秀率上看，各地域学校在"提取与理解""表征与提出""计划与执行"领域中的优秀率均达到较高水平，最高达到 76.8%，最低也达到 34.5%。在四个内容领域中均表现为城市学校的优秀率最高；在"表征与提出""监控与反思"领域中县镇学校的优秀率其次，农村学校的优秀率最低。

3. 不同地域学校学生在各能力领域中的测评情况

表 2-2-10 显示了小学数学问题解决思维能力各地域学校学生在各能力领域测评结果。从表中可以看出：在所有能力领域中，城市学校学生的得分率最高，在反思领域，农村学校学生的得分率与县镇学校学生的得分率分别为 71.9% 和 69.3%。除农村学校和县镇学校学生的"再现"与"联系"外，所有能力领域地域间彼此差异显著。进一步检验表明，在所有能力领域中，城市学校、县镇学校和农村学校在"再现""联系"和"反思"三个能力领域得分率彼此差异显著。

图 2-2-14 显示了小学数学问题解决思维能力各地域学校在各能力领域得分率分布情况。从图中可以看出：①从中位数上看，在所有能力领域中，城市学校 50% 的学生得分率均高于县镇学校和农村学校，县镇学校得分率最低。②从离散程度上看，在"再现"和"联系"领域中，各区域学校得分离散程度都非常接近，在"反思"领域中，各区域学校得分率的离散程度最大。③从集中程度上看，在"再现"领域中各地域学校存在明显的集中趋势；在其他能力领域中的得分率均不存在明显的集中趋势。

第三节　影响小学数学问题解决思维能力的相关因素分析

一、相关因素分析结论

从学生因素方面看，家庭环境、情感态度、问题解决过程中采取的方法、师生行为、课外学习情况等因素，在一定程度上会影响学生的小学数学问题解决思维能力水平。

二、相关因素结果分析

小学数学问题解决思维能力测评除纸笔测试外，还通过调查问卷的方式对学生的基本情况和问题解决学习情况进行调查，从调查的数据可以了解到影响学生学业水平的相关因素。

（一）家庭环境

家庭环境包括两部分：其一是接受教育的程度，其二是家庭硬件条件。

1. 接受教育程度

父母接受教育程度、学生希望自己接受教育程度以及父母希望孩子接受教育程度与学生得分有一定的影响。父母接受教育程度、学生希望自己接受教育程度以及父母希望孩子接受教育程度与学业水平呈正相关，接受教育程度越高，其成绩越高，见图2-3-1至图2-3-4。例如，图2-3-1"父亲接受教育的程度"和图2-3-2"母亲接受教育的程度"的题目中，父亲接受"大学教育"和"大学以上教育"的占比共45.5%，母亲接受"大学教育"和"大学以上教育"的占比共42.7%，学生的得分为85分左右；父母接受高中教育的占比总和为52.1%，学生的得分为82分左右。父母接受教育程度不同的学生得分差异显著，父母接受教育程度越高，学生的分数就越高。

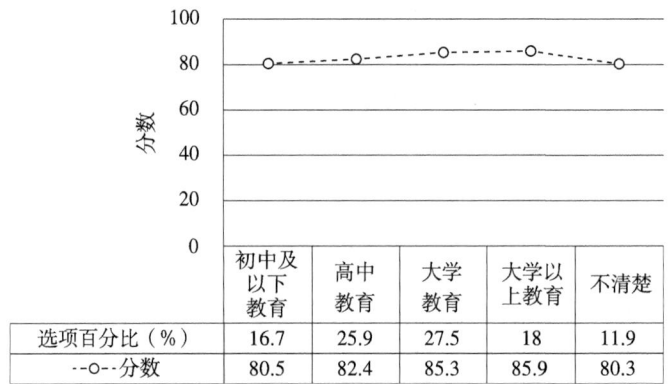

图 2-3-1　题目 "父亲接受教育的程度"

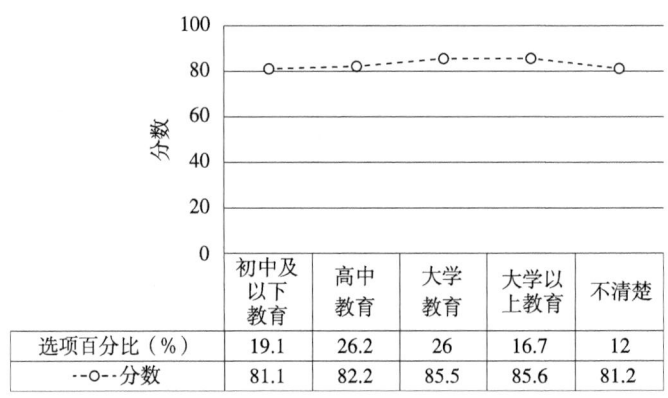

图 2-3-2　题目 "母亲接受教育的程度"

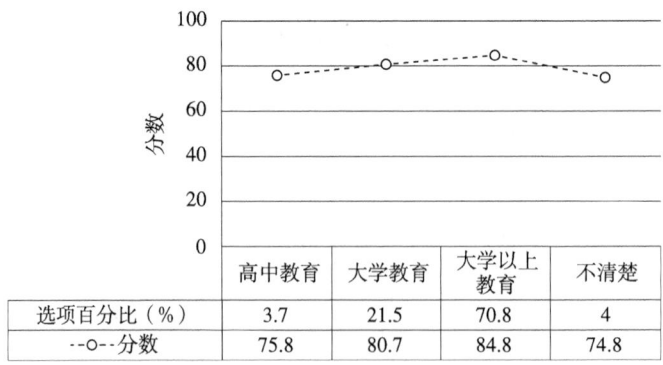

图 2-3-3　题目 "你希望自己接受教育的程度"

第二章 小学数学问题解决思维能力测评分析及建议

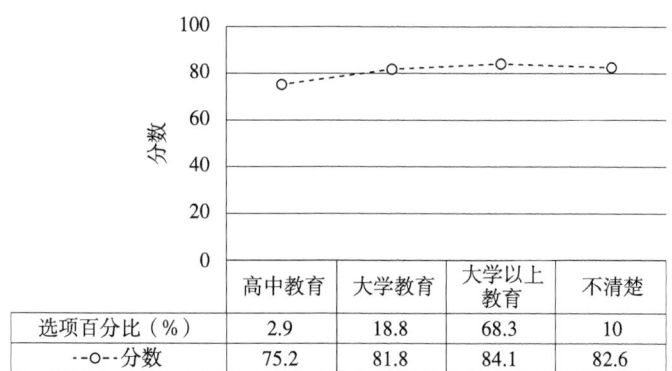

图 2-3-4 题目"父母希望你接受教育的程度"

2. 家庭硬件条件

家庭提供课外练习册或参考书、安静的学习环境、计算机、上网条件、数码相机的情况对学生得分有一定的影响。家庭提供课外练习册或参考书、安静的学习环境、计算机、上网条件、数码相机的学生得分更高,其中有无计算机和上网条件的学生得分差距最大,见图 2-3-5 至图 2-3-9。

例如,图 2-3-5 "你/你家是否拥有课外练习册或参考书"的题目中,88.2%的学生家里有课外练习册或参考书,学生的得分为 83.6 分;11.8%的学生家里没有课外练习册或参考书,得分为 80.4 分。家庭能否提供课外练习册或参考书的学生之间得分差异较显著,家中有课外练习册或参考书,学生的分数更高。图 2-3-9 "你/你家是否拥有数码相机"的题目中,83.3%的学生家里有数码相机,学生的得分为 84 分;16.7%的学生家里没有数码相机,得分为 80.2 分。家庭能否提供数码相机的学生之间得分差异显著,家中有数码相机的学生的分数更高。

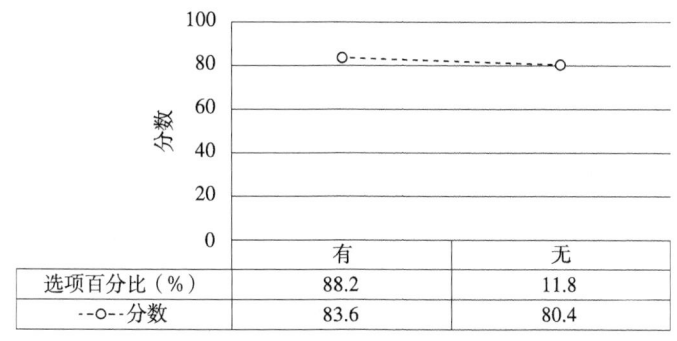

图 2-3-5 题目"你/你家是否拥有课外练习册或参考书"

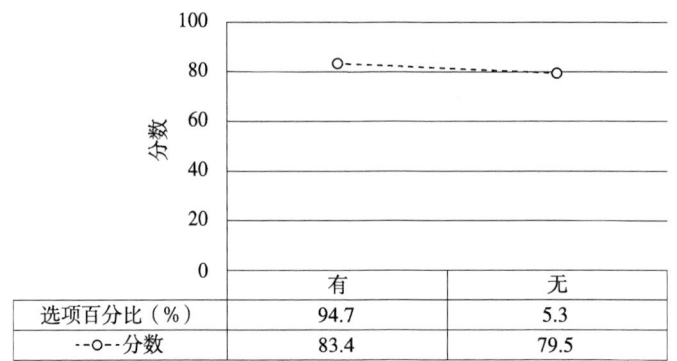

图 2-3-6　题目"你/你家是否拥有安静的学习环境"

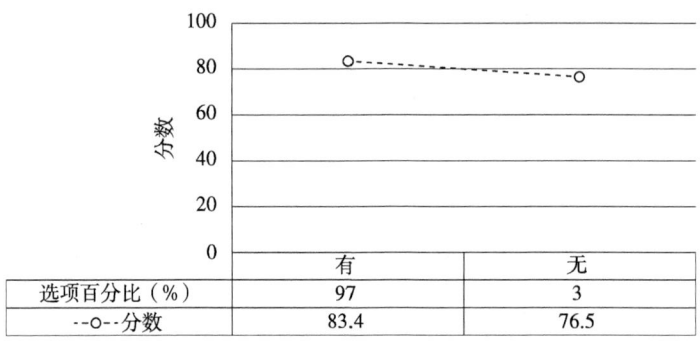

图 2-3-7　题目"你/你家是否拥有计算机"

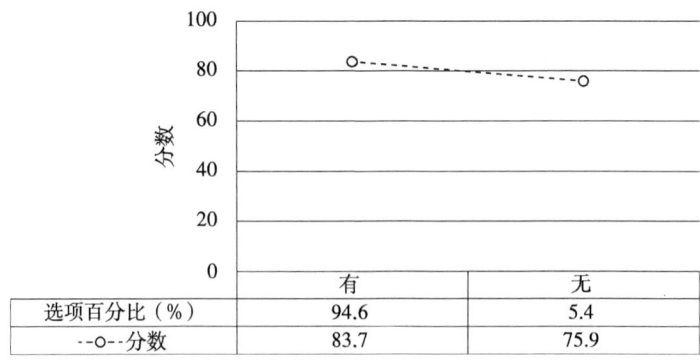

图 2-3-8　题目"你/你家是否拥有上网条件"

第二章 小学数学问题解决思维能力测评分析及建议

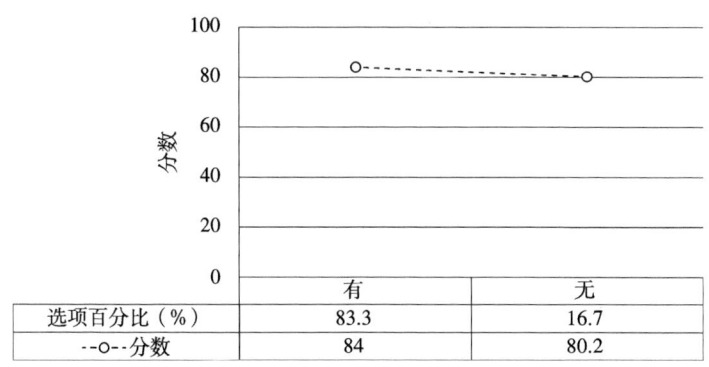

图 2-3-9 题目"你/你家是否拥有数码相机"

(二) 情感态度

情感态度包括两个方面：其一是对学习的态度，其二是对问题解决的态度。

1. 对学习的态度

学生符合"对学习充满自信""能积极、主动迎接学习挑战""喜欢探究、钻研学习内容""对学习充满了愉悦和满足"的程度对学生得分有一定的影响。学生"符合"或"非常符合"，学生分数高；"不符合"或"非常不符合"，学生分数低，见图 2-3-10 至图 2-3-13。

例如，图 2-3-10 "看看描述符合你的程度：我对学习充满自信"的题目中，选择"符合"和"非常符合"的学生占比共为 81.2%，学生得分为 84 分左右；选择"非常不符合"和"不符合"的学生占比共为 18.8%，学生得分为 75 分左右。符合和不符合的学生之间得分差异显著，符合的学生分数更高。图 2-3-13 "看看描述符合你的程度：我对学习充满了愉悦和满足"的题目中，47.6% 的学生选择"符合"，学生得分为 83.5 分；4.7% 的学生选择"非常不符合"，学生得分为 77.5 分。符合和不符合的学生之间得分差异显著，符合的学生分数更高。

· 045 ·

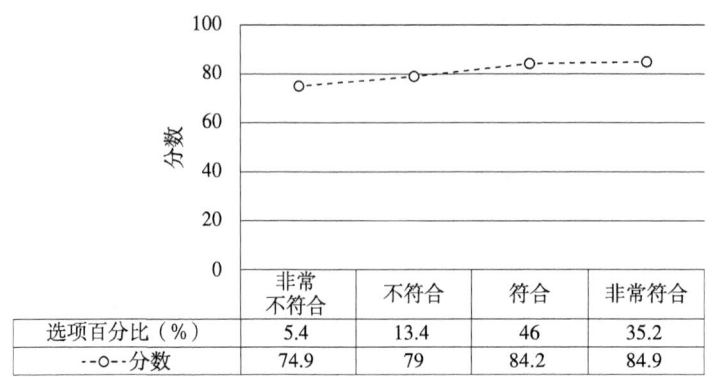

图 2-3-10　题目"看看描述符合你的程度：我对学习充满自信"

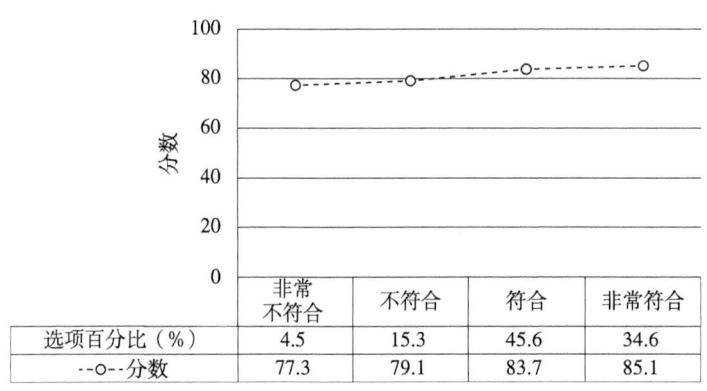

图 2-3-11　题目"看看描述符合你的程度：我能积极、主动迎接学习挑战"

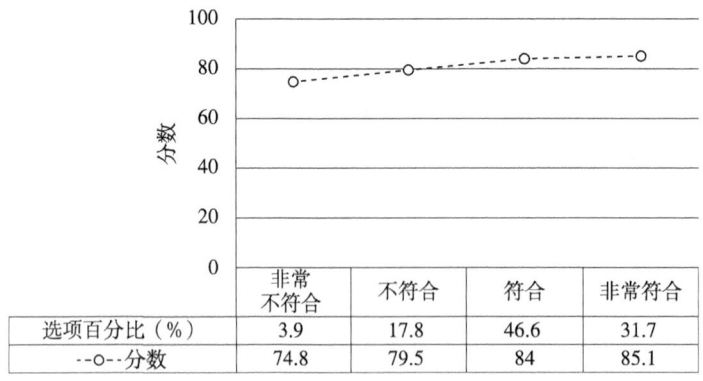

图 2-3-12　题目"看看描述符合你的程度：我喜欢探究、钻研学习内容"

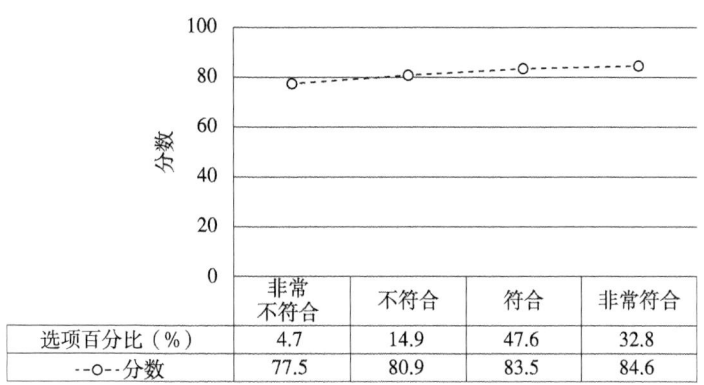

图 2-3-13　题目"看看描述符合你的程度：我对学习充满了愉悦和满足"

2. 对问题解决的态度

学生面对全新情境、复杂情境时的态度以及解决问题的方法对学生的得分有一定的影响。学生面对全新情境、复杂情境时越兴奋，则学生分数越高；采用解决问题的方法不同，其分数也有较大差异。学生独立解决，其分数就高；放弃，其分数就低，学生解决问题时，遇到自己从未见过的问题，面对条件多的问题，遇到困难，不同的态度和方法见图 2-3-14 至图 2-3-17。例如，图 2-3-14 "解决问题时，如果遇到自己从未见过的问题，你的感觉通常是"的题目中，76.6% 的学生在面对全新情境的态度是"兴奋"或"没特别的感觉，和解决其他问题一样"，学生的得分最高，为 85 分左右；20% 的学生"紧张"，学生的得分为 79.1 分；3.4% 的学生"讨厌"，得分最低，为 71.6 分。面对全新情境时态度不同的学生之间得分差异显著，越兴奋，学生的分数越高。

图 2-3-17 "在解决问题的过程中，遇到困难，花费了一段时间，问题仍未解决，通常你会"的题目中，53.3% 的学生会"持续独立思考"，学生的得分最高，为 84.5 分；42.8% 的学生会"寻求别人帮助努力解决"，学生的得分为 82.3 分；3.9% 的学生在面对困难时会"放弃"，学生的得分最低，为 75.8 分。面对困难时采用不同方法的学生之间得分差异显著，"持续独立思考"的学生分数更高。

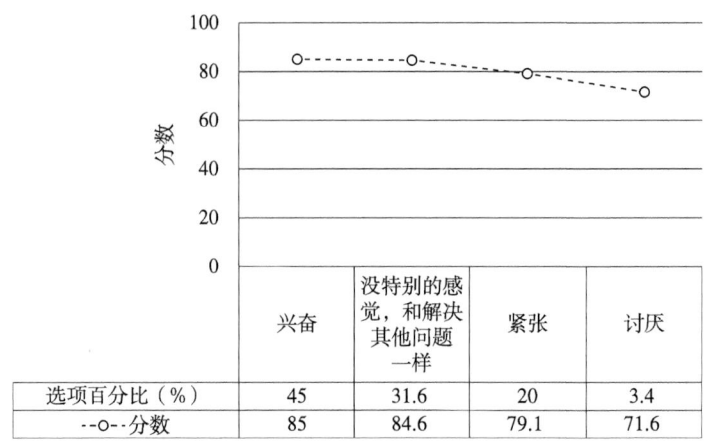

图 2-3-14 题目"解决问题时,如果遇到自己从未见过的问题,你的感觉通常是"

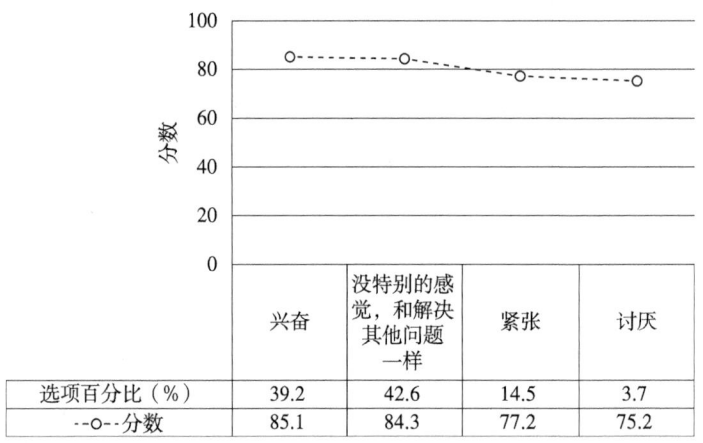

图 2-3-15 题目"解决问题时,面对条件多的问题,你的感觉通常是"

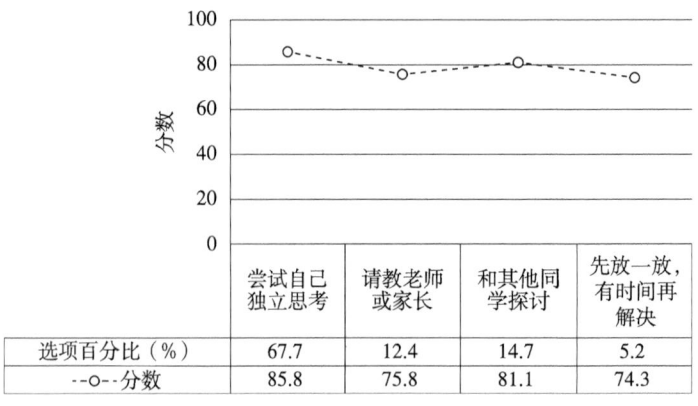

图 2-3-16 题目"解决问题时,如果遇到自己从未见过的问题,你通常的方法是"

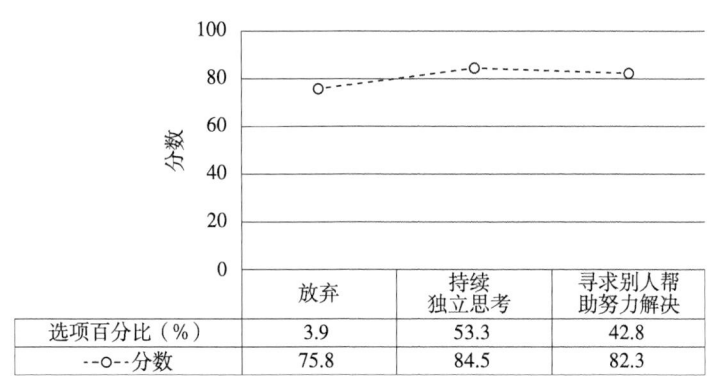

图 2-3-17　题目"在解决问题的过程中,遇到困难,花费了一段时间,问题仍未解决,通常你会"

(三) 问题解决过程中采取的方法

问题解决过程中采取的方法主要指问题解决过程中学生在"提取与理解""表征与提出""计划与执行"以及"监控与反思"四个内容领域所采取的方法。

1. 提取与理解

在"提取与理解"领域中,学生采取的方法包括提取信息的方法、读题的遍数、对反复读题的认识以及生活经验,如乘坐地铁的情况四个方面,这四个方面对学生得分都有一定的影响。图 2-3-18 到图 2-3-21 的数据表明:关注条件的关系,则学生分数越高;读题的遍数越多,则学生分数越低;认为反复读题是为了"理解条件之间的关系",学生的分数较高;有生活经验的学生分数更高。例如,图 2-3-18 "解决问题时,面对条件多的问题,你通常的方法是"的题目中,25%的学生采用"从问题入手寻找与问题相关的信息",学生的得分最高,为 86 分;23.6%的学生采用"运用画图或列表等方法梳理信息",学生的得分为 84.2 分;26.4%的学生采用"简单读题后,抓住关键词语理解",学生的得分为 82 分;25%的学生在提取信息时用的是"一遍一遍反复读题",学生的得分最低,为 80.7 分。在"提取与理解"领域中,学生采用的方法不同,得分之间差异显著,采用寻找关系和建立联系的方法的学生得分更高。

图 2-3-20 "反复读题对你解决复杂问题最重要的帮助是"的题目中,34.5%的学生选择"把不理解的条件弄懂",学生的得分最高,为 86.1 分,32.1%的学生选择"理解条件之间的关系",学生的得分为 82.3 分;4.7%的学生选择"很有成就感",学生的得分最低,为 76 分。对反复读题认识不同的学生之间差异显著,认为可以"把不理解的条件弄懂"的学生得分更高。

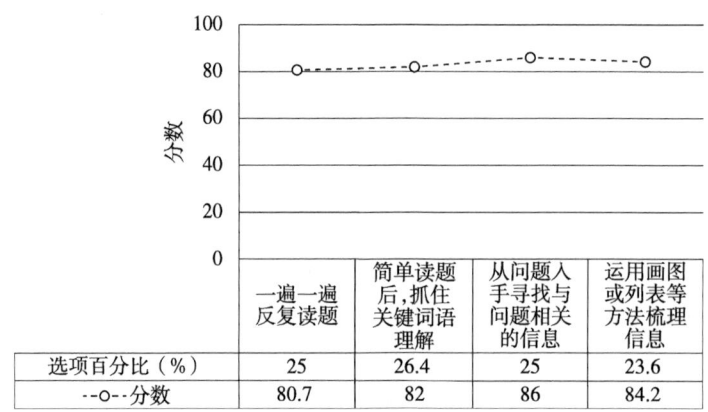

图 2-3-18 题目"解决问题时,面对条件多的问题,你通常的方法是"

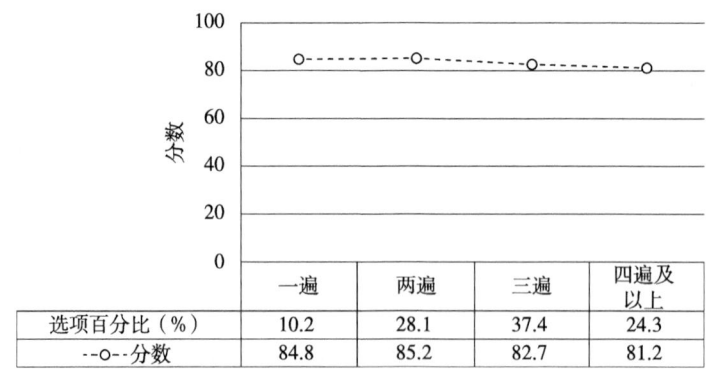

图 2-3-19 题目"下面这个题目是你刚刚做过的,回忆一下你读了几遍题开始解答的"

第二章 小学数学问题解决思维能力测评分析及建议

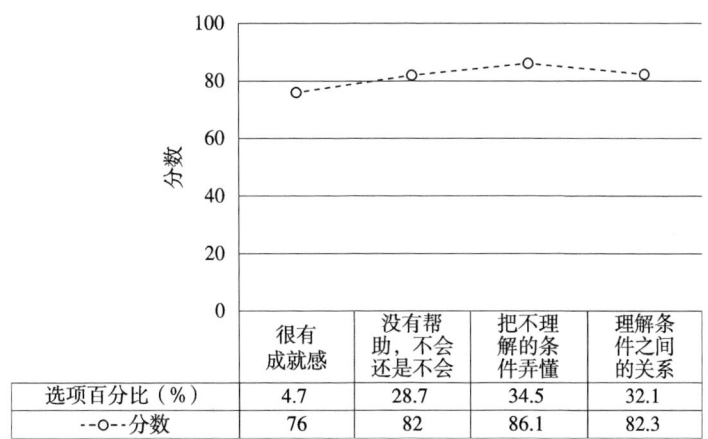

图2-3-20 题目"反复读题对你解决复杂问题最重要的帮助是"

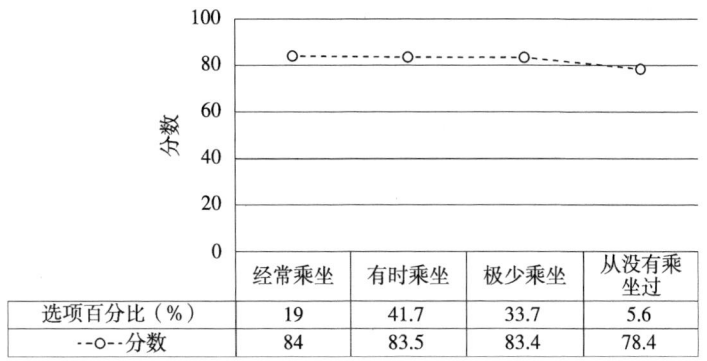

图2-3-21 题目"你平时乘坐地铁的情况"

2. 表征与提出

在"表征与提出"领域中，学生采取的方法包括学生能否主动表征、对表征的认识这两个方面，这两方面对学业质量有较大影响。图2-3-22至图2-3-23的数据表明：学生能主动表征，对表征的认识比较积极，其成绩越高。例如，图2-3-22"你会想到画图解决问题的情况是"的题目中，84.6%的学生在"遇到复杂的问题"时想到用画图来理解，学生的得分为84.5分，15.4%的学生是在"老师提醒"或"看到其他同学画图时"才想到用画图来理解。能否主动表征的学生之间得分差异显著，在遇到复杂的问题时主动想到用画图来理解的学生分数更高。

图2-3-23"解决问题时，你对画图或列表方法的感受是"的题目中，88.5%的学生认为画图或列表方法"可以很好地帮助解决问题"，学生得分最

高，为 83.6 分；8.5% 的学生认为画图或列表方法"对解决问题没有太大帮助"，学生得分为 82.9 分；3% 的学生认为画图或列表方法"觉得是一种负担"，学生得分最低，为 74.5 分。对画图或列表的认识不同的学生之间得分差异显著，认为"可以很好地帮助解决问题"的学生分数更高。

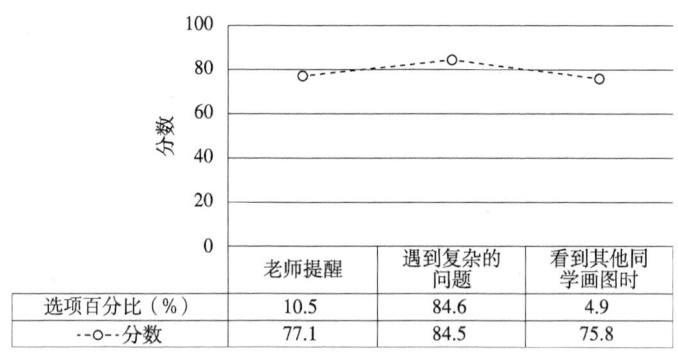

图 2-3-22　题目"你会想到画图解决问题的情况是"

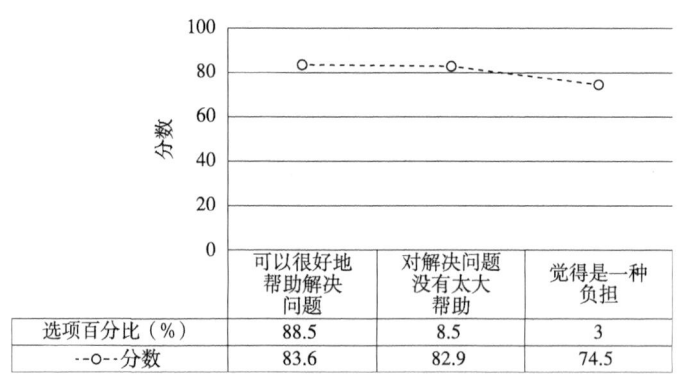

图 2-3-23　题目"解决问题时，你对画图或列表方法的感受是"

3. 计划与执行

在"计划与执行"领域中，学生采取的方法包括学生是否有较为清晰的计划，以及发现问题能及时调整自己的计划两个方面，图 2-3-24 至图 2-3-25 的数据表明：这两方面对学生的学业质量有较大影响。例如，图 2-3-24 "下面这个题目是你刚刚做过的，回忆一下你的解决过程，你的情况是"的题目中，63.8% 的学生"能想清楚解决问题的步骤，并逐一完成"，学生的得分最高，为 85.4 分；30.8% 的学生"先从某个步骤入手，再边做边思考下面的步骤"，学生的得分为 80.1 分；5.4% 的学生"想到哪写哪，不清楚每一步之间的关系",学生得分最低,为76.4分。是否有清晰计划的学生之间得分差异显著,计划越清晰,学生得分越高。

图2-3-25"在解决问题的过程中,按照自己的方案做,但问题仍未解决,通常你会"的题目中,76.8%的学生会"调整预想方案",学生的得分最高,为85.4分;23.2%的学生会"坚持预想方案"或"放弃预想方案",学生的得分均较低,为76分左右。能否及时调整方案的学生之间得分差异显著,及时调整方案的学生得分更高。

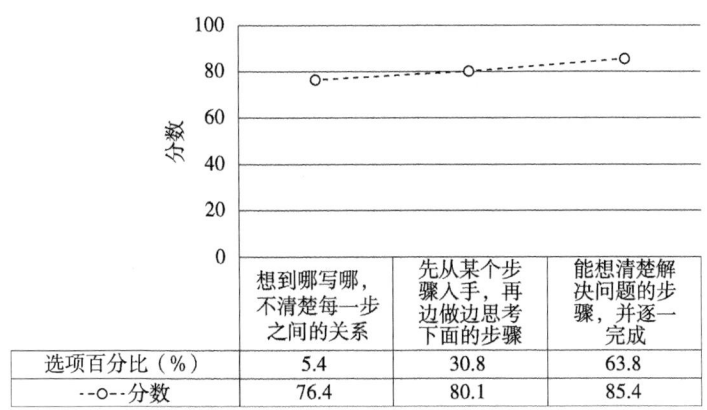

图2-3-24 题目"下面这个题目是你刚刚做过的,回忆一下你的解决过程,你的情况是"

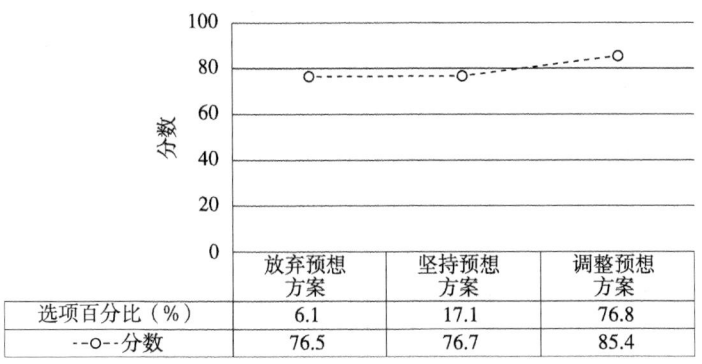

图2-3-25 题目"在解决问题的过程中,按照自己的方案做,但问题仍未解决,通常你会"

4. 监控与反思

在"监控与反思"领域中,主要指在问题解决的过程中关注结果和过程。例如,图 2-3-26 "当解决完一个问题后,你通常会"的题目中,57.5% 的学生会"看看过程和结果是否都合理",学生的得分最高,为 85.4 分,42.5% 的学生认为"有了结果就结束了"或"看看结果是否合理"或"看看过程是否合理",学生的得分均较低,为 80 分左右。反思内容不同的学生之间得分差异显著,反思内容包括过程和结果两部分的学生得分更高。

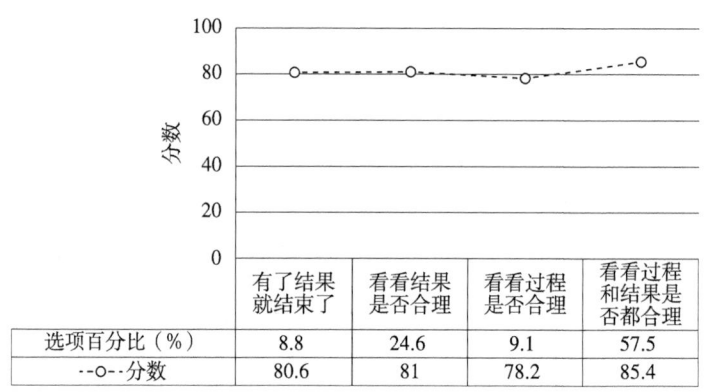

图 2-3-26　题目"当解决完一个问题后,你通常会"

(四)师生行为

师生行为包括学生个体在数学课上的表现,学生作业情况,教师采用的教学和指导方式等。图 2-3-27 至图 2-3-34 的数据说明:学生个体在数学课上"总能跟上老师的讲授,并且一有机会就主动争取发表意见"的学生得分更高,喜欢探究的学习方式的学生得分更高。对于作业的布置,喜欢部分或全部作业可以自己安排的方式的学生得分更高,学生完成作业的时间与学生的得分呈负相关,完成时间越多,得分越低。教师的教学和指导方式对学生得分也有较大影响,如果教师经常选择现实生活中的问题作为例题,学生多说、教师少说,讲解"思考题",指导方式为"耐心解答""同学互讲",学生的得分更高。例如,图 2-3-27 "你在数学课上的表现是"的题目中,38.8% 的学生在数学课上"总能跟上老师的讲授,并且一有机会就主动争取发表意见",学生的得分最高,为 86.1 分;48.7% 的学生"总能跟上老师的讲授,积极思考但是不发表意见",学生的得分为 83.1 分;5.2% 的学生

"因为其他原因而不发表意见",学生的得分为80.4分;7.3%的学生"因为跟不上老师的讲授而不发表意见"或"因为上课注意力不集中而不发表意见",学生的得分均较低,为71分左右。在数学课上不同表现的学生之间得分差异显著,"总能跟上老师的讲授,并且一有机会就主动争取发表意见"的学生得分更高。

图2-3-31"在日常数学学习中,除了书上的例题,老师选择现实生活中的问题作为例题的情况是"的题目中,89.8%的学生选择"经常选择"或"有时选择",学生的得分为84分左右;10.2%的学生选择"极少选择"或"从不选择",学生的得分为81分左右。老师有时选择或经常选择现实生活问题作为例题,学生的得分更高。

图2-3-34"当你问老师问题时,老师的做法是"的题目中,88.4%的学生选择"耐心解答"或"让其他同学帮助讲解",学生的得分为84分左右;8.4%的学生选择"让我继续独立思考",学生的得分为81.5分;3.2%的学生选择"直接告知答案",学生的得分为78.5分。"耐心解答""让其他同学帮助讲解"的学生得分更高。

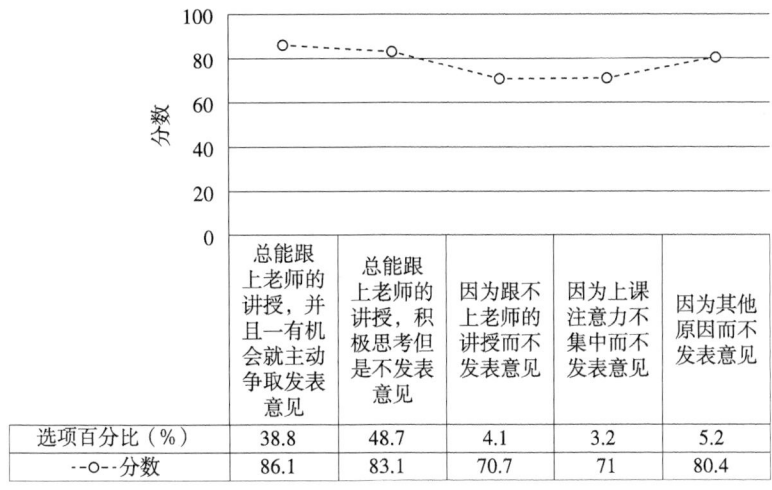

图2-3-27 题目"你在数学课上的表现是"

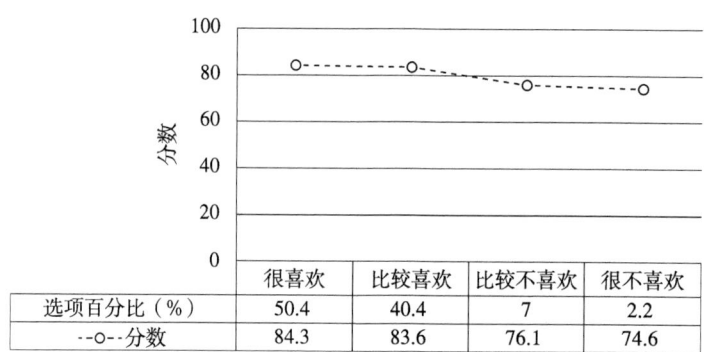

图 2-3-28　题目"数学老师在课堂上让你们自己探究学习时,你通常的感觉是"

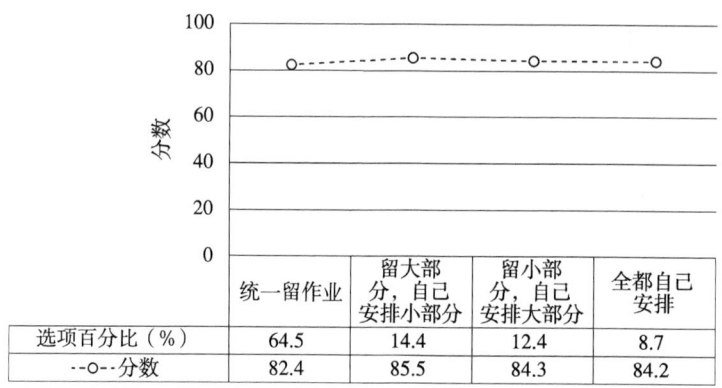

图 2-3-29　题目"你最喜欢老师布置作业的方式是"

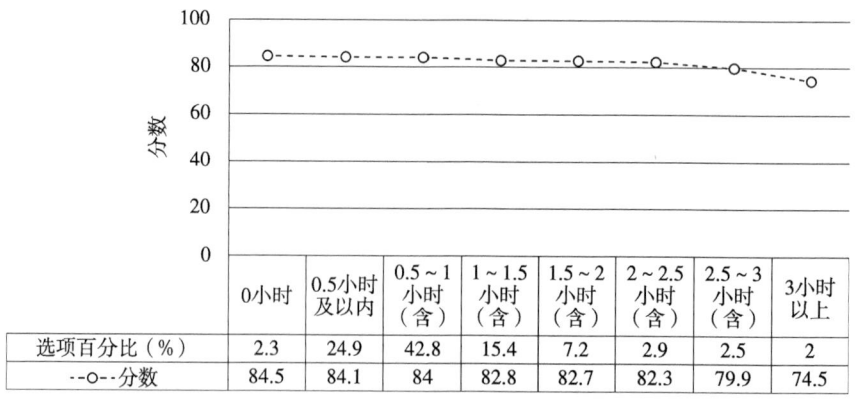

图 2-3-30　题目"本学期你平均每天大约用多长时间完成学校布置的家庭作业?"

第二章 小学数学问题解决思维能力测评分析及建议

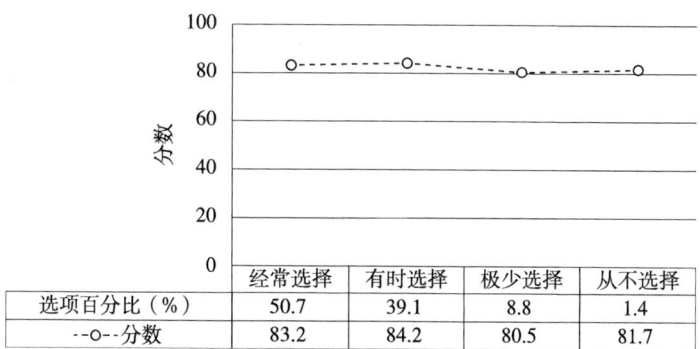

图 2-3-31 题目"在日常数学学习中,除了书上的例题,老师选择现实生活中的问题作为例题的情况是"

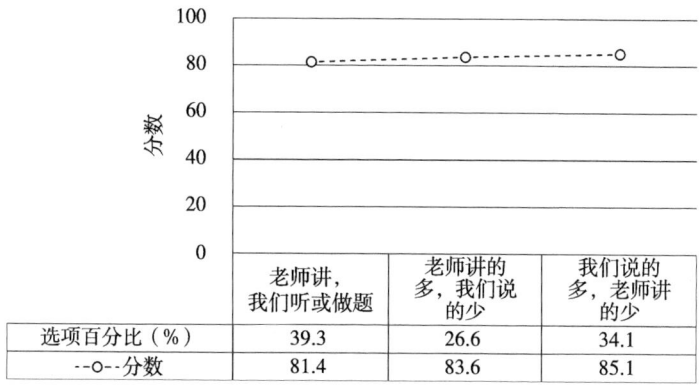

图 2-3-32 题目"数学老师在课堂教学时采取的方式通常是"

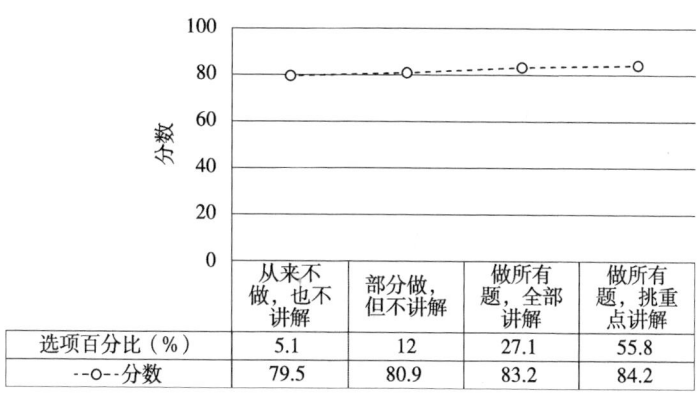

图 2-3-33 题目"面对教材中的思考题,老师的处理方式一般是"

· 057 ·

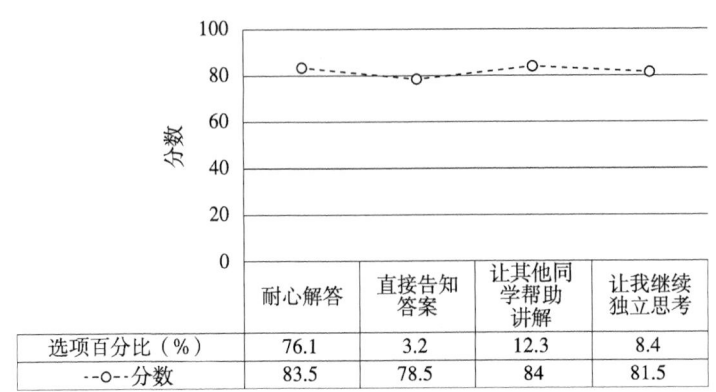

图 2-3-34 题目"当你问老师问题时,老师的做法是"

(五)课外学习情况

课外学习情况是指每周参加数学课外辅导班的次数。例如,图 2-3-35 "你每周上数学课外辅导班的次数是"的题目中,57.1% 的学生每周不参加数学课外班学习,学生的得分最高,为 83.9 分;30% 的学生每周参加一次数学课外班学习,学生的得分为 83.6 分;7% 的学生参加两次,学生的得分为 82 分;5.9% 的学生参加三次,学生的得分最低,为 77.6 分。参加数学课外辅导班的次数与学生的得分呈负相关,参加次数越多,得分越低。

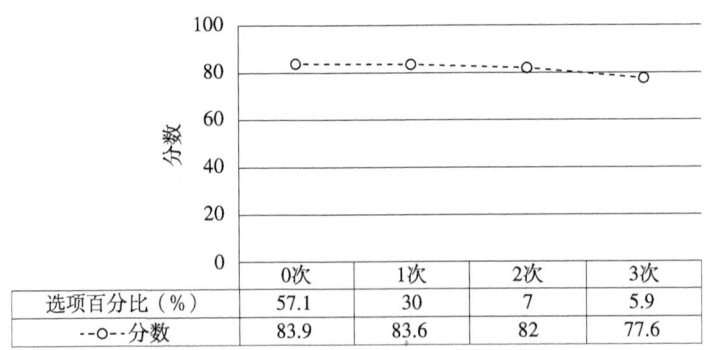

图 2-3-35 题目"你每周上数学课外辅导班的次数是"

第四节　小学数学问题解决思维能力高低水平学生特点分析

一、特点

优秀水平、不合格水平学生的特点从对问题解决的情感态度、问题解决的过程和外部因素这三方面来分析。

（一）问题解决的情感态度

优秀水平学生在问题解决的情感态度上表现比较兴奋，且有很强的面对困难的勇气。不合格水平学生有所欠缺。

（二）问题解决的过程

优秀水平学生更加关注解决问题的构成和结果，有良好的解决问题的习惯，且掌握较好的解决问题的策略。不合格水平学生有所欠缺。

（三）问题解决的外部因素

在情感态度和课堂教学方面，积极的情感可以促使学生以主动的态度进入数学学习和问题解决的状态中。通过优秀水平、不合格水平学生特点分析可以看到，学生对于数学本身的态度和其课堂表现程度与解决问题分数关系密切。

二、特点分析

（一）情感态度特点分析

1. 在解决问题过程中态度的特点分析

优秀水平、不合格水平学生在解决问题过程中对问题本身的态度差异，见表 2-4-1。

表 2-4-1　优秀水平、不合格水平学生在解决问题过程中对问题本身的态度差异

题目	选项	不合格水平（%）	优秀水平（%）
解决问题时，如果遇到自己从未见过的问题，你的感觉通常是	兴奋	40.0	52.4
	没特别的感觉，和解决其他问题一样	16.7	33.5
	紧张	30.0	12.4
	讨厌	13.3	1.7
解决问题时，面对条件多的问题，你的感觉通常是	兴奋	29.5	44.8
	没特别的感觉，和解决其他问题一样	31.1	45.1
	紧张	32.8	7.9
	讨厌	6.6	2.2

由表 2-4-1 可以看出，优秀水平学生面对从未见过的问题和条件较多的问题分别有 52.4% 和 44.8% 的学生表现比较兴奋，高于不合格学生的 40.0% 和 29.5%。而遇到这样的问题表现紧张的学生，优秀水平学生为 12.4% 和 7.9%，低于不合格水平学生的 30.0% 和 32.8%；表现讨厌的学生，优秀水平学生为 1.7% 和 2.2%，低于不合格水平学生的 13.3% 和 6.6%。

2. 在解决问题过程中勇气的特点分析

优秀水平、不合格水平学生在解决问题过程中面对困难的态度差异，见表 2-4-2。

表 2-4-2　优秀水平、不合格水平学生在解决问题过程中面对困难的态度差异

题目	选项	不合格水平（%）	优秀水平（%）
在解决问题过程中，有时会出现新的问题，此时你会	独立思考争取自己解决问题	50.9	86.8
	先放一放，有时间的时候再思考解决问题的方法	21.3	5.8
	问别人，看其他同学怎么做的，对自己一定会有启发	18.0	6.1
	等待老师的讲解	9.8	1.3

续表

题目	选项	不合格水平（%）	优秀水平（%）
在解决问题的过程中，按照自己的方案做，但问题仍未解决，通常你会	放弃预想方案	20.3	3.5
	坚持预想方案	33.9	9.4
	调整预想方案	45.8	87.1

由表2-4-2可以看出，在解决问题过程中出现新问题时，优秀水平学生独立思考争取自己解决问题的占86.8%，而不合格水平学生独立思考争取自己解决问题的占50.9%。

在解决问题过程中遇到问题时，优秀水平学生调整预想方案的为87.1%，而不合格水平学生仅为45.8%。优秀水平学生选择放弃预想方案的为3.5%，而不合格水平学生为20.3%。

（二）过程特点分析

1. 在解决问题过程中对过程和结果的特点分析

优秀水平、不合格水平学生在解决问题过程中对过程和结果的关注差异，见表2-4-3。

表2-4-3 优秀水平、不合格水平学生在解决问题过程中对过程和结果的关注差异

题目	选项	不合格水平（%）	优秀水平（%）
当你解决完一个问题，在什么情况下你会关注结果是不是合理、正确	和别人答案不一样	23.7	6.7
	认为结果不太符合实际情况	35.6	42.7
	每次都会看一看	27.1	25.3
	计算出现问题时，如结果除不尽	13.6	25.3
当解决完一个问题后，你通常会	有了结果就结束了	13.1	6.9
	看看结果是否合理	32.8	19.3
	看看过程是否合理	14.8	6.7
	看看过程和结果是否都合理	39.3	67.1

由表2-4-3可以看出，学生在经历数学解决问题后，面对过程和结果，优秀水平学生和不合格水平学生产生较大差异。优秀水平学生关注过程和结

果都合理的占 67.1%，比不合格水平学生高 27.8%。不合格水平学生有 23.7%在和别人答案不一样时会关注结果是否合理、正确，而优秀水平学生仅有 6.7%会这样做。

2. 在问题解决过程中习惯和策略的特点分析

优秀水平、不合格水平学生在解决问题过程中习惯的差异，见表 2-4-4。优秀水平、不合格水平学生在解决问题过程中策略的差异，见表 2-4-5。

表 2-4-4 优秀水平、不合格水平学生在解决问题过程中习惯的差异

题目	选项	不合格水平（%）	优秀水平（%）
解决问题时，面对条件多的问题，你通常的方法是	一遍一遍反复读题	31.1	18.7
	简单读题后，抓住关键词语理解	36.1	24.7
	从问题入手寻找与问题相关的信息	16.4	30.6
	运用画图或列表等方法梳理信息	16.4	26.0

由表 2-4-4 可以看出，在解决问题的习惯方面存在差异。不合格水平的学生一遍一遍反复读题的占 31.1%，高于优秀水平学生的 18.7%。在读题过程中，不合格水平学生有 36.1%的学生选择简单读题后，抓住关键词语理解；而优秀水平学生选择从问题入手寻找与问题相关的信息占 30.6%，比不合格水平学生高 14.2%。优秀水平学生选择运用画图或列表等方法梳理信息占 26.0%，比不合格水平学生高 9.6%。

表 2-4-5 优秀水平、不合格水平学生在解决问题过程中策略的差异

题目	选项	不合格水平（%）	优秀水平（%）
你会想到画图解决问题的情况是	老师提醒	30.0	8.1
	遇到复杂的问题	58.3	89.3
	看到其他同学画图时	11.7	2.6

由表 2-4-5 可以看出，对于解决问题的策略——画图方法存在差异。其中不合格水平学生需要教师提醒或看到其他同学画图时才想到画图解决问题的共占 41.7%，而优秀水平学生仅为 10.7%，89.3%的优秀水平学生能够依

据问题的复杂性自觉选择画图的方法。

(三) 外部因素特点分析

1. 在情感态度方面的特点分析

优秀水平、不合格水平学生喜欢数学程度的差异，见表2-4-6。

表2-4-6　优秀水平、不合格水平学生喜欢数学程度的差异

题目	选项	不合格水平 (%)	优秀水平 (%)
你对数学的喜爱程度是	很喜欢	44.2	60.6
	比较喜欢	44.3	34.9
	比较不喜欢	8.2	4.1
	很不喜欢	3.3	0.4

由表2-4-6可以看出，优秀水平学生很喜欢数学的比例较高，为60.6%，比不合格水平学生高16.4%。优秀水平学生比较不喜欢和很不喜欢数学的比例共为4.5%，而不合格水平学生共为11.5%。

2. 在课堂教学方面的特点分析

优秀水平、不合格水平学生在课堂教学方式方面的差异，见表2-4-7。优秀水平、不合格水平学生在课堂表现方面的差异，见表2-4-8。

表2-4-7　优秀水平、不合格水平学生在课堂教学方式方面的差异

题目	选项	不合格水平 (%)	优秀水平 (%)
数学老师在课堂教学时采取的方式通常是	老师讲，我们听或做题	50.9	32.0
	老师讲得多，我们说得少	31.1	29.8
	我们说得多，老师讲得少	18.0	38.2

由表2-4-7可以看出，在数学教师课堂教学方式方面，不合格水平学生更喜欢教师讲，他们听或做题，这个百分比高达50.9%，比优秀水平学生高18.9%。而优秀水平学生更喜欢"我们说得多，老师讲得少"，这一百分比达到38.2%，比不合格水平学生高20.2%。

表 2-4-8　优秀水平、不合格水平学生在课堂表现方面的差异

题目	选项	不合格水平（%）	优秀水平（%）
你在数学课上的表现是	总能跟上老师的讲授，并且一有机会就主动争取发表意见	29.5	46.9
	总能跟上老师的讲授，积极思考但是不发表意见	39.3	48.4
	因为跟不上老师的讲授而不发表意见	16.4	1.1
	因为上课注意力不集中而不发表意见	11.5	0.6
	因为其他原因而不发表意见	3.3	3.0

由表 2-4-8 可以看出，优秀水平学生"总能跟上老师的讲授，并且一有机会就主动争取发表意见"的占 46.9%，"总能跟上老师的讲授，积极思考但是不发表意见"的占 48.4%，两项合计 95.3%；而不合格水平学生分别占 29.5% 和 39.3%，两项合计 68.8%，差异明显。而因为跟不上老师的讲授而不发表意见和因为上课注意力不集中而不发表意见的不合格学生分别占 16.4% 和 11.5%，合计 27.9%；而优秀学生却分别只占 1.1% 和 0.6%，合计 1.7%。

第五节　小学数学问题解决思维能力问题与建议

一、当前现状

（一）小学生数学问题解决思维能力整体达到较高水平

《义务教育数学课程标准（2022 年版）》提出，通过义务教育阶段的数学学习，学生能体会数学知识之间、数学与其他学科之间、数学与生活之间的联系，在探索真实情境所蕴含的关系中，发现问题和提出问题，运用数学

和其他学科的知识与方法分析问题和解决问题。[1] 从此次测评结果来看：

此次测评满分为 100 分，平均分为 83.2 分，处于良好水平。其总体合格率为 95%，优秀率为 44.4%。

从各内容领域的学业水平来看，四个内容领域的平均学业水平均达到了良好水平。从合格率来看，四个内容领域合格率均达到 90% 以上，"提取与理解""表征与提出"的合格率均达到了 93% 以上。从优秀率来看，四个内容领域优秀率均达到了 38% 以上，"提取与理解""表征与提出"的优秀率均达到了 55% 以上。综上所述，从内容领域的学业水平来看，四个领域均达到了较高水平，在"提取与理解""表征与提出"这两个领域的学业水平更为突出。

从各能力领域的学业水平来看，"再现""联系""反思"领域的得分率分别为 89.7%、84.5% 和 73.6%，三个能力领域均达到了较高水平，在"再现""联系"这两个领域的学业水平更为突出。

从上述数据可以看出，小学生数学问题解决思维能力达到较高水平。

（二）男、女生在问题解决思维能力上发展均衡

此次测评中，男生平均得分率为 82.7%，女生平均得分率为 83.7%，均达到良好水平。从合格率来看，男生和女生的合格率分别为 94.3% 和 95.7%；从优秀率来看，男生和女生的优秀率分别为 43.1% 和 45.8%。男生和女生在合格率和优秀率上均达到较高水平且差异不显著，说明在小学数学问题解决思维能力学业水平上，男生和女生的发展是均衡的。

（三）学生对数学学习和问题解决都有积极的情感

学生对数学学习和问题解决的态度是影响问题解决学业水平的重要因素，学生问卷调查结果表明，小学生对数学学习充满自信，能积极、主动迎接学习挑战，喜欢探究、钻研学习内容，对学习充满了愉悦和满足；在问题解决时，面对全新情境、复杂情境时的态度越兴奋，解决问题时喜欢独立解决，这些积极情感都有助于学生问题解决学业水平的提升。学生对数学学习和问题解决的情感态度越积极，相应的问题解决学业水平越高。

（四）学生积累了一定的问题解决经验

学生在以往的数学学习过程中，对基本概念和基本规律具有初步的感性

---

[1] 教育部. 义务教育数学课程标准（2022 年版）[M]. 北京：北京师范大学出版社，2022：11.

认知，在探索的过程中，有把实际问题抽象成数学问题，对信息进行加工、整理，发现其中的逻辑关系，进行推理，并调用知识、经验和策略，从而解决问题的经验。教师问卷调查结果表明，在"在日常数学学习中，除了书上的例题，老师选择现实生活中的问题作为例题的情况是"的题目中，选择"经常选择"和"有时选择"的学生分别为50.7%和39.1%。

（五）学生掌握了一些问题解决的方法和策略

方法和策略比知识本身更重要，小学学生在之前的学习中，经过不断的问题解决的过程，掌握了一些问题解决的方法和策略。学生问卷调查结果表明，学生在问题解决过程中，能够通过问题中条件的关系提取理解信息，利用画图或列表方法对信息进行表征和发现，制订较为清晰的计划并执行，能够监控过程和结果，说明小学学生掌握了一些问题解决的方法和策略。例如，在"解决问题时，面对条件多的问题，你通常的方法是"的题目中，选择"从问题入手寻找与问题相关的信息"的学生占25%，这部分学生的得分最高。

（六）教师对问题解决的认识比较清晰，教学方式更开放、更自主

随着课程改革的深入，教师通过不断学习与实践探索对问题解决的认识比较清晰，教学方式也有了较大的改变，变得更开放、更自主。

小学数学教师对于影响学生问题解决过程中问题的呈现方式和各个环节的认识比较清晰。认识决定行为，在课堂教学实践中才能提高问题解决的实效性。教师问卷调查结果表明，从问题的呈现对学生的影响上看，在"在问题解决时，问题的呈现方式对学生很有影响，您认为影响最大的是"的题目中，选择"描述某种操作流程的问题"对于学生影响最大的教师占50%，教师普遍认为这类问题往往叙述信息较多，和传统的问题差距较大，学生找不到解决问题的突破口，这与实际教学情况是相符的。由此可以看出，教师对于问题解决的认识从理论走到实践，在实践中又促进了对它的认识，这样才能使教学更高效。

小学数学教师教学方式也发生了很大的改变，由原来以被动、接受式为主，变成以自主、探究式为主。教师问卷调查结果表明，在"您在课堂教学时，采取的方式通常是"的问题中，选择"我讲得少，学生说得多"的教学方式的教师占75%，是选择"我讲得多，学生说得少"的教师数量的3倍。

再结合"平行四边形的面积"这一具体的教学内容时,选择"先让学生利用学具探索,再组织学生交流面积公式推导过程"的教师占90%,可见,面积公式的推导过程是在学生自主探索、合作交流的基础上学习的,教师给了学生一个相对独立的探索学习空间,教学方式更开放、更自主。

二、问题与建议

(一)城市学校学生与农村学校学生在小学数学问题解决思维能力上差异显著,应加强对农村学校的帮扶力度,促进不同地域学校水平的均衡发展

1. 农村学校学生的整体学业水平表现低于城市学校

本次测评城市学校的得分率是87.1%,农村学校的得分率是81.0%,存在显著差异。农村学校合格率为93.0%,城市学校合格率为96.5%;农村学校优秀率为35.2%,城市学校优秀率为61.9%。农村学校学生在所测评的四个内容领域和三个能力的得分率均低于城市学校。

以上数据说明城市学校学生达到优秀水平的学生显著高于农村学校学生,农村学校学生达到的水平主要集中在良好和合格的水平,不合格学生的人数农村学校学生人数也略多于城市学校学生人数,可见城市学校学生问题解决能力显著高于农村学校学生。

2. 造成农村学校学生与城市学校学生差异的主要原因

(1)学生的家庭和生活背景的影响

首先,城市学校学生和农村学校学生父母的文化水平存在一定差异。城市学校学生中,父母具有大学及以上学历的分别占60.3%和56.7%;农村学校学生中,父母具有大学及以上学历的分别占25.1%和22.2%。以上数据显示,农村学校学生家长和城市学校学生家长的受教育程度存在显著差距。

父母学历水平会对学生的后续学习产生影响,城市学校学生的父母对学生的期望比较高,为学生的学习提供了较农村更加优越的条件,并提出了更加严格的要求。城市学校学生家长的辅导能力较强于农村学校学生家长,另外,城市学校学生家长更加关注学生学习习惯的培养。

其次,学生生活环境的差异也是影响城市学校和农村学校的学生问题解决能力的重要因素。问题解决需要学生具有一定的知识基础和经验基础,

城市学校学生显然比农村学校学生有更多机会接触新鲜事物，紧跟社会的发展。在城市中有丰富的社会资源、场馆资源和获取信息的渠道。虽然从政策层面，近几年加大了对农村的投入力度，但这种差距不是短时间就可以弥补的。

（2）农村学校教师师资相对薄弱，教师更新教学理念的渠道相对狭窄

总体而言，农村学校的规模一般比城市学校小，导致农村学校数学教师相对数量少，在日常教学中教师间彼此交流沟通的机会较少，势必会影响教学理念的更新力度和速度。另外，教学研讨交流更多安排在城市学校中，农村学校教师参与和实践的机会相对较少。教学中，农村学校教师教学主要依据教材和教参，更多关注知识和技能的目标，忽略能力的培养。

（3）现代教育技术手段的使用频率和效果存在差异

从硬件配备看，城市学校和农村学校的差距越来越小，但城市学校对于现代教育技术手段的使用已是常态，并不断探索和创新更加具有实效性的方式、方法；而农村学校对于现代教育技术手段在使用频率和效果上远不如城市学校。

3. 进一步缩小城市学校和农村学校学生小学数学问题解决思维能力差异的建议

建议教育行政管理部门，应加大对农村学校的帮扶力度，统筹安排优质教育资源，加大对数学教师的专业发展培训力度，形成政策保障；进行有针对性的会诊，发现问题、分析问题、解决问题，在区域内或跨区域建立有效的联合机制，发挥优质学校教学管理、校本研修活动和教师资源等方面优势的辐射作用，带动薄弱学校教学质量的逐步提升。

建议教研部门，认真分析本次测评的结果，找准农村学校存在的主要问题，了解农村学校教师存在的困惑，分析问题产生的原因，解决存在的问题；建立持久的教师培养机制，探索新的研修模式，持续关注农村学校，促进教师的专业化发展。

建议学校，特别是农村学校转变学校的办学观念，借助课程计划调整的契机，为学生开设更加开放的、适合儿童的学习课程，比如借助10%的学科实践活动，安排学生走出课堂，拓宽学生的视野，培养他们的实践能力和学科素养；开展学生问题解决能力培养的专题研讨和实践；通过"请进来"与"走

出去"的方式为教师创设更多的培训、学习和交流的机会,提高教师专业素养。

建议数学教师,从教师发展角度,加强学习,不断更新教育理念,促进学生全面发展;认真分析本班学生的测评结果,寻找影响学生学业水平发展的主要问题,针对存在的问题改进教学;在日常教学中为学生创设紧密结合生活实际的问题情境,给学生提供动手操作、探究的机会,经历问题解决的全过程。

(二) 加强学生在问题解决过程中反思能力的研究,促进学生反思能力的提升

1. 学生在问题解决过程中反思能力相对较低

从小学问题解决学生总体在各内容领域得分率和学业水平情况来看,学生在"监控与反思"领域得分率最低,为74.1%;优秀率也是最低,为38.1%。同时,"监控与反思"领域的分数离散较大,前5%的学生和后5%的学生得分率相差达到60%。各领域得分率彼此差异显著。

从小学问题解决学生整体在各能力领域的得分率情况看,"反思"领域得分率最低,为73.6%。同时,"反思"领域的得分差异最大,前5%的学生和后5%的学生得分率相差达到58%左右。

基于以上相关数据可以看出,学生在问题解决过程中反思能力相对较低主要表现在:

第一,学生主动反思的意识不够。学生问卷调查结果显示,"当你解决完一个问题,在什么情况下你会关注结果是不是合理、正确"的作答情况,优秀水平学生选择问题解决后"每次都会看一看"只占25.3%,说明学生主动反思的意识弱。

第二,部分学生反思内容不够全面。学生问卷调查显示,"当解决完一个问题后,你通常会"的作答情况,优秀水平学生选择问题解决后"有了结果就结束了"占6.9%、"看看结果是否合理"以及"看看过程是否合理"的优秀水平学生占26%;而选择问题解决后"看看过程和结果是否都合理"的优秀水平学生占67.1%。

2. 可能造成学生反思能力相对较低的因素分析

(1) 传统的评价方式忽视对学生反思能力方面的关注

目前,我国对学生学业水平的评价方式大多停留在学生对知识的掌握程

度上。例如，评价学生的学业水平主要通过分数进行定量评价，其评价的内容围绕教材的知识点展开，是对学生知识运用层面的评价，评价的结果必然只能反映学生对知识掌握的程度。这种评价方式，更多地关注学生获得怎样的答案，而不是怎样获得答案，忽视不同学生在学习过程中的思维表现和能力发展，进而学生获取答案的思维过程被摒弃于评价之外。而反思又是对思维过程以及思维结果进行再次的认识和检验，因此，在以往的学生学业评价中就很少涉及有关反思能力的测查。

（2）教师自身反思存在诸多问题

有关研究表明，目前教师自身反思意识比较淡薄，反思内容不够全面，反思的途径比较单一，反思的水平偏低，反思的视角比较狭窄，这些方面都反映出了目前教师自身反思的现状。

（3）教师对反思能力的认识较为薄弱

教师对培养学生反思能力的价值认识不足。教师问卷调查教师对问题解决能力的作用与价值的重要程度认知上的反馈显示，将"培养学生解决问题过程中的监控与反思能力"作为最重要问题解决能力的只占15%。从中可以看出，教师忽视反思能力的作用与价值，可能影响了学生反思能力的培养。

教师对学生在反思层面遇到的困难认识不够。在问题解决过程中对于学生来说最困难的问题是什么的反馈显示，选择"检查过程及最终结果，如发现错误或问题，及时调整方案"的教师占15%，大部分教师认为对于学生来讲监控与反思的环节并不困难。从中可以看出，教师对学生问题解决过程中的主要困难认识不足，可能影响学生反思的能力。

（4）部分教师的教学方式不利于培养学生的反思能力

部分教师依然采用传统的授课方式，对概念、公式的讲解十分细致，对知识的理解力求一步到位，很少暴露学生对问题的思考过程，特别是在课堂中很少暴露通过反思错误想法，从中调整思路，最终解决这个问题的思维过程。这样的教学，师生的交流很少，教师不示范反思的方法、技巧，学生没有反思的机会和时间，造成学生在课堂学习中反思的缺失。

3. 提升学生反思能力的方法与建议

建议教育行政管理部门，拓宽评价的维度。数学评价的根本目的不是区别学生在数学水平上的高低，而是从各个渠道激励学生学习数学的信心，着力于学生素养的提高、学习情感的升华、反思习惯的养成等，从而促进学生全面发展。因此，评价既要关注学生的学习体验和数学素养，也要关注学生的个性化发展和创造性表现。教育行政管理部门可以尝试拓宽评价的维度，建立多元的评价体系，采用过程性评价、表现性评定等方式，深入学生发展的进程中，及时、动态地了解学生在发展中遇到的问题、困惑与收获，从而可以对学生的良性发展和持续进步实施有效的、适时的指导。

建议教研部门，组织教师开展"学生反思能力培养"的相关研究。有针对性地为教师做"培养学生反思能力"的专题讲座，组织数学教师开展"如何在问题解决的过程中培养学生反思能力"的专题研究，帮助教师找到提高学生反思能力的课堂教学方式和有效途径，促进学生反思能力的提升。

建议学校，创设教师反思的氛围，提升教师自我反思的意识。教师的反思需要有支持反思、促进反思的环境。反思不仅是教师个人的事情，教育权威人士、学校校长、其他教师、管理人员等，都应对教师的反思给予支持、合作。没有这种支持与合作，教师的反思很难进行。因此，学校需要创建一种重视学习、重视交流的组织气氛，为教师提供相互合作的条件，使教师在与其他教师在思想碰撞中形成自觉的、主动的反思意识，从而不断提升自我反思的能力。

建议数学教师，提升对数学反思的认识，培养学生的反思能力。数学反思不仅是对数学学习一般性地回顾和重复，而是深究数学活动中所涉及的知识、方法、思路、策略等，它是多层次、多角度、全方位地对问题和解决问题的思维过程以及思维结果进行全面考察分析和思考，深化对问题的理解，优化思维过程，揭示问题本质，探索一般规律，沟通知识联系，促进知识同化迁移，进而产生新发现和新思维结果的创造性过程。反思的实质在于批判地、反复深入地思考问题，学生具备了反思能力，他们的知识结构会更完善、更牢固，思路会更开阔、更灵活，见解会更深刻、更新颖。因此，反思的目的不仅是回顾过去，更重要的是指向未来。

教师如何培养学生的数学反思能力呢？可以从以下几个方面做一些尝试。

（1）在数学学习中把握反思的时机

根据学生数学学习活动的内容创设反思的机会。例如，在学习新知识的过程中，可以引导学生从学习的目标、学习的过程以及学习的结果三方面进行反思。对于学习目标的反思，引导学生对自己过去的学习经验、现有的学习基础进行合理的评估，以及对将要开展的学习目标和过程进行初步的规划和安排。对于学习过程的反思，引导学生除了反思认知层面的，也要反思情感和行为习惯，包括一些学习的品质（技能、能力、习惯）等。对于学习效果的反思，引导学生学会对自己的学习结果和效果进行自主反思，发现存在的问题和取得的经验，从而为后续的学习以及问题的解决提供方向。

(2) 在数学学习中教给学生一些反思的方法

反思是使学生实现自我监控，从而形成反思的能力。教师可以通过引导学生自我提问、自我总结、自我评价以及同伴互评来掌握一些反思的方法。例如，在学习过程中教学生自我提问，可以问自己"怎样做？为什么这样做？可以用几种方法做？哪一种方法更简洁？错在哪里？为什么错？"等问题，促进学生深层次地思考；自我总结可以从解决问题的角度、方法、策略等方面进行总结，寻求思维的规律；自我评价可以在解题后回顾解题中的不足，将评价和反思结合起来；同伴互评鼓励学生指出同伴的优缺点，需要学生专心观察和认真反思。

(3) 在课后设计有关反思的数学活动

比如可以建立学生个体的学习档案，学生将自己的作业和活动作品收集起来，在自己收集的过程中，反思自己的学习过程以及成效。可以在课后设计后测表，针对学生学习策略、习惯、兴趣、态度等提出问题，帮助学生反思。还可以引导学生写学习日志，记录头脑中闪过的想法、遇到的困难、获得的感受，记录自己思维的片段等。

总之，反思不是学习活动的终点，是要帮助学生把学习中的体验提升为经验，通过教师在实践中的探索，找到适合学生的方式，促进学生反思能力逐步提升。

样题 1：法国汽车的年产量是（　　）的 2 倍。

某年各国汽车产量　　🚗代表 50 万辆

```
日    本  🚗🚗🚗🚗🚗🚗🚗🚗🚗
美    国  🚗🚗🚗🚗🚗
德    国  🚗🚗🚗🚗
法    国  🚗🚗🚗
澳大利亚  🚗🚗
意 大 利  🚗
```

A. 日本　　　B. 美国　　　C. 澳大利亚　　　D. 意大利

* 内容领域：提取与理解
* 能力领域：再现
* 考查内容：读条形统计图和比较两个量的倍数关系
* 适合水平：合格水平
* 实测难度：此题难度值为 0.88
* 参考答案：C
* 评分标准：选择 C 得 4 分，选择 B 得 2 分，其他选项不得分
* 答题情况分析：本题意在让学生首先能够提取信息，在正确读图理解信息的基础上判断两个量之间的倍数关系。优秀学生及中等学生都能回答正确，个别低水平学生不能正确作答，主要问题集中在不能正确找到标准量

样题 2：学校要组织全体同学到公园春游，为了测算此次春游的花费，提供了以下一些信息。

☐ 每班人数 40 人　　☐ 早晨 8：00 集合　　☐ 天气晴朗

☐ 团体票 5 元/人　　☐ 每辆大巴车载客 55 人　　☐ 距离学校 13 千米

从上述 6 条信息中选出 2 条与计算此次春游花费不相关的条件，并把前面的 ☐ 涂成 ■ 。

* 内容领域：提取与理解
* 能力领域：联系
* 考查内容：思考与问题相关的条件
* 适合水平：良好水平
* 实测难度：此题难度值为 0.78
* 参考答案：天气晴朗、早晨 8：00 集合
* 评分标准：选对 2 条得 4 分，选 1 条得 2 分，其他情况不得分
* 答题情况分析：本题意在让学生能够有目的地搜寻信息，在此基础上正确判断每个信息与问题之间的关系。优秀学生及部分中等学生都能正确判断，部分中等水平和低水平学生不能正确判断，主要问题集中在一部分人没有看清题目要求找"不相关的条件"，还有一部分人认为"与学校的距离"与花费不相关，不能将信息与问题之间建立联系

样题 3：下图是某市地铁线路交通的一部分，其中有三条地铁路线。相邻两站之间大约行驶 2 分钟，路线交汇处是换乘站，从一条地铁线换乘到另一条地铁线大约需要 5 分钟。冬冬要从图中的起点到达终点的位置，最少需要多少分钟？把这条路线画在图上。

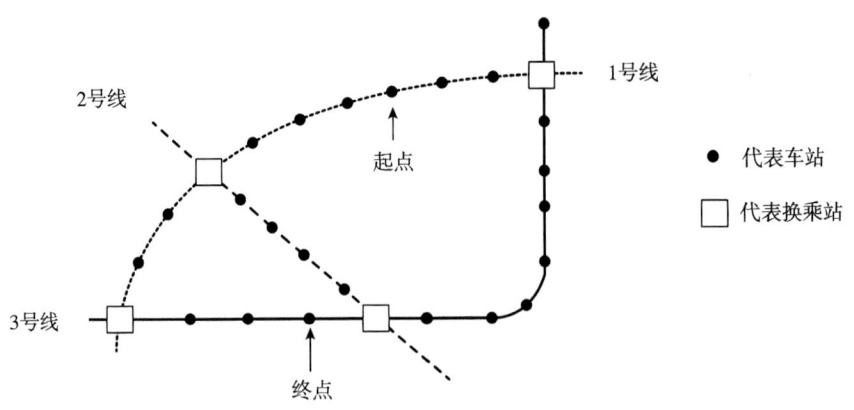

- * **内容领域**：监控与反思
- * **能力领域**：反思
- * **考查内容**：能找出从起点到终点的所有路线，然后计算出最少需要的时间
- * **适合水平**：优秀水平
- * **实测难度**：此题难度值为 0.68
- * **参考答案**：1~3 号线（逆时针），最短 25 分钟
- * **评分标准**：满分 6 分，根据情况得不同的分值
- * **答题情况分析**：本题意在让学生先找出全部从起点到终点的路线，然后计算出最少需要的时间。优秀学生和少部分中等学生都能正确作答，多数中等水平和低水平学生不能正确作答，主要问题集中在一部分人不能找全路线，一部分人不能分清点与段，还有一部分人对于换乘的 5 分钟判断错误，这些学生不能从不同视角审视解决问题的方案并做出相应的修改

第六节 小学数学问题解决思维能力录像课分析

一、研究目的

为了全面了解影响学业质量的教学因素，了解课堂教学现状，笔者开展

了学科录像课分析的研究。采用定量研究与质性研究相结合的方法，评价课堂教学质量，诊断教学问题，为有效改进教学提供建议。

二、录像课样本

（一）抽样的方法

录像课来自参加测评区县的学校。每个区县随机抽取了一所学校的测评班，每个测评班摄录一节课。全市共录制12节课，其中小学五年级课例9节，小学六年级课例3节。

（二）课例选择的目的

选择"解决问题""找次品""反弹高度"三节课的原因在于，此三课为小学五、六年级主题式学习的重点教学内容，是问题解决的典型代表。"解决问题"是学生运用方程解决问题的代数思维方式的问题解决；"找次品"是通过特殊情况的规律猜测、验证得出一般性规律的问题解决；"反弹高度"是通过设计方案、实验操作、发现存在的规律的问题解决。此外，这三节课无论从教师对问题解决的认识和理解、设计与实施，都需要教师有很强的理解和驾驭能力。因此，作为问题解决的典型代表，这三节课的教学讲授很能代表教师在进行问题解决教学上的综合能力。录像课信息见表2-6-1。

表 2-6-1　录像课信息

课例编号	课例名称	年级
T05201501	小学数学-反弹高度	小学六年级
T05201502	小学数学-反弹高度	小学六年级
T05201503	小学数学-反弹高度	小学五年级
T05201504	小学数学-反弹高度	小学六年级
T05201505	小学数学-找次品	小学五年级
T05201506	小学数学-找次品	小学五年级
T05201507	小学数学-找次品	小学五年级
T05201508	小学数学-找次品	小学五年级
T05201509	小学数学-解决问题	小学五年级
T05201510	小学数学-解决问题	小学五年级

续表

课例编号	课例名称	年级
T05201511	小学数学-解决问题	小学五年级
T05201512	小学数学-解决问题	小学五年级

三、研究方法与工具

本研究采用三种工具相结合的分析框架。编码体系、记号体系和等级指标。

（一）编码体系

本研究采用S-T分析工具对师生教学行为进行分析，采用弗兰德斯语言分析工具对师生语言互动进行分析，并将二者进行整合，整合后，弗兰德斯语言指标数量不变，依旧是1-10，共10个指标。S-T指标中，教师行为指标有8个，学生行为指标有7个。弗兰德斯与S-T指标见表2-6-2。

表2-6-2　弗兰德斯与S-T指标

一级指标	二级指标		师生行为(S-T)
教师语言行为	1. 接纳学生的情感		(T)
	2. 称赞或鼓励		(T)
	3. 接受或利用学生的想法		(T)
	4. 教师提问		(T)
	5. 教师讲解		(T)
	6. 命令或指示		(T)
	7. 批评学生		(T)
学生语言行为	8. 学生被动发言（教师激发出的讲话）	（1）小组讨论 （2）回答问题 （3）班级展示交流	(S)
	9. 学生主动发言	—	(S)

续表

一级指标	二级指标	师生行为 (S-T)
课堂沉默	10. 课堂沉默	1. 学生阅读	(S)
		2. 学生书写	(S)
		3. 学生思考（教师明确要求学生进行思考的时间）	(S)
		4. 学生看视频、演示文稿或听录音	(S)
		5. 学生动手操作	(S)
		6. 语言类属不清楚	
		7. 教师的非语言行为	(T)

（二）记号体系

本研究采用记号体系对教师提出问题的类型进行分析，教师提出问题类型的记号体系如表 2-6-3 所示。

表 2-6-3 教师提出问题类型的记号体系

一级指标	二级指标
教师提出问题的类型	1. 一般是非性问题
	2. 是什么的问题（what）
	3. 为什么的问题（why）
	4. 怎么样的问题（how）
	5. 其他

（三）等级指标

本研究采用等级指标工具对课堂教学整体进行分析。等级指标分为两级，每一个二级指标下，又设计了观察的要点。等级指标的得分，需要依据对观察要点的整体判断进行赋值。S-T 分析结果、弗兰德斯语言互动分析结果、记号体系结果等都属于观察要点的重要组成部分。等级指标具体如表 2-6-4 所示。

表 2-6-4 等级指标

一级指标	二级指标	三级指标或证据
教学目标	（1）符合课程标准的程度	目标类型（可多选） 　　知识目标 　　数学思考目标 　　问题解决目标☆ 　　……
	（2）符合学生实际的程度	符合该学段学生的整体认知水平 　　□基本符合　□一般　□基本不符合 能兼顾班级最高水平与最低水平 　　□基本符合　□一般　□基本不符合 教学重难点准确 　　□基本符合　□一般　□基本不符合
	（3）可操作的程度	目标描述的行为主体 　　□学生　□教师　□学生和教师 具有目标达成的教学方式、方法的描述（可多选） 　　有让学生独立思考的过程 　　有让学生进行辩论的过程 　　有让学生进行概括的过程 　　……
教学内容	（1）教学内容与课程标准和本课教学目标的适切度	教学内容难度符合课程标准要求 　　□基本符合　□一般　□基本不符合 内容的选择和组织围绕本节课的教学目标 　　□基本符合　□一般　□基本不符合
	（2）问题情境优质程度	问题情境的特点（可多选） 　　△新颖性　△现实性　△开放性　△挑战性 问题情境的呈现方式（可多选） 　　△图　△表　△字　△实物　△其他____
	（3）教师提出问题的类型	教师提出问题的类型

续表

一级指标	二级指标	三级指标或证据
教学内容	(4) 引导学生评价与反思的意识	教学设计是否引导学生进行评价与反思 　□有　　□无 引导学生评价反思的角度（可多选） 　对错 　困难 　策略方法 　……
教学内容	(5) 与学生认知水平的适切度	难度与学生认知水平适切 　□基本适切　　□一般　　□不太适切 关注学生的差异 　□基本能关注　　□一般　　□基本不能关注 教学内容的呈现循序渐进 　□基本符合　　□一般　　□基本不符合
教学过程	(1) 时间安排的合适程度	教师活动时间与学生活动时间（st） 每一环节的时间安排 动笔时间（st） 小组讨论时间（st）
教学过程	(2) 教师行为和学生行为比例合适程度	教师行为与学生行为比率合适 （能否放 ST）的结果
教学过程	(3) 教学方式的适切度	有利于教学目标的完成 　□基本符合　□一般　□基本不符合 教学方式与教学内容的适切度 　□基本适切　□一般　□基本不适切 教学方式满足学生兴趣的程度 　□基本满足　□一般　□基本不满足 　……
教学过程	(4) 师生语言互动有效	弗兰德斯指标 理答态度是否合理 　◎鼓励或者表扬　　◎不表态　　◎打断学生 　◎批评或否定　　◎其他 　……

续表

一级指标	二级指标	三级指标或证据
教学效果	（1）目标达成度	本课教学重点落实 　　□基本落实　□一般　□基本没落实 本课教学难点突破 ……
	（2）学生的学习状态	学生参与教学活动的积极性 　　△活跃　△沉闷　△紧张　△轻松　△愉快 学生参与过程中的广度 学生参与过程中的深度（可以多选） ……
	（3）教师指导的实效性	教师的有针对性指导对激发学生进一步思考的有效情况（可以多选）： 　　◎及时　　◎准确　　◎全面

四、研究结果

对 12 节课例的分析主要包括教学目标、教学内容、教学过程和教学效果四个方面，从分析的整体结果看，教师在教学目标上的平均得分是最高的，为 8.2 分；其次为教学内容和教学效果，平均得分分别为 7.9 分和 7.8 分；平均得分最低的是教学过程，为 7.3 分。录像课教学质量总评结果见表 2-6-5。

表 2-6-5　录像课教学质量总评结果

编号	评价指标	满分	最高分	最低分	标准差	差异系数	平均分	图示
00	总体结果	10	8.7	6.9	0.5	6.7	7.8	
01	教学目标	10	9.0	7.2	0.7	8.2	8.2	
02	教学内容	10	8.9	6.5	0.6	8.1	7.9	
03	教学过程	10	8.5	5.6	0.8	11.2	7.3	
04	教学效果	10	8.7	6.7	0.6	7.8	7.8	

(一) 教学目标

教学目标的评价主要包括符合课程标准的程度、符合学生实际的程度以及可操作的程度三个方面。

从分析的整体结果看，教师在可操作的程度上的平均得分最高，为8.3分，说明大部分教师做到了教学目标设计具有可操作性。在符合学生实际的程度和符合课程标准的程度两个方面，12节课的平均得分为8.2分和8.0分，还有近20%的数学教师对此未加关注。教学目标评价结果见表2-6-6。

表2-6-6　教学目标评价结果

编号	评价指标	满分	最高分	最低分	标准差	差异系数	平均分	图示
01	教学目标	10	9.0	7.2	0.7	8.2	8.2	
0101	符合课程标准的程度	10	9.0	7.0	0.8	10.0	8.0	
0102	符合学生实际的程度	10	9.0	7.0	0.7	9.1	8.2	
0103	可操作的程度	10	9.0	6.5	0.7	9.0	8.3	

1. 符合课程标准的程度

符合课程标准的程度从知识目标、技能目标、数学思考目标、问题解决目标和情感态度目标的程度五个方面进行评价。12节课例中，85%左右的教师关注知识目标和技能目标，近80%的教师能关注到问题解决目标和情感态度目标，对于数学思考目标关注的百分比最少，为66.7%，说明有近1/3的教师对此未加关注。符合课程标准的程度见表2-6-7。

表2-6-7　符合课程标准的程度

编号	评价指标	选项/项目	选择百分比（%）
010101	目标类型	知识目标	87.5
		技能目标	83.3
		数学思考目标	66.7
		问题解决目标	79.2
		情感态度目标	79.2

2. 符合学生实际的程度

符合学生实际的程度从符合该学段学生的整体认知水平、能兼顾班级最高水平与最低水平和教学重难点准确三个方面进行评价。12节课例中，100%的教师关注了教学目标要符合学生实际的程度。其中，符合该学段学生的整体认知水平的比例最高，为83.3%，能兼顾班级最高水平与最低水平的比例最低，为66.7%。符合学生实际的程度见表2-6-8。

表2-6-8 符合学生实际的程度

编号	评价指标	选项/项目	选择百分比（%）
010201	符合该学段学生的整体认知水平	基本符合	83.3
		一般	16.7
		基本不符合	—
010202	能兼顾班级最高水平与最低水平	基本符合	66.7
		一般	33.3
		基本不符合	—
010203	教学重难点准确	基本符合	75.0
		一般	25.0
		基本不符合	—

3. 可操作的程度

可操作程度从目标描述的行为主体，具有目标达成的教学方式、方法的描述，表述教学效果的动词和描述指向四个方面进行评价，见表2-6-9。12节课例中，目标描述的行为主体是学生的比例为79.2%，说明近20%的教师对行为主体的描述有偏离；方法的描述让学生经历多种学习过程，在这些过程中有让学生进行独立思考、反思、验证、运用的比例较高，均超过70%；表述教学效果的动词集中在掌握、会运用和理解。例如，"解决问题"一课的教学目标，教师是这样描述的：

①通过分析题目信息，梳理解决问题的方法，丰富学生的学习经验。

②通过对题目信息的分析，感受到方程思想在解决问题时的优势，进而使用方程解决问题。

分析、梳理、丰富这些词语都不是描述目标的动词，它们更侧重于问题解决过程的描述，这样的教学目标描述指向过程，可操作性不强。

表2-6-9　可操作的程度

编号	评价指标	选项/项目	选择百分比（%）
010301	目标描述的行为主体	学生	79.2
		教师	8.3
		学生和教师	12.5
010302	具有目标达成的教学方式、方法的描述	有让学生独立思考的过程	70.8
		有让学生进行辩论的过程	37.5
		有让学生进行概括的过程	58.3
		有让学生进行猜测的过程	41.7
		有让学生进行反思的过程	70.8
		有让学生进行验证的过程	75.0
		有让学生进行运用的过程	79.2
010303	表述教学效果的动词	理解	20.0
		概括	9.0
		掌握	32.0
		会运用	30.0
		举例	4.0
		辨别	5.0
010304	描述指向	学习过程	37.5
		学习结果	20.8
		二者皆有	41.7

（二）教学内容

教学内容的评价主要包括教学内容与课程标准、本课教学目标的适切度，问题情境优质程度，教师提出问题的类型，引导学生评价与反思的意识，与学生认知水平的适切度五个方面。

从分析的整体结果看，教师在教学内容与课程标准、本课教学目标的适切度的平均得分最高，为8.5分，大部分教师做到了教学内容与课程标准、本课教学目标的切合；在问题情境优质程度和与学生认知水平的适切度两个方面，12 节课的平均得分均为 8.0 分，接近教学内容的平均得分；教师提出问题的类型、引导学生评价与反思的意识两个方面，12 节课的平均得分分别为 7.1 分和 7.6 分，说明 25% 左右的教师在这两个方面比较薄弱。教学内容评价结果见表 2-6-10。

表 2-6-10　教学内容评价结果

编号	评价指标	满分	最高分	最低分	标准差	差异系数	平均分	图示
02	教学内容	10	8.9	6.5	0.6	8.1	7.9	
0201	教学内容与课程标准、本课教学目标的适切度	10	9.5	7.0	0.7	8.3	8.5	
0202	问题情境优质程度	10	9.0	7.0	0.5	5.9	8.0	
0203	教师提出问题的类型	10	9.0	4.0	1.2	17.5	7.1	
0204	引导学生评价与反思的意识	10	9.0	6.0	0.9	11.4	7.6	
0205	与学生认知水平的适切度	10	9.0	6.5	0.8	10.0	8.0	

1. 教学内容与课程标准和本课教学目标的适切度

教学内容与课程标准、本课教学目标的适切度从教学内容难度符合课程标准要求，内容的选择和组织围绕本节课的教学目标两个方面进行评价。12 节课例中，100% 的教师教学内容符合课程标准和本课教学目标相切合，其中教学内容难度符合课程标准要求的比例最高，为 95.8%。教学内容与课程标准、本课教学目标的适切度见表 2-6-11。

表 2-6-11　教学内容与课程标准、本课教学目标的适切度

编号	评价指标	选项/项目	选择百分比（%）	图示
020101	教学内容难度符合课程标准要求	基本符合	95.8	
		一般	4.2	
		基本不符合	—	—

续表

编号	评价指标	选项/项目	选择百分比（%）	图示
020102	内容的选择和组织围绕本节课的教学目标	基本符合	79.2	
		一般	20.8	
		基本不符合	—	—

2. 问题情境优质程度

问题情境优质程度从问题情境的特点、问题情境的呈现方式两个方面进行评价。12节课例中，100%的教师能够选择具有现实性的问题情境，但是问题情境的新颖性不足。问题情境呈现的方式比较多样，降低了学生对问题情境理解的难度。问题情境优质程度见表2-6-12。

表2-6-12 问题情境优质程度

编号	评价指标	选项/项目	选择百分比（%）	图示
020201	问题情境的特点	新颖性	—	—
		现实性	100.0	
		开放性	12.5	
		挑战性	37.5	
020202	问题情境的呈现方式	图	66.7	
		表	—	
		字	33.3	
		实物	33.3	
		其他	12.5	

3. 教师提出问题的类型

教师提出问题的类型从一般是非性问题、是什么的问题（what）、为什么的问题（why）和怎么样的问题（how）四个方面进行评价。其中，教师提出的问题多集中在一般是非性问题和是什么的问题（what），而提出为什么的问题（why）和怎么样的问题（how）的问题的比例较低，分别为10.6%和24.6%，说明绝大多数教师忽视提出为什么这一类型的问题。教师提出问题的类型见表2-6-13。

表 2-6-13 教师提出问题的类型

编号	评价指标	选项	百分比（%）	图示
020301	教师提出问题的类型	一般是非性问题	31.0	
		是什么的问题（what）	33.8	
		为什么的问题（why）	10.6	
		怎么样的问题（how）	24.6	

4. 引导学生评价与反思的意识

引导学生评价与反思的意识从教学设计中是否引导学生进行评价与反思、引导学生评价反思的角度类型两个方面进行评价。在12节课例中，100%的教师都重视了教学设计中是否引导学生进行评价与反思，教师能多角度地引导学生评价和反思，其中比例较高的是策略方法与对错的反思，对于困难、整个学习过程和发现新问题方面的反思比较欠缺。引导学生评价与反思的意识见表2-6-14。

表 2-6-14 引导学生评价与反思的意识

编号	评价指标	选项/项目	选择百分比（%）	图示
020401	教学设计中是否引导学生进行评价与反思	有	100.0	
		无	—	—
020402	引导学生评价反思的角度类型	对错	75.0	
		困难	25.0	
		策略方法	87.5	
		整个学习过程	29.2	
		发现新问题	33.3	
		其他	—	—

5. 与学生认知水平的适切度

与学生认知水平的适切度从难度与学生认知水平适切、关注学生的差异和教学内容的呈现循序渐进三个方面进行评价。12节课例中，100%的教师能够将教学内容与学生认知水平相切合，其中关注难度的比例最高，为91.7%，关注差异的比例最低。这表明，教师在设计教学内容方面，在关注不同学生的差异方面还有待提高。与学生认知水平的适切度见表 2-6-15。

表 2-6-15　与学生认知水平的适切度

编号	评价指标	选项/项目	选择百分比（%）	图示
020501	难度与学生认知水平适切	基本适切	91.7	
		一般	8.3	
		不太适切	—	—
020502	关注学生的差异	基本能关注	45.8	
		一般	54.2	
		基本不能关注	—	—
020503	教学内容的呈现循序渐进	基本符合	66.7	
		一般	33.3	
		基本不符合	—	—

（三）教学过程

教学过程评价主要包括时间安排的合适程度、教师行为和学生行为比例合适程度、教学方式的适切度和师生语言互动有效四个方面。

从分析的整体结果看，教师在教师行为和学生行为比例合适程度的平均得分最高，为 7.5 分，说明大部分教师做到了师生行为比例相切合；在师生语言互动有效性方面，12 节课的平均得分最低，为 7.2 分，说明师生语言互动缺乏有效性。教学过程评价结果见表 2-6-16。

表 2-6-16　教学过程评价结果

编号	评价指标	满分	最高分	最低分	标准差	差异系数	平均分	图示
03	教学过程	10	8.5	5.6	0.8	11.2	7.3	
0301	时间安排的合适程度	10	9.0	5.0	1.0	14.4	7.3	
0302	教师行为和学生行为比例合适程度	10	8.5	5.5	0.9	11.6	7.5	
0303	教学方式的适切度	10	9.0	6.0	0.9	12.1	7.3	
0304	师生语言互动有效	10	8.5	6.0	0.9	12.2	7.2	

1. 时间安排的合适程度

时间安排的合适程度从教师行为时间和学生行为时间两个方面进行评价。12 节课例中，教师行为时间为 19.7 分钟，学生行为时间为 31.3 分钟（图 2-6-1）。教学时间的安排教师行为占 35.8%，学生行为占 64.2%，教师时间的主要行为是提问和讲解，学生时间的主要行为小组讨论和回答教师问题。12 节课每一类教师行为与学生行为平均所用时间见表 2-6-17。

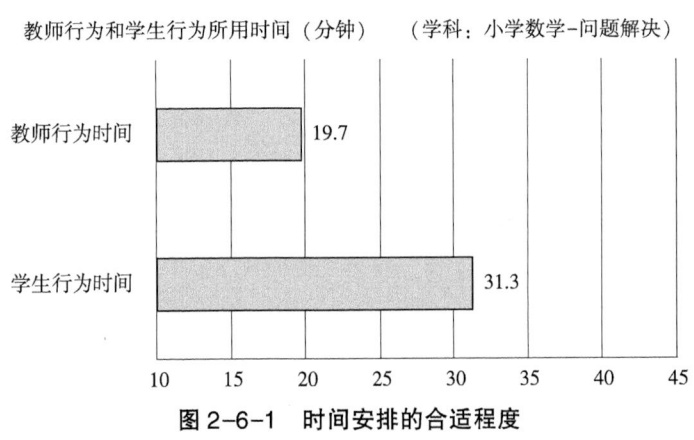

图 2-6-1 时间安排的合适程度

表 2-6-17 12 节课每一类教师行为与学生行为平均所用时间

类别	语言类别	平均所用时间	百分比（%）	图示
教师行为	教师提问	5 分 27 秒	9.4	
	教师讲解	7 分 16 秒	12.6	
	合计	20 分 39 秒	35.8	
学生行为	回答教师问题	10 分 45 秒	18.6	
	小组讨论	14 分 6 秒	24.4	
	合计	37 分 7 秒	64.2	

2. 教师行为和学生行为比例合适程度

对教师行为和学生行为的分析，采用了 S-T 分析法。将教学中的行为分为学生 S 行为和教师 T 行为两类，以 3 秒为间隔，对观察到的教师行为和学生行为进行采样、记录，根据教师行为和学生行为以及师生行为的转换情况分析其教学模式。S-T 分析方法共有 4 种教学模式：对话型、练习型、混合型和讲授型，教学模式含义见表 2-6-18。

表 2-6-18　教学模式含义

教学模式	标准条件	意义
对话型	CH≥0.4	教师行为和学生行为转换率要大于或等于40%
练习型	RT≤0.3	教师行为占有率小于或等于30%
混合型	0.3<RT<0.7 CH<0.4	教师行为占到30%和70%之间，师生行为转换率小于40%
讲授型	RT≥0.7	教师行为占有率70%及以上

从教师行为和学生行为轨迹图看，12 节课例中，有三节课例的教师行为占有率高于学生行为的占有率，其余 9 节课例均以学生行为为主，占总节数的 75%，说明问题解决的课例大多要学生行为高于教师行为。结合教学模式含义表，发现这些课例的教学模式大多为练习型和混合型。教师行为和学生行为轨迹见图 2-6-2，教师行为和学生行为 RT-CH 见图 2-6-3。

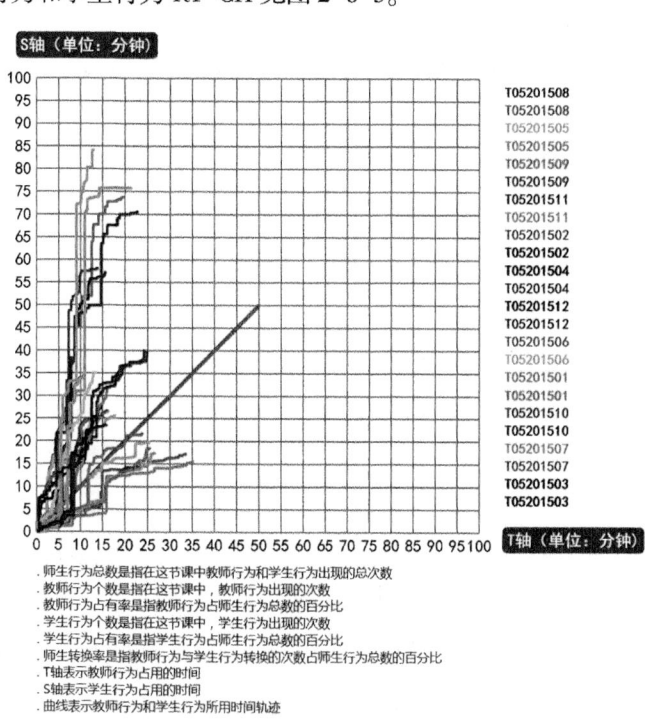

图 2-6-2　教师行为和学生行为轨迹

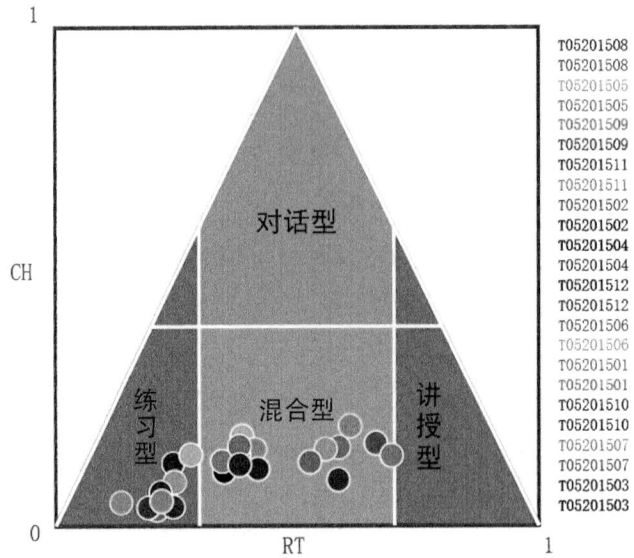

图 2-6-3　教师行为和学生行为 RT-CH

3. 教学方式的适切度

教学方式的适切度从有利于教学目标的完成、教学方式类型、教学方式与教学内容的适切度、教学方式满足学生兴趣的程度、是否创设环境、探究问题的提出、探究问题提出的数量、课堂探究的问题数量、探究方式和教学方式总特点十个方面进行评价。

12 节课例中，教学方式的总特点是：多数由教师提出探究问题，主要采用讨论或学生自主探究的教学方式，基本满足学生的兴趣，与教学内容基本适切，基本符合有利于教学目标的完成。

在各项指标中，从教学方式类型来看，62.5%教师的教学方式有利于教学目标的完成，而有三分之一教师的教学方式不能有效达成教学目标，从创设环境来看，超过一半教师没有创设开放环境。从探究问题来看，只有12.5%的探究问题是由学生提出的，说明大多数教师忽略了让学生提出问题的教学方式。从课堂上探究问题的数量来看，探究多个问题的比例较高。从探究方式来看，多数是学生按照教师的思路进行的，学生自由探究的方式很少。教学方式的适切度具体见表 2-6-19。

第二章 小学数学问题解决思维能力测评分析及建议

表 2-6-19　教学方式的适切度

编号	评价指标	选项/项目	选择百分比（%）	图示
030301	有利于教学目标的完成	基本符合	62.5	
		一般	37.5	
		基本不符合	—	—
030302	教学方式类型	讲授	50.0	
		讨论	87.5	
		教师演示	29.2	
		自主练习	—	—
		学生自主探究	95.8	
		其他	—	—
030303	教学方式与教学内容的适切度	基本适切	58.3	
		一般	41.7	
		不太适切	—	—
030304	教学方式满足学生兴趣的程度	基本满足	50.0	
		一般	41.7	
		基本不满足	8.3	
030305	是否创设环境	创设了开放环境	45.8	
		没有创设开放环境	54.2	
030306	探究问题的提出	学生提出	12.5	
		教师提出	87.5	
030307	探究问题提出的数量	一个问题	33.3	
		多个问题	66.7	
030308	课堂探究的问题数量	一个问题	29.2	
		多个问题	70.8	
030309	探究方式	学生按照教师的思路探究	83.3	
		学生自由探究	16.7	

续表

编号	评价指标	选项/项目	选择百分比（%）	图示
030310	教学方式总特点	创设开放环境，学生提出很多探究问题，但全班重点探究一个	—	—
		创设开放环境，学生提出很多探究问题，学生自由选择问题进行探究	16.7	
		创设开放环境，学生仅提出一个探究问题，全班一起探究	—	—
		没有创设开放环境，学生仅提出一个探究问题，全班一起探究	—	—
		没有创设开放环境，教师提出一个探究问题，全班一起探究	83.3	

4. 师生语言互动有效

师生语言互动有效性从弗兰德斯语言互动分析、理答态度类型和理答方式类型三个方面进行评价。

（1）弗兰德斯语言互动分析

对于师生语言互动效果，本研究运用了 FIAS 的理论和方法。FIAS 源于这样的理念：语言行为是一些学科课堂教学的主要行为，占所有教学行为的 80% 左右。因此通过对课堂教学语言行为的分析能够把握课堂教学的规律和实质。弗兰德斯将课堂上的语言行为分为教师语言、学生语言和课堂沉默（无有效语言活动）三类共十种情况，分别用编码 1—10 表示。进行课堂观察时，观察者每 3 秒记录一次出现的行为类别。12 节课弗兰德斯十种语言平均次数及百分比，具体情况见表 2-6-20。

从弗兰德斯语言互动分析看，12 节课例中，从课堂结构上看，教师语言比例为34.2%，学生语言比例为47.1%。学生语言接近课堂语言的一半，教师语言占三分之一左右，反映出教师将课堂时间留给了学生，让学生充分发言，是一节以学生活动为中心的自主课堂。从教师倾向上看，教师间接影响比率为14.4%，直接影响比率为19.8%，其中讲解的比例较大，表明教师倾向于用讲解的形式与学生形成课堂互动。12节课弗兰德斯十种语言平均次数及百分比见表2-6-20。

表2-6-20　12节课弗兰德斯十种语言平均次数及百分比

序号	一级维度	二级维度	三级维度	次数	百分比（%）
1	教师语言	间接影响的语言	接纳学生的情感	2	0.2
			称赞或鼓励	9	0.8
			接受或利用学生的想法	46	4.0
			教师提问	109	9.4
		直接影响的语言	教师讲解	145	12.6
			命令或指示	83	7.2
			批评学生	0	0.0
2	学生语言	学生语言	被动发言	497	43.0
			学生主动发言	48	4.1
3	课堂沉默	课堂沉默	课堂沉默	216	18.7

12节课例之间也存在着较大差异，如"反弹高度"（T05201502）（图2-6-4）一课是以学生发言为主的自主课堂，教师倾向通过讲解，命令或指示的方式与学生形成课堂互动，消极强化较多。由4-4，4-8，8-4，8-8这四个单元格的数据可以看出，其中8-8的数据最高，可以看出，本节课的问答模式是教师提出一个问题，由学生连续回答。由3-3，3-9，9-3，9-9这四个单元格的数据可以看出，其中9-9的数据最高，为98次，可以看出，本节课基本形成了学生主动发言，教师接纳利用，学生再进行发言，教师再接纳利用的创新型的问答模式。

而"解决问题"（T05201509）（图2-6-5）一课是以教师发言为主的课堂，教师倾向通过讲解、命令的方式与学生形成课堂互动，积极强化较多。由4-4，4-8，8-4，8-8这四个单元格的数据可以看出，其中8-8的数据最高，其次是4-4，可以看出，本节课的问答模式是教师连续提出问题，学生连续回答的互动模式。由3-3，3-9，9-3，9-9这四个单元格的数据可以看出，其中3-3的数据最高，为52次，其他为0或1，说明这节课没有形成学生主动发言，教师接纳利用，学生再进行发言，教师再接纳利用的创新型的问答模式。

		接纳情感	称赞鼓励	接纳想法	教师提问	教师讲解	命令/指示	批评	被动发言	主动发言	课堂沉默	合计
		1	2	3	4	5	6	7	8	9	10	合计
接纳情感	1	1	0	0	1	0	0	0	0	0	0	2
称赞鼓励	2	0	4	0	0	0	0	0	1	0	0	5
接纳想法	3	0	0	18	1	2	0	0	1	1	1	24
教师提问	4	0	0	0	28	2	1	0	6	0	1	38
教师讲解	5	0	0	0	6	87	2	0	1	1	2	99
命令/指示	6	0	0	0	0	2	50	0	2	1	0	57
批评	7	0	0	0	0	0	0	0	0	0	0	0
被动发言	8	0	0	2	2	3	3	0	558	1	0	571
主动发言	9	0	0	1	0	1	0	0	0	98	1	101
课堂沉默	10	1	0	0	1	2	1	0	2	1	96	104
合计		2	4	21	39	99	57	0	571	103	105	1001

图 2-6-4 "反弹高度"（T05201502）的矩阵

		接纳情感	称赞鼓励	接纳想法	教师提问	教师讲解	命令/指示	批评	被动发言	主动发言	课堂沉默	合计
		1	2	3	4	5	6	7	8	9	10	合计
接纳情感	1	1	0	0	1	0	0	0	0	0	0	2
称赞鼓励	2	0	4	0	1	1	3	0	1	0	1	11
接纳想法	3	0	0	52	18	7	1	0	6	1	1	86
教师提问	4	1	2	6	94	13	16	0	37	1	4	174
教师讲解	5	0	1	2	27	193	8	0	2	0	4	237
命令/指示	6	0	0	1	3	3	33	0	31	0	9	80
批评	7	0	0	0	0	0	0	0	0	0	0	0
被动发言	8	0	0	25	29	12	8	0	259	0	2	337
主动发言	9	0	0	1	1	1	0	0	0	0	0	3
课堂沉默	10	0	1	1	3	5	11	0	1	0	55	77
合计		2	10	88	176	236	80	0	337	2	76	1007

图 2-6-5 "解决问题"（T05201509）的矩阵

（2）理答态度类型

12节课例中，教师理答态度中不表态的比例最高，为42%，说明对于学生的发言中的一少半教师没有进行表态。理答态度类型具体见表2-6-21。

表 2-6-21　理答态度类型

编号	评价指标	选项	平均次数	百分比（%）
030402	理答态度类型	鼓励或者表扬	4.8	30.0
		不表态	6.8	42.0
		打断学生	4.0	25.0
		批评或否定	0.5	3.0

（3）理答方式类型

12节课例中，教师理答方式是对学生的回答进行补充或引申的比例最高，为29%；其次是让其他学生再回答，比例为26%。理答方式类型具体见表2-6-22。

表 2-6-22　理答方式类型

编号	评价指标	选项	平均次数	百分比（%）
030403	理答方式类型	对学生的回答进行补充或引申	10.9	29.0
		教师代答	2.5	7.0
		让其他学生再回答	9.9	26.0
		重复问题	3.0	8.0
		重复学生答案	6.4	17.0
		再提出另一个问题	5.1	13.0
		学生自主提问	0.2	0.0
		集体回答	0.2	0.0

（四）教学效果

教学效果评价主要包括目标达成度、学生的学习状态和教师指导的实效性三个方面。

从分析的整体结果看，学生的学习状态的平均得分最高，为8.1分，说明大部分学生学习状态比较好；在教师指导的实效性方面，12节课的平均得分均为7.5分，说明有四分之一的教师在指导上缺乏实效性。教学效果评价结果具体见表2-6-23。

表 2-6-23　教学效果评价结果

编号	评价指标	满分	最高分	最低分	标准差	差异系数	平均分	图示
04	教学效果	10	8.7	6.7	0.6	7.8	7.8	
0401	目标达成度	10	9.0	6.5	0.8	10.4	7.9	
0402	学生的学习状态	10	9.0	7.0	0.7	8.7	8.1	
0403	教师指导的实效性	10	9.0	6.0	1.0	12.8	7.5	

1. 目标达成度

目标达成度从本课教学重点落实、本课教学难点突破和问题解决流程清晰三个方面进行评价。12 节课例中，100%的教师能够落实教学重点，突破教学难点，问题解决流程比较清晰。目标达成度见表 2-6-24。

表 2-6-24　目标达成度

编号	评价指标	选项/项目	选择百分比（%）	图示
040101	本课教学重点落实	基本落实	75.0	
		一般	25.0	
		基本没落实	—	—
040102	本课教学难点突破	基本突破	58.3	
		一般	41.7	
		基本没突破	—	—
040103	问题解决流程清晰	基本清晰	70.8	
		一般	29.2	
		基本不清晰	—	—

2. 学生的学习状态

学生的学习状态从学生参与教学活动的积极性——课堂气氛、学生参与过程中的深度和学生提出质疑性问题三个方面进行评价。12 节课例中，在参与活动中100%的学生没有感觉到紧张，超过半数的学生感到活跃，课堂气氛轻松。学生参与过程中的深度，95.8%的教师给学生留有充分的交流时间，同时，给学生独立思考的时间、给学生观察和操作的机会也比较多，但让学生进行推理的比例最低，为 29.2%。学生的学习状态见表 2-6-25。

表 2-6-25　学生的学习状态

编号	评价指标	选项/项目	选择百分比（%）	图示
040201	学生参与教学活动的积极性——课堂气氛	活跃	54.2	
		沉闷	37.5	
		紧张	—	
		轻松	50.0	
		愉快	25.0	
040203	学生参与过程中的深度	给学生观察的机会	75.0	
		给学生操作的机会	75.0	
		给学生猜测的机会	58.3	
		给学生独立思考的时间	79.2	
		让学生进行推理	29.2	
		给学生交流的时间	95.8	
040204	学生提出质疑性问题	有	54.2	
		无	45.8	

3. 教师指导的实效性

教师指导的实效性从及时、准确和全面三个方面进行评价。12 节课例中，79.2% 的教师可以做到及时，66.7% 的教师可以做到准确，而对于全面所占的比例最低，为 4.2%，说明 95% 的教师忽略指导的全面性。教师指导的实效性见表 2-6-26。

表 2-6-26　教师指导的实效性

编号	评价指标	选项/项目	选择百分比（%）	图示
040301	教师的针对性指导对激发学生进一步思考的有效情况	及时	79.2	
		准确	66.7	
		全面	4.2	

五、结论

（一）优点

第一，教学目标可操作的程度性强。目标描述的行为主体比较明确，目标的达成方式描述得详细、丰富，其中以独立思考、反思、验证、运用的教学方式最为普遍。

第二，教学内容与课程标准、本课教学目标以及与学生认知水平的适切度比较高。教学内容难度符合课程标准要求且适合学生认知的水平。能够围绕本节课的教学目标选择和组织相应的教学内容。

第三，教学过程中教师行为和学生行为比例以及教学方式的选择比较适中。课堂教学中教师行为与学生行为平均所用时间的比约是7∶13，体现出大多数的课堂均能够以学生活动为课堂的主要行为。教学方式没有仅停留在教师的演示和讲解上，大多数的课堂采用了学生自主探究和讨论的形式，这些教学方式有利于教学目标的达成。

第四，教学效果方面，所有的课堂均能完成所制定的教学目标且学生的学习状态比较好。半数及以上的课堂气氛活跃轻松，在学生参与学习活动的整个过程中，教师能够给学生提供充足的交流的时间、充分的观察以及操作的机会，大多数教师还能够及时对学生进行有针对性的指导，进而促进学生进一步思考。

（二）问题

第一，课堂教学缺乏有深度的思维探究活动。

第二，师生之间有效的信息互动和交流还没有形成。

六、教学改进建议

（一）启发学生主动发言，提高学生课堂学习的参与度

1. 建议教师

第一，在教学过程中，应对学生的学习活动作合理的布置。

第二，继续保持对全体学生的关注的优点。

第三，有针对性地采取"自主、合作、探究式学习"，进一步激发学生的学习兴趣。

——在教学过程中，教师要特别关注学生课上的反应，了解学生对知识的掌握情况以及生活经验的积累情况，及时调整教学进程，积极鼓励、启发学生做出真正有质量的主动发言和质疑，提高学生课堂学习的参与度。

2. 建议学校管理部门和教研部门

第一，集中力量，在如何引导学生质疑能力培养上进行研讨与指导。

第二，对如何灵活、深入地处理教材等方面给予指导和帮助。

第三，推出相应的典型课例，并利用教研活动专题研讨，请相关教师展示实例，发挥其辐射示范作用。

（二）精心设计层级问题，善于利用学生观点，切实提高课堂师生对话的效率

第一，建议教师应该注意课堂提问的频次，不能过于频繁。

第二，不能只是让学生简单地确认是或否。

第三，教师提问要让学生围绕教学目标产生真正的思考。

第四，对于学生的回答应给予具有学科价值的指导，应及时判断出学生回答的品质，对学生的优秀（或欠妥）回答要有能力明示其意义（或问题），而不是简单地以"很好，请坐"回应学生，随后立即给出自己准备好的"标准答案"。

第五，教师要有意识接纳或利用学生的观点，充分预设不同层次学生的可能答案，展示其思维过程，剖析不同的答案思路，切实提高课堂师生对话的效率。

第六，集中力量研究如何以学生的疑难问题来驱动课堂。

第七节　小学数学问题解决思维能力教学质量分析

依据小学数学问题解决思维能力测评方案，在全市范围内科学抽取相应学校的学生与任课教师，采用定量研究与质性研究相结合的技术路线，对小学数学问题解决思维能力情况进行分析与评价，并在此基础上提出进一步提高教学质量的建议。

一、教学质量现状

（一）学生能力水平的现状

1. 整体学业成绩优秀，达到了较高水平

从总体上看，小学生在数学问题解决思维能力上达到了较高水平。此次测评满分为100分，平均分为83.2分，处于良好水平。其总体合格率为95%，优秀率为44.4%。

从各内容领域的学业水平情况来看，就合格率而言，"提取与理解"领域合格率最高，为94.7%；其次是"表征与提出"领域的合格率，为93.8%；"监控与反思"领域的合格率最低，为90.5%。就优秀率而言，"提取与理解"领域优秀率最高，为67.9%；其次是"表征与提出"领域，为56.9%；"监控与反思"领域的优秀率最低，为38.1%。

从各能力领域的学业水平情况来看，"再现"部分的得分率最高，为89.7%；"反思"部分得分率最低，为73.6%。"再现"得分率与"反思"得分率之间、"联系"得分率与"反思"得分率之间彼此差异显著。

2. 不同性别、不同地域学校学生在小学数学问题解决思维能力平均学业水平、合格率和优秀率上存在一定差异

就不同性别学生而言，小学男、女生的小学数学问题解决思维能力均为良好水平，而女生在合格率及优秀率方面都略高于男生的水平。其中男生的合格率比女生低1.4个百分点；优秀率低2.7个百分点。

就不同地域学校学生而言，城市学校、县镇学校、农村学校男、女生的小学数学问题解决思维能力学业水平均达到良好水平。城市学校的得分率、合格率及优秀率均较高于县镇学校及农村学校，而县镇学校在得分率及优秀率两个方面的表现略低于农村学校。

（二）课堂教学质量的现状

课堂教学质量的现状的调查主要通过录像课分析、问卷调查等手段。录像课来自参加义务教育教学质量分析评价思维能力测评的区县的学校。每个区县随机抽取了一所学校的测评班，每个测评班摄录一节课，全市共录制12节。学生问卷调查对象为参加本次数学学业测评的所有学生。

课堂教学现状调查发现，数学课堂教学现状总体良好，主要表现在以下几个方面。

1. 能依据义务教育数学课程标准的要求和学生的实际情况制定切实可行的教学目标

从录像课分析结果来看，12节课的教学目标的制定都达到了课标的要求，平均得分为8.2分，体现出教师对课标的把握和理解比较到位，教学目标可操作程度性强，目标描述的行为主体比较明确，目标的达成方式描述得详细、丰富，其中以独立思考，反思，验证，运用的教学方式最为普遍，12节课都能依据学生的实际情况、年龄和认知特点制定相应的教学目标，体现出教师对学生学习现状的了解比较准确。

2. 教学活动设计结构清晰，时间分配合理，师生行为比例适中

从录像课分析结果来看，12节课全部为新授课，从教学环节的设计上看绝大多数课结构清晰、时间分配合理。其中课堂教学中教师行为与学生行为平均所用时间的比约是3∶5，体现出大多数课堂能够以学生活动为课堂的主要行为。教学方式没有只停留在教师的演示和讲解上，大多数课堂采用了学生自主探究和讨论的形式，这些教学方式有利于教学目标的达成。

3. 能选择适当的教学方式，注重培养学生的问题解决能力

从录像课分析结果来看，91.7%的课堂教学方式基本或一般能满足学生的学习兴趣，同时在录像课的过程中看到教师能结合教学内容的实际特点，在教学过程中安排学生独立探究、合作交流等有效的活动，同时注重引导学生在解决问题过程中的监控与反思并及时修正和调整问题解决的方案，让学生逐步形成完整的问题解决思路，不断提高问题解决能力。

4. 学生数学课堂学习热情需进一步提高

从学生问卷中可以看出，在学生评价日常的数学课上班级绝大多数学生的学习状态时发现，学生对于数学课堂学习的热情一般和缺乏数学学习热情的比例分别为20.3%和8.4%，可见将近30%的班级数学课堂上整体表现得不够积极，学生学习数学的兴趣不浓，数学课堂的学习热情需进一步提高。

5. 师生之间有效信息互动和交流没有形成

从弗兰德斯语言互动分析看，12节课例中，学生语言比例较高，尤其是被

动发言比例较高，为43%，而教师接受或利用学生的想法的比例为4%，教师给予的称赞或鼓励仅为0.8%，说明教师语言与学生语言的互动欠缺有效性。

6. 课堂教学缺乏有深度的数学问题和有深度的思维探究活动

在录像课中表现出教师提出的问题多集中在"一般是非性问题"和"是什么的问题"，而提出"为什么的问题"和"怎么样的问题"的比例较低，分别为10.6%和24.6%，说明这些课中只有不到35%的问题具备较高思维深度的数学问题，在基于问题解决的数学课堂教学中这样问题比例略低，难以让学生更好地经历完整的问题解决的全过程。

二、现状分析

基于小学数学问题解决教学质量的现状可以发现，小学数学问题解决存在城乡差异明显、反思能力薄弱、师生互动有效性差以及课堂缺乏有深度的思维探究活动这几个主要问题。

（一）城市学校学生与农村学校学生在数学问题解决能力差异显著

本次测评中，农村学校学生整体的数学问题解决能力均低于城市学校学生。具体表现在，在所测评的四个内容领域和三个能力的得分率、合格率、优秀率上，农村学校学生整体均低于城市学校学生。其原因可能是以下几个方面。

1. 学生的家庭和生活背景的影响

通过问卷笔者发现，农村学校学生家长接受大学及以上教育的比例明显低于城市学校学生家长。城市学校学生的父母为学生的学习提供了较农村更加优越的条件，并提出了更加严格的要求，城市学校学生家长的辅导能力强于农村学校学生家长，另外，城市学校学生家长更加关注学生学习习惯的培养等。城市学校学生显然比农村学校学生有更多机会接触新鲜事物，紧跟社会的发展，在城市中有丰富的社会资源、场馆资源和获取信息的渠道。

2. 农村学校教师师资相对薄弱，教师更新教学理念的渠道相对狭窄

农村学校的规模一般比城市学校小，导致农村学校数学教师相对数量少，在日常教学中教师间彼此交流沟通的机会较少，势必会影响教学理念的更新力度和速度。另外，农村学校教师参与和实践的机会相对较少。农村学校教

师教学主要依据教材和教参，更多关注知识和技能的目标，忽略能力的培养。

3. 现代教育技术手段的使用频率和效果存在差异

从硬件配备看，城市学校和农村学校的差距越来越小，但城市学校对于现代教育技术手段的使用已是常态，并不断探索和创新更加具有实效性的方式、方法；而农村学校此项条件远不如城市学校。

(二) 学生在数学问题解决过程中的反思能力有待进一步提升

从小学数学问题解决学生总体的学业水平各内容领域以及各能力领域情况来看，学生在"监控与反思""反思"领域的得分率均最低。

具体表现在反思意识和反思内容两个方面较弱。学生问卷调查结果显示，"当你解决完一个问题，在什么情况下你会关注结果是不是合理、正确"的作答情况，优秀水平学生选择问题解决后"每次都会看一看"只占25.3%，说明学生主动反思的意识弱。"当解决完一个问题后，你通常会"的作答情况，不合格水平学生选择问题解决后"有了结果就结束了""看看结果是否合理"以及"看看过程是否合理"共占60.7%；而选择问题解决后"看看过程和结果是否都合理"的优秀水平学生占67.1%。说明部分学生对问题解决结果和过程合理性的反思不够全面。其原因可能是以下几个方面。

1. 传统的评价方式忽视对学生反思能力方面的关注

目前，我国对学生学业水平的评价方式大多停留在学生对知识的掌握程度上。例如，评价学生的学业水平主要通过分数进行定量评价，其评价的内容围绕教材的知识点展开，是对学生知识运用层面的评价，评价的结果必然只能反映学生对知识掌握的程度。这种评价的方式，更多地关注学生获得怎样的答案，而不是怎样获得答案，忽视不同学生在学习过程中的思维表现和能力发展，进而学生获取答案的思维过程被摒弃于评价之外。而反思又是对思维过程以及思维结果进行再次的认识和检验，因此，在以往的学生学业评价中就很少涉及有关反思能力的测查。

2. 教师自身反思存在诸多问题

有关研究表明，目前教师自身反思意识比较淡薄，反思内容不够全面，反思的途径比较单一，反思的水平偏低，反思的视角比较狭窄，这些方面都反映出了目前教师自身反思的现状。

3. 教师对反思能力的认识较为薄弱

教师对培养学生反思能力的价值认识不足。教师问卷调查教师对问题解决能力的作用与价值的重要程度认知上的反馈显示，将"培养学生解决问题过程中的监控与反思能力"作为最重要问题解决能力的只占15%。从中可以看出，教师忽视反思能力的作用与价值，可能影响了学生反思能力的培养。

教师对学生在反思层面遇到的困难认识不够。在问题解决过程中对于学生来说最困难的问题是什么的反馈显示，教师选择"检查过程及最终结果，如发现错误或问题，及时调整方案"的占15%，大部分教师认为对于学生来讲监控与反思的环节并不困难。从中可以看出，教师对学生问题解决过程中的主要困难认识不足，可能影响学生反思的能力。

4. 部分教师的教学方式不利于培养学生的反思能力

部分教师依然采用传统的授课方式，对概念、公式的讲解十分细致，对知识的理解力求一步到位，很少暴露学生对问题的思考过程，特别是在课堂中很少暴露通过反思错误想法，从中调整思路，最终解决这个问题的思维过程。这样的教学，师生的交流很少，教师不示范反思的方法、技巧，学生没有反思的机会和时间，造成学生在课堂学习中反思的缺失。

(三) 课堂教学没有形成有效的互动交流

录像课分析显示课堂教学没有形成有效的互动交流。具体表现在：12节课例中，学生语言比例较高，尤其是被动发言比例较高，为43%，而教师接受或利用学生的想法的比例仅为4%，从理答态度看，教师的理答态度不够积极，其中不表态的比例最高为42%。其原因可能是以下几个方面。

1. 受传统师生关系的影响，忽视师生之间的合作关系

传统的教学中的师生关系往往是主体与客体的关系，学习的过程大部分也是教师组织下的学生被动学习的过程。随着课程改革的深入，师生的关系被进一步被定义为教师是学生学习的合作者、引导者、参与者，这就强调了学习活动应该是相互合作、共同学习的过程，师生的关系应该是一种相互对话、共享知识的关系。对师生关系认识上的不足，就有可能造成重视主客体

的关系而忽视对话合作的关系，从而导致课堂中缺少师生之间彼此分享思考、经验和知识的时间，造成了师生间的互动缺乏有效性。

2. 小组合作流于形式，缺少对互动的深入思考

目前，大多数课堂为了给学生提供交流合作探究的机会，多采取小组合作学习的方式，这样给师生互动、生生互动提供了更多的机会和更大的可能。但这种互动往往是形式上以同桌学习或 4 人小组学习为主，实质上缺少对如何互动交流的深入思考。例如，课堂中教师盲目安排合作探究，对于什么时间、什么内容需要安排交流缺少思考；对于需要小组交流问题设计缺乏针对性，使得交流的目标不够明确；对于小组的反馈理答不到位，对于学生的讲解缺少引导和提升，对于学生回答缺少评价激励等，造成了小组学习仅仅成为一种形式，没有形成师生之间、生生之间有效的信息互动，致使课堂教学难以达到理想的效果。

（四）课堂教学缺乏有深度的思维探究活动

录像课分析显示课堂教学缺乏有深度的思维探究活动。具体表现在教师提出的问题类型上，教师提出的问题多集中在"一般是非性问题"和"是什么的问题"，而提出"为什么的问题"和"怎么样的问题"的比例较低，缺少需要学生深度思维完成的数学问题。其原因可能是以下几个方面。

1. 活动的设计缺少开放的环境

录像课的报告显示，在全部的录像课中，教学方式的总特点是：能够创设开放环境，由学生提出很多探究问题，并自由选择问题进行探究的只占 16.7%。其余的均是没有创设开放环境，由教师提出一个探究问题，全班一起探究。在这样的教学方式下，学生的探究方式基本上是按照教师的思路展开的，自然缺少了自由的空间，也间接限制了学生的探究活动方式。

2. 教学的过程缺少学生思考时间

在教学设计中缺少让学生独立思考的环节。通过录像课分析可以看到，在目标达成的教学方式、方法中有的学校根本没有设计让学生独立思考的过程。在全部录像课中提供了教师行为与学生行为平均所用时间和百分比，学生的行为中用于思考的时间只占学生全部行为的 1%，这也意味着教师虽然提

出了一些问题，甚至于提出了一些很有思考价值的问题，而留给学生思考的时间少，导致师生思维的不同步。

3. 教学的环节忽视学生解决困难的过程

通过录像课的数据可以发现，在教学内容上教师善于从策略方法以及解题的对错两个角度引导学生反思，最不善于从学生解决问题所遇到的困难的角度来引导学生反思，从而解决问题。教师忽略学生由困难引发的自觉思考从而通过进一步反思来解决问题，有可能会导致学生的思考欠缺深刻性和持续性。

4. 教师不会提出引发学生深层思考的有深度的问题

教师在提问上存在很多问题，表现为：第一，问题的有效性差。一般教师每节课的有效提问只有57%，其余的问题是无效的或是低效的。第二，问题的水平偏低。教师的提问大多只是围绕知识记忆类的问题，缺乏高水平的提问。第三，缺乏提问的技能。教师的提问缺乏科学的设计和组织，随意性大，提问缺乏价值等。教师的提问的效度、深度和技能势必会直接影响到学生思维参与的深度和效度。

三、提升建议

(一) 进一步缩小城市学校和农村学校学生数学问题解决能力差异的建议

建议教育行政管理部门，应加大对农村学校的帮扶力度，统筹安排优质教育资源，加大对数学教师的专业发展培训力度，形成政策保障；进行有针对性的会诊，发现问题、分析问题、解决问题，在区域内或跨区域建立有效的联合机制，发挥优质学校教学管理、校本研修活动和教师资源等方面优势的辐射作用，带动薄弱学校教学质量的逐步提升。

建议教研部门，认真分析本次测评的结果，找准农村学校存在的主要问题，了解农村学校教师存在的困惑，分析问题的原因，解决存在的问题；建立持久的教师培养机制，探索新的研修模式，持续关注农村学校，促进教师的专业发展。

建议学校，特别是农村学校转变学校的办学观念，借助课程计划调整的契机，为学生开设更加开放的、适合儿童的学习课程，例如，借助10%的学科实践活动，安排学生走出课堂，拓宽学生的视野，培养他们的实践能力和学科素养；开展学生问题解决能力培养的专题研讨和实践；通过"请进来"与"走出去"的方式为教师创设更多的培训、学习和交流的机会，提高教师的专业素养。

建议数学教师，从教师发展角度，加强学习，不断更新教育理念，促进学生全面发展；认真分析本班学生的测评结果，寻找影响学生学业水平发展的主要问题，针对存在的问题改进教学；在日常教学中为学生创设紧密结合生活实际的问题情境，给学生提供动手操作、探究的机会，经历问题解决的全过程。

（二）激发学生数学问题解决的兴趣，促进问题解决能力的提升的建议

建议教育行政管理部门，不断引领课程改革，减少一些负担过重的课程，开展一些具有创新思维的综合课程，从而保护学生学习的热情。世界上许多国家已经把问题解决能力作为教育核心目标，目前我国的一些课程较多地侧重一些基础知识和基本技能的简单训练，这样不利于创新型人才的培养，所以管理者应该有计划地开展研究和实践，积极开展以问题解决为主要内容的综合课程，从而引发学校、家庭、社会普遍对问题解决的重视。

建议教研部门，研发一些适应各年级的好问题。问题解决中的问题，往往是现实的、不熟悉的、具有较大挑战性的、决策类的或者系统分析与设计类的等，教研部门可以通过中外对比学习、结合我国现实背景，研制一些好的问题，这样可以更好地激发学生的学习兴趣，促进问题解决能力的提升。

建议学校，开展以激发学生问题解决兴趣为核心的课例研究。在研究中，从问题的类型、问题的呈现、影响问题难度的因素等方面开展针对学生兴趣的研究，以课例研究的方式，组织教师一起研究、一起提高。此外，学校可以多搭建一些平台，学生可以展示交流、学以致用，从而更多地获得成功的体验，促进学生学习兴趣的提高。

建议教师，采取多种方法激发学生问题解决的兴趣。用好问题激发学生兴趣，教师可以联系生活、联系社会，挖掘一些现实问题，引发学生思考，用问题驱动学生的研究兴趣。通过实践激发学生兴趣，教师多布置一些综合性的实践作业，建立数学与生活、数学与社会的联系，让学生在动手的过程中提高思维的深度和广度，使学生在实践中启发兴趣。用自由平等的互动保护兴趣，教师应建立开放自由的互动课堂，给学生自由学习、交流的时间和空间，允许学生犯错误，在善待错误中保护兴趣。用方法支撑兴趣，教师和

学生可以一起探索问题解决的策略和方法，使学生在面对从未见过或者条件多的问题时，能够通过一些方法逐渐找到解决问题的思路，让兴趣可以持续。用经验积累兴趣，使学生积累一些问题解决的经验，获得成功的体验，不断增加他们的自信，让兴趣不断积累。

（三）进一步改进课堂中师生的互动模式，引导学生进行高级思维

建议教育行政管理部门，积极引进更为科学的课堂测量工具，通过更科学的诊断和评价，指引课堂。师生语言互动，是一个不断变化的复杂过程，评价起来需要大量的时间和及时的记录，操作难度比较大。教育行政管理部门，可以开设相关的技术科室，组织一些专家、研究学者等，研究一些好的评价工具，帮助学校、教研部门做好诊断分析，从而引导他们改进互动模式。

建议教研部门，开展"改进师生互动模式"的研究，通过国内外对比研究、专题讲座、研究展示、互动论坛等活动，凝聚更多的学校进行深入研究，提供一些优质课例，搭建不同的平台，使此项研究在深度和广度上都不断推进。

建议学校，以此为研究主题开展课例研究。学生是学习的主人，只有学生不断进行高级思维的训练，才能逐渐提高学生的创新意识和能力，这是简单的提问、回答的互动模式所不能达到的。因此，学校应长期开展此主题的课例研究，在课例中不断提高教师语言的能力，不断探索更有效的师生互动模式，提炼好的策略，逐渐形成创新型的互动模式。

建议教师，提升教师语言能力，通过师生互动引导学生进行高级思维。首先，教师要为学生创建一个所有学生都能自由发表自己见解的学习环境，使教学活动成为师生之间平等交往、互动、创造的活动。其次，教师要根据教学目标设计，创设一些真实的、有挑战性的问题，多提出一些"为什么""怎么样"的问题，使学生的思维深刻起来。再次，教师应学会等待，让学生的思考沉静下来，保障学生可以针对思考过程中的困难、发现的新问题与教师进一步深入交流。最后，教师在教学过程实施前要多进行几种预设的准备，在生成出现时进行合理的价值判断，通过接受学生生成的问题，引发学生更深入的思考和反思，从而提高师生语言互动的有效性。

(四) 加强学生在问题解决过程中反思能力的研究，提出促进学生反思能力的提升的方法与建议

建议教育行政管理部门，拓宽评价的维度。数学评价的根本目的不是区别学生在数学水平上的高低，而是从各个渠道激励学生学习数学的信心，着力于学生素养的提高、学习情感的升华、反思习惯的养成等，从而促进学生全面发展。因此，评价既要关注学生的学习体验和数学素养，也要关注学生的个性化发展和创造性表现。教育行政管理部门可以尝试拓宽评价的维度，建立多元的评价体系，采用过程性评价、表现性评定等方式，深入学生发展的进程中，及时、动态地了解学生在发展中遇到的问题、困惑与收获，从而可以对学生的良性发展和持续进步实施有效的适时的指导。

建议教研部门，组织教师开展"学生反思能力培养"的相关研究。有针对性地为教师做"培养学生反思能力"的专题讲座，组织数学教师开展"如何在问题解决的过程中培养学生反思能力"的专题研究，帮助教师找到提高学生反思能力的课堂教学方式和有效途径，促进学生反思能力的提升。

建议学校，创设教师反思的氛围，提升教师自我反思的意识。教师的反思需要有支持反思、促进反思的环境。反思不仅是教师个人的事情，教育权威人士、学校校长、其他教师、管理人员等，都应对教师的反思给予支持，相互合作。没有这种支持与合作，教师的反思很难进行。因此，学校需要创建一种重视学习、重视交流的组织气氛，为教师提供相互合作的条件，使教师在与其他教师的思想碰撞中形成自觉的、主动的反思意识，从而不断提升自我反思能力。

建议数学教师，提升对数学反思的认识，培养学生的反思能力。教师可以做以下一些尝试。例如，在学习新知识的过程中，可以引导学生从学习的目标、学习的过程以及学习的结果三方面进行反思。对于学习目标可以引导学生对学习经验和基础进行合理的评估，对学习目标和过程进行初步的规划和安排；对于学习过程可以引导学生对认知层面、情感、行为习惯等进行反思；对于学习效果可以引导学生对学习效果、发现存在的问题以及取得的经验进行反思。再如，教师可以通过引导学生自我提问、自我总结、自我评价以及同伴互评来掌握一些反思的方法。在学习过程中引导学生自我提问"怎样做？为什么这样做？错在哪里？为什么错？"等；从解决问题的角度、方

法、策略等方面进行自我总结；在解题后回顾解题中的不足，将评价和反思结合起来进行自我评价；或者鼓励学生指出同伴的优缺点等。此外，教师还可以建立学生个体的学习档案，学生在收集作品的过程中，反思自己的学习过程以及成效；可以在课后设计后测表，针对学生的学习策略、习惯、兴趣、态度等提出问题，帮助学生反思；还可以引导学生写学习日志，记录头脑中闪过的想法、遇到的困难、获得的感受，记录自己思维的片段等。

| 第三章 |

小学综合实践活动问题
解决思维实践能力测评分析及建议

第一节　小学综合实践活动问题
解决思维实践能力测评概况

综合实践活动测评年级为小学。本方案依据《综合实践指导纲要》，结合北京市义务教育综合实践活动教学的实际情况而制定，是进行义务教育阶段综合实践活动课程教学质量分析与评价的主要依据。

一、框架构成

综合实践活动课程的总目标是：学生能从个体生活、社会生活及与大自然的接触中获得丰富的实践经验，形成并逐步提升对自然、社会和自我之内在联系的整体认识，具有价值体认、责任担当、问题解决、创意物化等方面的意识和能力。[1]

其中，小学学段"问题解决"目标表述为：能在教师的引导下，结合学校、家庭生活中的现象，发现并提出自己感兴趣的问题。能将问题转化为研究小课题，体验课题研究的过程与方法，提出自己的想法，形成对问题的初步解释。

综合前述文献综述结果，本研究将"问题解决"目标分级为发现问题的

---

[1] 教育部. 中小学综合实践活动课程指导纲要 [M]. 北京：北京师范大学出版社, 2017：3.

能力、规划与管理的能力、收集信息的能力、处理信息的能力、沟通与合作的能力、评价与反思的能力 6 项实践能力，这是本次测评的主要内容。

二、水平描述

小学综合实践活动问题解决思维实践能力水平分为优秀水平、良好水平和合格水平。

处于优秀水平的学生，能够积极主动观察和思考身边的自然和社会现象，并从中提出若干有价值的研究问题，能够选择适切的研究方法、规划研究的进程，规范地使用多种方法收集研究有关的信息，经过思维加工从中获得科学、可信的研究结论。能够跟他人积极互动、顺利沟通，与小组同学完成任务，能够客观地评价自己的研究过程，总结出优点和不足。

处于良好水平的学生，能够根据身边的自然和社会现象，发现存在的问题，并能顺利将它们转化为研究的主题。能够选择和使用多种研究方法收集信息，经过思维加工从中获得较为科学、可信的研究结论。能够与小组同学顺利合作，完成任务，能够陈述自己的研究过程的特点、研究感悟等。

处于合格水平的学生，能够在教师的指导下通过身边的自然和社会现象选择研究课题。能够选择两种以上的方法收集信息，并得到初步的研究结论。能够与小组同学合作开展研究，能形成自己的研究成果。

三、工具制定与实施

（一）测评工具的制定

1. 制定方案

根据教育部和北京市有关综合实践活动课程文件精神，在借鉴近年来国内外涉及学生核心素养、问题解决、科学探究、实践能力、表现性评价等方面的文献，研制了评价方案。面向各区综合实践活动教研员、部分教师代表征求意见，并外请学科专家审读方案、进行修订。形成了最终的评价方案。

2. 研制工具

依据方案，结合北京市义务教育阶段教学实际情况，制作出小学综合实践活动用的学习手册和学生实践能力调查册。学习手册是给定主题范围，教师指导学生开展实践活动用的记录手册。利用第 2~6 周的 5 个课时及课余时间完成。学生实践能力调查册是配合"实践性作业"主题的实施情况进行的调查。

对来自城区和郊区的 4 所学校的小学某班学生进行 A、B 两套学习手册、学生实践能力调查册的预测评。笔者直接参与 4 所学校的全程实验，在预测评结束后对教师进行一对一的访谈和意见征询。在分析预测评相关数据的基础上，进一步修改完善测评工具，最终在 5 月底确定正式使用的主要测评工具。"问题解决"目标分级细目如表 3-1-1 所示。

表 3-1-1 "问题解决"目标分级细目

能力领域	题量（比例）	分值（比例）
发现问题的能力	4（9.3%）	10（10%）
规划与管理的能力	7（16.3%）	10（10%）
收集信息的能力	10（23.3%）	30（30%）
处理信息的能力	12（27.9%）	30（30%）
沟通与合作的能力	5（11.6%）	10（10%）
评价与反思的能力	5（11.6%）	10（10%）
合计	43（100%）	100（100%）

3. 编制调查问卷

小学综合实践活动问题解决思维实践能力测评所使用的调查问卷包括学生问卷、教师问卷、学校问卷。其中，公共部分学生问卷的调查内容主要包括学生的个人基本信息、学业负担、课程开设、学习的内容与方式、学习兴趣、学业发展水平、学生期望等。综合实践活动部分调查内容主要是围绕学生在选题阶段、实施阶段、总结阶段的学习行为情况，学生在知识技能、情感态度等方面的学习收获情况、教师指导情况、学校课程设置情况。

(二) 测评工具的实施

在研究过程中，测评工具的实施情况如表 3-1-2 所示。

表 3-1-2　测评工具的实施情况

工具	实施时间
学生实践能力调查册	4月27—30日；第1周（第1课时）
学习手册	5月4日—6月5日；第2~5周（共5课时）。根据学校的教学安排确定每周实施的时间。原则上要求每周均为固定时间。
调查问卷	6月8—12日；第7周（第7课时）
录像课	在第2周（第2课时）、第4周（第4课时）实施
个案研究	9—12月。采用一对一采访的形式。

四、测评情况

北京市参加小学综合实践调研的学生有1124人，实际参加测评的学生有1116人，缺失8人，各占总体的99.3%和0.7%，其中，实际测评学生中包括7名随班就读学生，以下分析是建立在不含随班就读学生的实际测评学生群体（1109人）的基础之上。

第二节　小学综合实践活动问题解决思维实践能力测评结果及分析

一、测评结论

从整体来看，小学学生在综合实践活动内容领域的学习上，较好地完成了北京市综合实践活动课程文件规定的学业任务，学业水平总体上达到了北京市综合实践活动课程文件的要求。

此次测评平均分为86.5分，处于良好水平。其总体合格率为95.9%，优秀率为46.3%。从各内容领域的学业水平情况来看，就合格率而言，"发现问题的能力"领域合格率最高，为98.1%；其次是"评价与反思的能力"领域，为95.9%；"沟通与合作的能力"领域的合格率最低，为88.3%。就优秀率而言，"发现问题的能力"领域优秀率最高，为87.3%，其次是"评价与反思的能力"

领域，为84.1%，"处理信息的能力"领域的优秀率最低，为43.1%。

不同性别、不同地域学校学生在小学综合实践平均学业水平、合格率和优秀率上存在一定差异。

就不同性别学生而言，小学男生和女生的综合实践平均学业水平均为良好水平。男生的合格率比女生低2.6个百分点；优秀率比女生低14.4个百分点。

就不同地域学校学生而言，城市校、县镇校和农村校学生的小学综合实践平均学业水平均达到良好水平。

二、测评结果分析

（一）总体结果

1. 学生总体测评结果

小学综合实践活动问题解决思维实践能力学生总体测评结果见表3-2-1，小学综合实践活动问题解决思维实践能力学生分数分布见图3-2-1。

表3-2-1　小学综合实践活动问题解决思维实践能力学生总体测评结果

测评结果	平均分	平均学业水平
分数（SE）	86.5（0.28）	良好

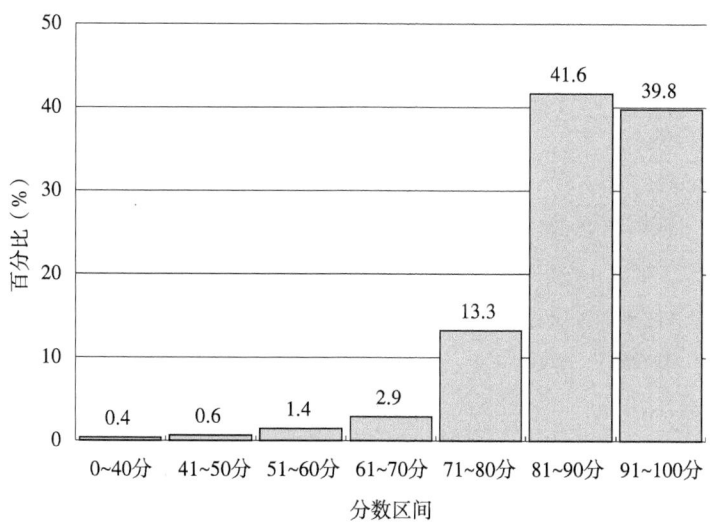

图3-2-1　小学综合实践活动问题解决思维实践能力学生分数分布

2. 北京市学生总体的整体学业水平情况

小学综合实践活动问题解决思维实践能力学生总体的整体学业水平情况见表3-2-2。

表3-2-2 小学综合实践活动问题解决思维实践能力学生总体的整体学业水平情况

学业水平	百分比（%）
优秀	46.3
良好	39.6
合格	10.0
不合格	4.1

（二）分领域结果

小学综合实践活动问题解决思维实践能力学生总体在各内容领域的情况见表3-2-3，小学综合实践活动问题解决思维实践能力各内容领域得分率分布见图3-2-2，小学综合实践活动问题解决思维实践能力各内容领域学业水平情况见图3-2-3。

表3-2-3 小学综合实践活动问题解决
思维实践能力学生总体在各内容领域的情况

内容领域	得分率（%）(SE)	平均学业水平
发现问题的能力	94.6 (0.33)	优秀
规划与管理的能力（SE）	88.1 (0.43)	良好
收集信息的能力（SE）	82.0 (0.36)	良好
处理信息的能力（SE）	86.8 (0.39)	良好
沟通与合作的能力（SE）	84.3 (0.53)	良好
评价与反思的能力（SE）	92.5 (0.48)	优秀
差异检验	彼此差异显著	—

第三章 小学综合实践活动问题解决思维实践能力测评分析及建议

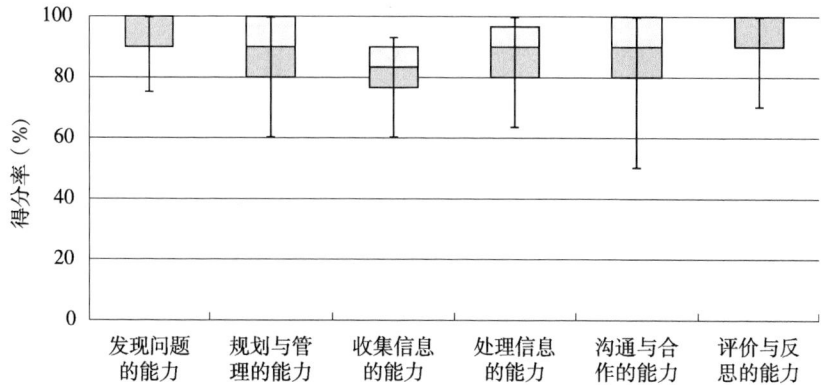

图 3-2-2 小学综合实践活动问题解决思维实践能力各内容领域得分率分布

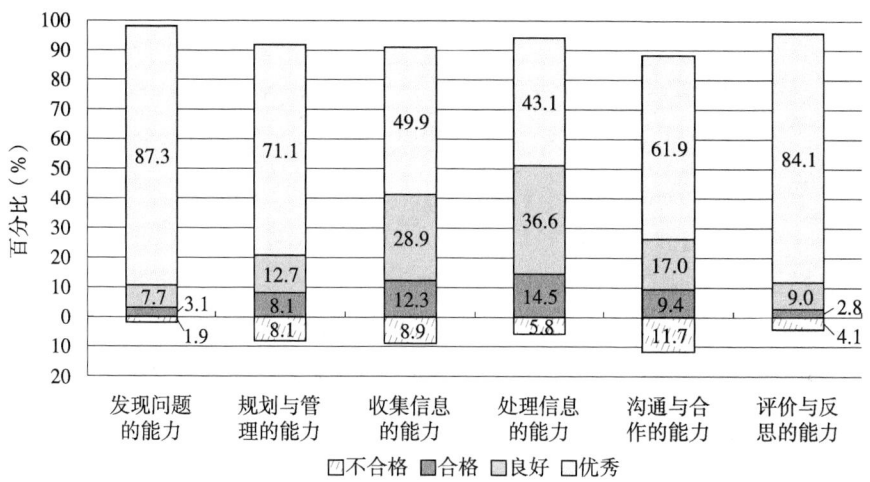

图 3-2-3 小学综合实践活动问题解决思维实践能力各内容领域学业水平情况

(三) 结果分析

1. 学生总体的测评情况

(1) 学生总体测评结果

表 3-2-1 显示了小学综合实践活动问题解决思维实践能力学生总体测评结果。从表中可以看出，小学综合实践活动测评平均分为 86.5，处于良好水平。

图 3-2-1 显示了小学综合实践活动问题解决思维实践能力学生分数分布

情况。从图中可以看出：整体呈现负偏态分布。在高分段分布相对密集，81~100分最为集中，约占参加测评的学生总数的81.4%；81~90分的人数密集度最高，约占测评总人数的41.6%。

（2）北京市学生总体学业水平情况

表3-2-2显示了小学综合实践活动问题解决思维实践能力学生总体的整体学业水平情况。从表中可以看出，其整体合格率为95.9%，优秀率为46.3%。处于合格、良好和优秀水平的学生分别占参加测评学生总数的10.0%、39.6%和46.3%。

2. 学生总体在不同内容领域中的测评情况

表3-2-3显示了小学综合实践活动问题解决思维能力学生总体在各内容领域的情况。从表中可以看出，"发现问题的能力"领域的得分率最高，为94.6%，处于优秀水平；其次为"评价与反思的能力"领域，得分率为92.5%，处于优秀水平；"收集信息的能力"领域得分率最低，为82.0%，处于良好水平。彼此差异显著。

图3-2-2显示了小学综合实践活动问题解决思维实践能力各内容领域得分率分布情况。从图中可以看出：①从中位数上看，"发现问题的能力"和"评价与反思的能力"领域的得分率最高，有50%的学生得分率达到100%；其次是"规划与管理的能力"和"沟通与合作的能力"领域，有50%的学生得分率达到90%左右；"收集信息的能力"领域得分最低，有50%的学生达到85分。②从离散程度上看，"沟通与合作的能力"领域的得分差异最大，前5%的学生和后5%的学生得分相差达到50分；其次是"规划与管理的能力"领域，前5%的学生和后5%的学生得分相差达到40分。③从集中程度上看，所有内容领域不存在明显的分数集中的趋势。

图3-2-3显示了小学综合实践活动问题解决思维实践能力各内容领域学业水平情况。从图中可以看出：①"发现问题的能力""评价与反思的能力"和"沟通与合作的能力"领域的合格率分别为98.1%、95.9%和88.3%。②从优秀率上看，"发现问题的能力"领域优秀率最高，为87.3%；其次是"评价与反思的能力"领域，为84.1%；"处理信息的能力"领域的优秀率最低，为43.1%。

三、性别比较

(一) 北京市不同性别学生测评结果

小学综合实践活动问题解决思维实践能力不同性别学生的测评结果见表3-2-4，小学综合实践活动问题解决思维实践能力不同性别学生得分率分布情况见图3-2-4，小学综合实践活动问题解决思维实践能力不同性别学生学业水平情况见图3-2-5。

表3-2-4 小学综合实践活动问题解决思维实践能力不同性别学生的测评结果

性别	人数百分比（%）	得分率（%）（SE）	平均学业水平
男生	52.8	85.1（0.42）	良好
女生	47.2	88.1（0.35）	良好
差异检验	彼此差异显著		—

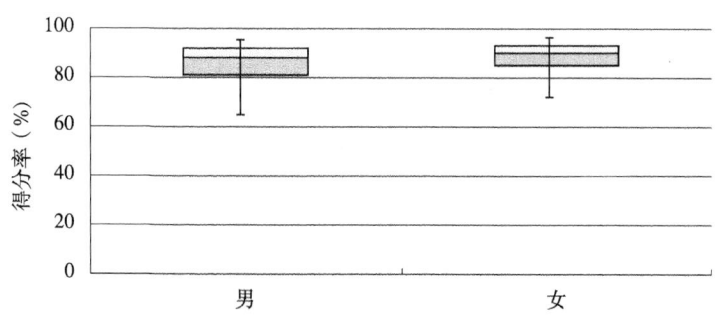

图3-2-4 小学综合实践活动问题解决思维实践能力不同性别学生得分率分布情况

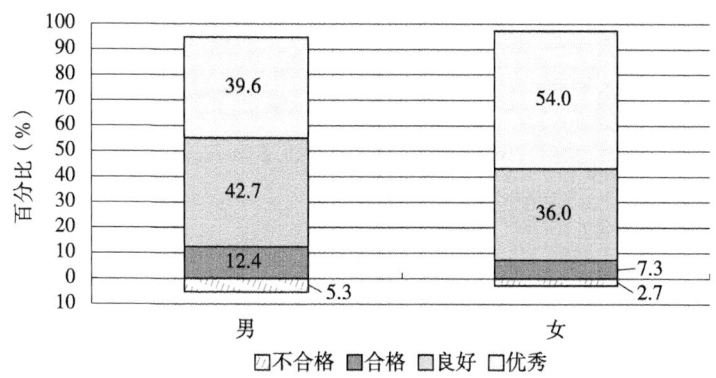

图3-2-5 小学综合实践活动问题解决思维实践能力不同性别学生学业水平情况

（二）北京市不同性别学生在各内容领域中的测评结果

小学综合实践活动问题解决思维实践能力男生—女生各内容领域测评结果见表3-2-5，小学综合实践活动问题解决思维实践能力不同性别学生各内容领域分数分布情况见图3-2-6，小学综合实践活动问题解决思维实践能力不同性别学生各内容领域学业水平情况见图3-2-7。

表3-2-5 小学综合实践活动问题解决思维实践能力男生—女生各内容领域测评结果

内容领域	男生（%）	女生（%）	差异检验
a. 发现问题的能力（SE）	94.0（0.49）	95.3（0.42）	彼此差异显著
b. 规划与管理的能力（SE）	86.7（0.62）	89.7（0.57）	彼此差异显著
c. 收集信息的能力（SE）	80.4（0.53）	83.7（0.47）	彼此差异显著
d. 处理信息的能力（SE）	85.4（0.59）	88.3（0.49）	彼此差异显著
e. 沟通与合作的能力（SE）	82.4（0.75）	86.4（0.72）	彼此差异显著
f. 评价与反思的能力（SE）	91.3（0.70）	94.0（0.65）	彼此差异显著
差异检验	彼此差异显著	除a和f外，彼此差异显著	—

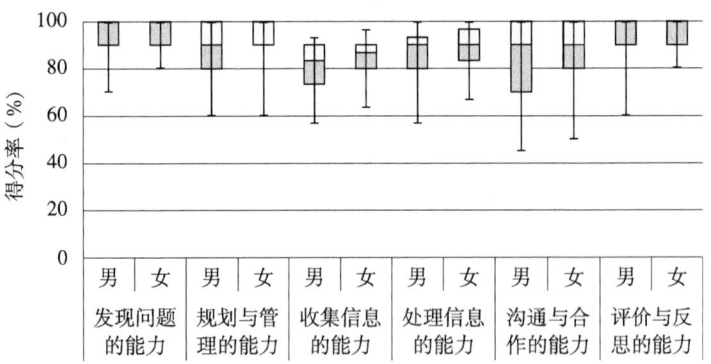

图3-2-6 小学综合实践活动问题解决思维实践能力
不同性别学生各内容领域分数分布情况

第三章 小学综合实践活动问题解决思维实践能力测评分析及建议

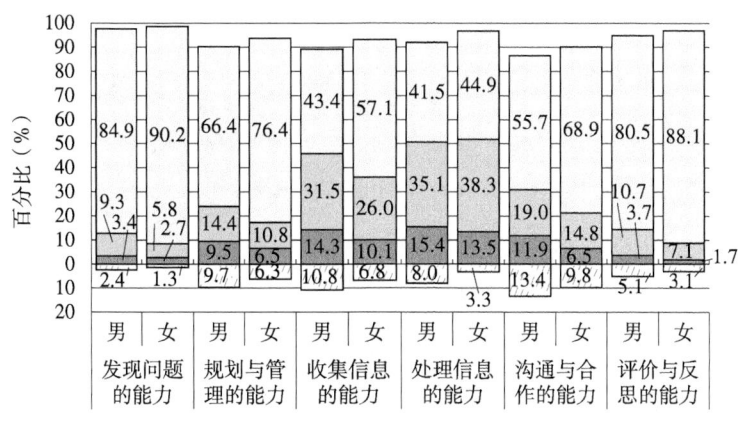

图 3-2-7 小学综合实践活动问题解决思维实践能力
不同性别学生各内容领域学业水平情况

(三) 结果分析

1. 北京市不同性别学生测评情况

(1) 不同性别学生测评情况

表 3-2-4 显示了小学综合实践活动问题解决思维实践能力不同性别学生的测评结果。从表中可以看出：男、女生比例分别为 52.8% 和 47.2%；男生的得分率为 85.1%，女生的得分率为 88.1%；男、女生的平均学业水平均达到良好。两者差异显著。

图 3-2-4 显示了小学综合实践活动问题解决思维实践能力不同性别学生得分率分布情况。从图中可以看出：①从中位数上看，男、女生的得分率基本持平，有 50% 的学生得分率达到 85% 以上。②从离散程度上看，男生的离散程度比女生略大。③从集中程度上看，女生的得分率分布更加集中。

(2) 不同性别学生整体学业水平情况

图 3-2-5 显示了小学综合实践活动问题解决思维实践能力不同性别学生学业水平情况。从图中可以看出：①从合格率上来看，男生和女生的合格率分别为 94.7% 和 97.3%，均达到较高水平，男生的合格率比女生低 2.6 个百分点。②从优秀率来看，男生和女生的优秀率分别为 39.6% 和 54.0%，男生的优秀率比女生的低 14.4 个百分点。

2. 北京市不同性别学生在各内容领域测评情况

表3-2-5显示了小学综合实践活动问题解决思维实践能力男生—女生各内容领域测评结果。从图表中可以看出：①男生和女生在"沟通与合作的能力"领域相差最大，男生的得分比女生的得分低4分。②在"规划与管理的能力"领域、"收集信息的能力"领域相差较大，男生的得分比女生的得分分别低3分和3.3分。③在"发现问题的能力"领域相差最小，男生的得分比女生的得分低1.3分。

图3-2-6显示了小学综合实践活动问题解决思维实践能力不同性别学生各内容领域分数分布情况。从图中可以看出：①从中位数上看，在"发现问题的能力""处理信息的能力""沟通与合作的能力"和"评价与反思的能力"领域中，男、女生得分率几乎持平。②从离散程度上看，除"规划与管理的能力"外，在所有领域中，男生得分差异略大于女生。在"评价与反思的能力"领域中，男生的得分差异比女生的略大。③从集中程度上看，所有领域内无明显的分数集中趋势，男、女生分布情况比较一致。

图3-2-7显示了小学综合实践活动问题解决思维实践能力不同性别学生各内容领域学业水平情况。从图中可以看出：①从合格率上看，男生在各个内容领域中的合格率均低于女生。在"处理信息的能力"领域中二者相差较大，为4.7个百分点；在"发现问题的能力"领域中二者相差较小，为1.1个百分点。②从优秀率上看，男生和女生在"发现问题的能力"和"评价与反思的能力"两个领域中优秀率均达到较高水平；在"规划与管理的能力""处理信息的能力"和"沟通与合作的能力"这三个领域中，女生的优秀率略高于男生。在"收集信息的能力"领域中，男生和女生优秀率相差最大，男生比女生低13.7个百分点。

四、不同地域比较

（一）各地域学校学生测评结果

小学综合实践活动问题解决思维实践能力不同地域学生的测评结果见表3-2-6，小学综合实践活动问题解决思维实践能力各地域学校得分率分布情况见图3-2-8，小学综合实践活动问题解决思维实践能力各地域学校学业水平情况见图 3-2-9。

表 3-2-6 小学综合实践活动问题解决思维实践能力不同地域学生的测评结果

	所数百分比（%）	得分率（%）（SE）	平均学业水平
城市学校	53.3	84.6（0.46）	良好
县镇学校	26.7	89.6（0.44）	良好
农村学校	20.0	86.7（0.47）	良好
差异检验	彼此差异显著		—

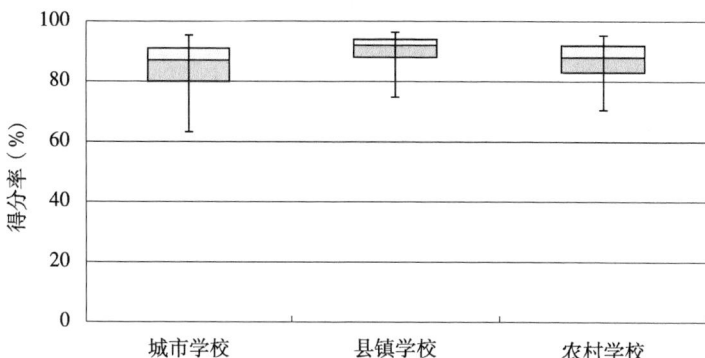

图 3-2-8 小学综合实践活动问题解决思维实践能力各地域学校得分率分布情况

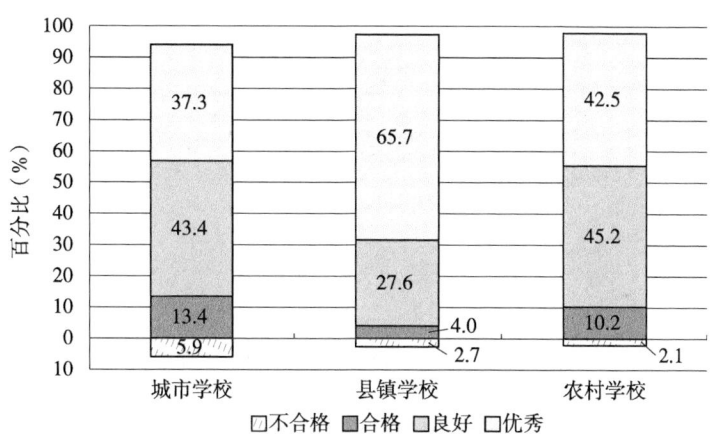

图 3-2-9 小学综合实践活动问题解决思维实践能力各地域学校学业水平情况

（二）各地域学校在各内容领域的测评结果

小学综合实践活动问题解决思维实践能力不同地域学校学生各内容领域

测评结果见表3-2-7，小学综合实践活动问题解决思维实践能力各地域学校学生各内容领域得分率分布情况见图3-2-10，小学综合实践活动问题解决思维实践能力各地域学校学生各内容领域学业水平情况见图3-2-11。

表3-2-7 小学综合实践活动问题解决思维实践能力
不同地域学校学生各内容领域测评结果

内容领域	1. 城市学校 （%）（SE）	2. 县镇学校 （%）（SE）	3. 农村学校 （%）（SE）	差异检验
a. 发现问题的能力	93.8（0.52）	96.1（0.53）	94.4（0.61）	1和2差异显著
b. 规划与管理的能力	87.0（0.68）	92.3（0.61）	85.6（0.84）	1和2，2和3 差异显著
c. 收集信息的能力	79.2（0.57）	85.2（0.61）	83.7（0.59）	1和2，1和3 差异显著
d. 处理信息的能力	84.2（0.63）	90.3（0.62）	87.8（0.66）	彼此差异显著
e. 沟通与合作的能力	84.3（0.84）	86.4（0.85）	82.2（0.99）	2和3差异显著
f. 评价与反思的能力	92.0（0.77）	95.2（0.76）	90.7（0.94）	1和2，2和3 差异显著
差异检验	除a和f外， 彼此差异显著	除a和f外， c和e彼此 差异显著	除c和e彼此 差异显著	—

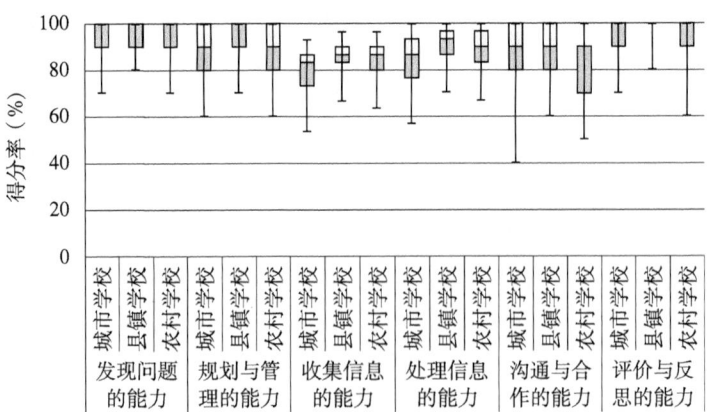

图3-2-10 小学综合实践活动问题解决思维实践能力
各地域学校学生各内容领域得分率分布情况

第三章 小学综合实践活动问题解决思维实践能力测评分析及建议

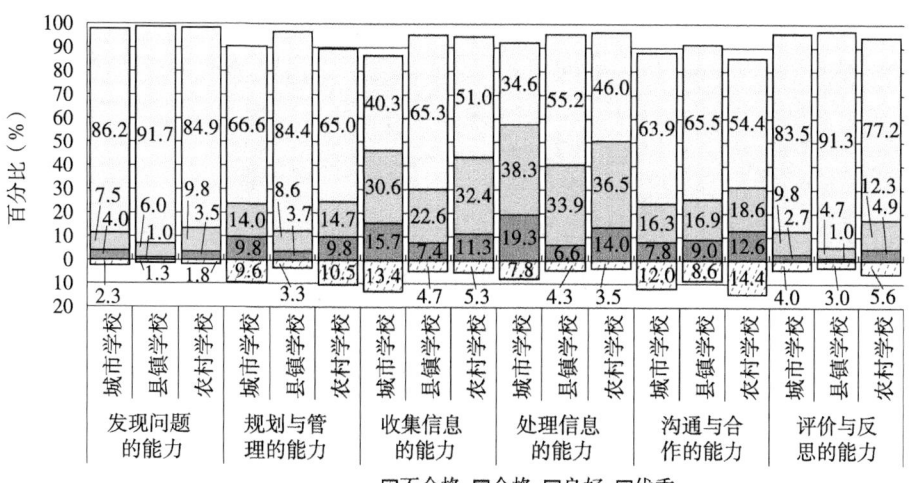

图 3-2-11 小学综合实践活动问题解决思维实践能力各地域学校学生各内容领域学业水平情况

(三) 结果分析

1. 北京市不同地域学校学生测评情况

表3-2-6显示了小学综合实践活动问题解决思维实践能力不同地域学生的测评结果。从表中可以看出：城市、县镇和农村学校所数的百分比分别是53.3%、26.7%和20.0%，得分率分别为84.6%、89.6%和86.7%。所有地域学校的平均学业水平均达到良好，并且城市学校与县镇、农村学校彼此差异显著。

图3-2-8显示了小学综合实践活动问题解决思维实践能力各地域学校得分率分布情况。从图中可以看出：①从中位数上看，县镇学校的得分最高，其次为农村学校，城市学校的得分最低，三个地域学校50%以上的学生得分率均在85%以上。②从离散程度上看，县镇学校得分差异较小，成绩位于前5%的学生和后5%的学生的得分相差为20%左右；城市学校得分差异略大，成绩位于前5%的学生和后5%的学生的得分相差约为30%。③从集中程度上看，县镇学校的得分较为集中，城市和农村集中趋势均不明显。

图3-2-9显示了小学综合实践活动问题解决思维实践能力各地域学校学业水平情况。从图中可以看出：①从合格率上来看，城市、县镇和农村学校学生的合格率分别为94.1%、97.3%和97.9%。农村学校的合格率最高，城

· 125 ·

市学校的合格率最低。②从优秀率来看,城市、县镇和农村学校学生的优秀率分别为 37.3%、65.7% 和 42.5%,县镇学校学生的优秀率最高,城市学校的优秀率最低。

2. 北京市不同地域学校学生在各内容领域中的测评情况

表 3-2-7 显示了小学综合实践活动问题解决思维实践能力不同地域学校学生各内容领域测评结果。从表中可以看出：在所有领域中,县镇学校学生的得分最高。进一步检验表明,城市学校与县镇学校仅在"沟通与合作的能力"的得分差异不显著,县镇学校与农村学校仅在"发现问题的能力"的得分差异不显著,城市学校与农村学校仅在"处理信息的能力"的得分差异显著。

图 3-2-10 显示了小学综合实践活动问题解决思维实践能力各地域学校学生各内容领域得分率分布情况。从图中可以看出：①从中位数上看,在"发现问题的能力""收集信息的能力""沟通与合作的能力"以及"评价与反思的能力"领域中,城市学校 50% 的学生得分均高于县镇学校,农村学校和县镇学校得分差异基本持平,在"规划与管理的能力"领域中差异最大。②从离散程度上看,在所有领域中,县镇学校均小于城市学校和农村学校。③从集中程度上看,各地域学校在各个领域中的得分均不存在明显的集中趋势。

图 3-2-11 显示了小学综合实践活动问题解决思维实践能力各地域学校学生各内容领域学业水平情况。从图中可以看出：①从合格率上看,各地域学校在"发现问题的能力"和"评价与反思的能力"领域中的合格率均达到较高水平。在"发现问题的能力"领域中,县镇学校的合格率最高,高于城市学校的合格率约 1 个百分点。②从优秀率上看,各地域学校在"发现问题的能力"领域中的优秀率均达到较高水平,分别为 86.2%、91.7% 和 84.9%。

第三节 影响小学综合实践活动问题解决思维实践能力的相关因素分析

一、相关因素分析结论

从公共部分因素方面看,学生的基本信息、课业负担、学习兴趣、学习

第三章 小学综合实践活动问题解决思维实践能力测评分析及建议

资源和自我调节学习策略等因素会在一定程度上影响学生的小学综合实践活动问题解决思维实践能力。

从综合实践活动课程因素方面看,学生行为、学生收获、教师指导和学校课程现状等因素会在一定程度上影响学生的小学综合实践活动问题解决思维实践能力。

二、相关因素分析

小学综合实践活动问题解决思维实践能力测评,通过调查问卷的方式对学生的基本情况和综合实践学习情况进行调查,从调查的数据可以了解到影响学生水平的相关因素。

(一)学习兴趣

学习兴趣包括自我效能(见图 3-3-1 至图 3-3-4)、兴趣定向(见图 3-3-5 至图 3-3-10)和兴趣缺失原因(见图 3-3-11 至图 3-3-14)。

1. 自我效能

自我效能对学生的得分有一定影响。例如图 3-3-3,在"看看描述符合你的程度:我对学习充满自信"题目中,选择"非常符合"的学生占测评学生总数的 37.3%,其得分为 89 分,显著高于其他类别的学生。

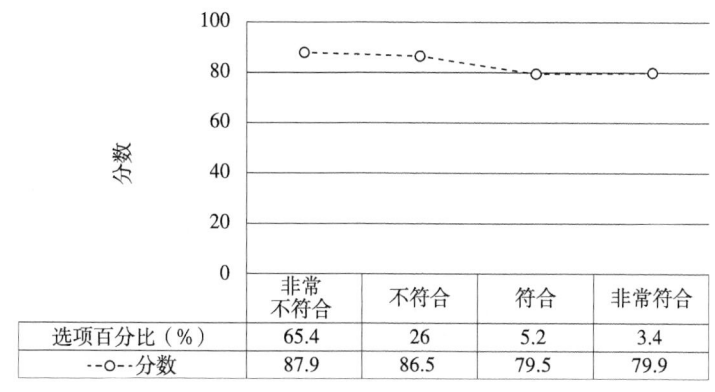

图 3-3-1 题目"看看描述符合你的程度:我对学习有惧怕心理"

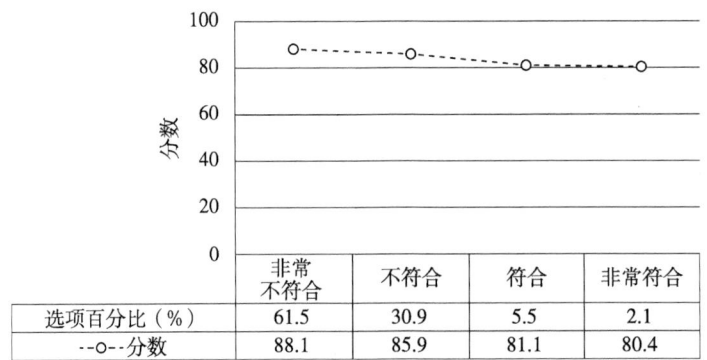

图3-3-2 题目"看看描述符合你的程度：我在学习上遇到困难就想放弃"

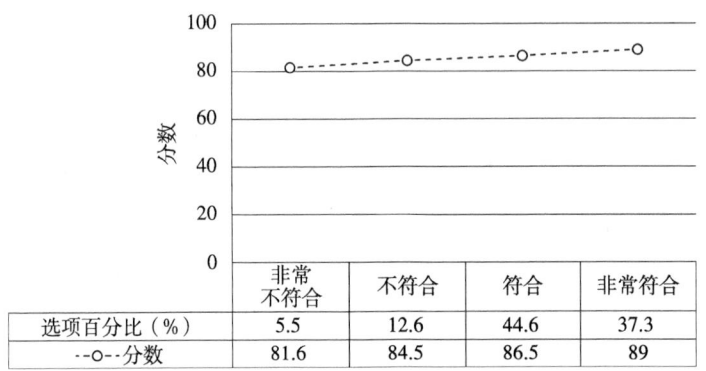

图3-3-3 题目"看看描述符合你的程度：我对学习充满自信"

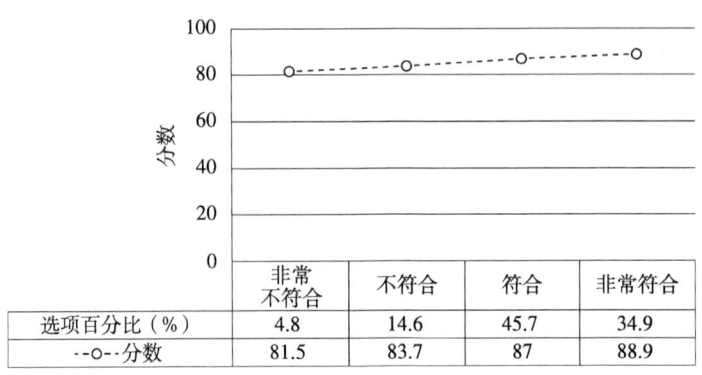

图3-3-4 题目"看看描述符合你的程度：我能积极、主动迎接学习挑战"

2. 兴趣定向

兴趣定向对学生的得分有一定影响。例如图3-3-7，在"看看描述符合你的程度：学习能够丰富完善自己”题目中，选择“非常符合”的学生占测评学生总数的 42.9%，其得分为 88.8 分，显著高于其他类别的学生。

	非常不符合	不符合	符合	非常符合
选项百分比（%）	4.7	18	45.2	32.1
--o--分数	80.3	84.4	87.4	88.6

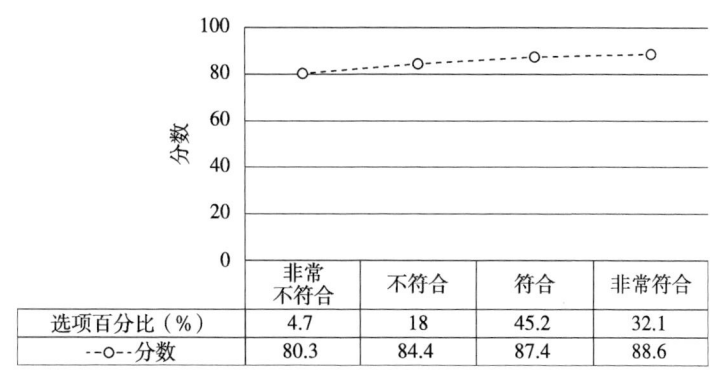

图 3-3-5 题目“看看描述符合你的程度：我喜欢探究、钻研学习内容”

	非常不符合	不符合	符合	非常符合
选项百分比（%）	4.5	14.5	47.2	33.8
--o--分数	79.5	84	86.8	89.2

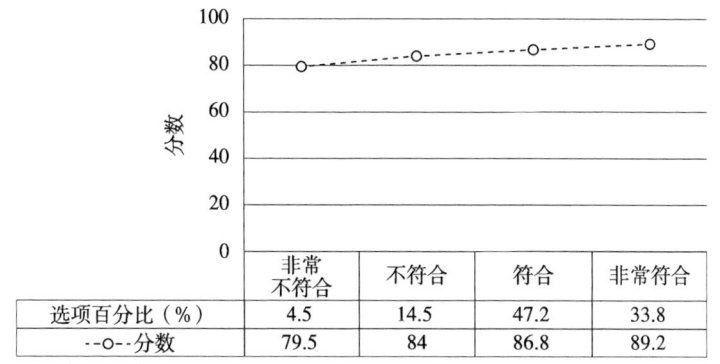

图 3-3-6 题目“看看描述符合你的程度：我对学习充满了愉悦和满足”

	非常不符合	不符合	符合	非常符合
选项百分比（%）	5.1	7.8	44.2	42.9
--o--分数	81.2	83.3	86.3	88.8

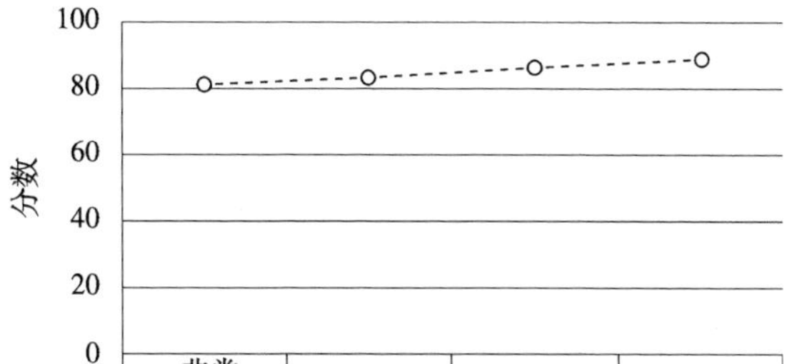

图 3-3-7 题目“看看描述符合你的程度：学习能够丰富完善自己”

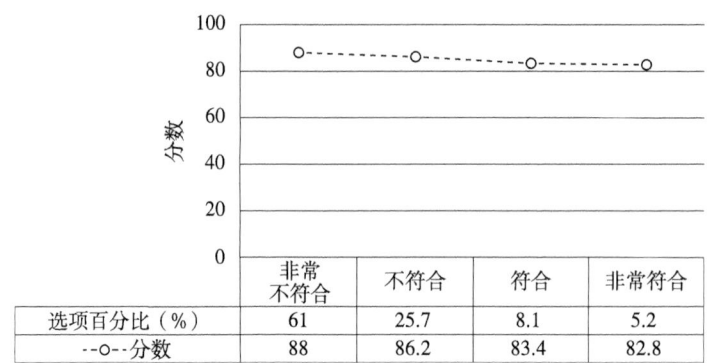

图 3-3-8　题目"看看描述符合你的程度：学习是为了让老师高兴"

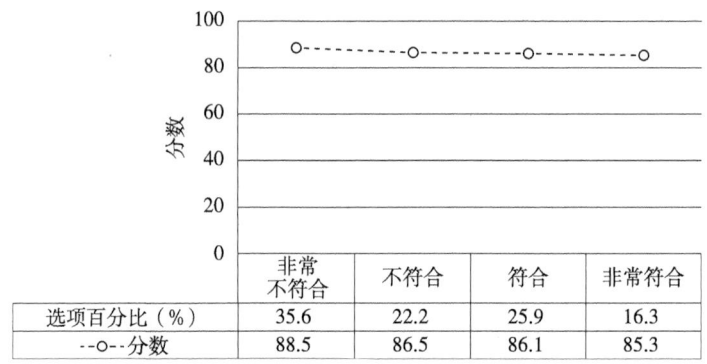

图 3-3-9　题目"看看描述符合你的程度：学习是为了报答父母"

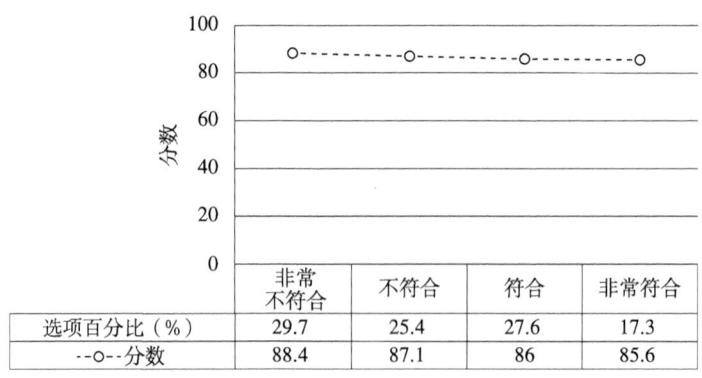

图 3-3-10　题目"看看描述符合你的程度：学习是为了取得好成绩"

3. 兴趣缺失原因

兴趣定向对学生的得分有一定影响。例如图 3-3-13，在"看看描述符合你的程度：学习又苦又累，让人受不了”题目中，选择“非常不符合”的学生占测评学生总数的 63.4%，其得分为 88.2 分，显著高于其他类别的学生。

	非常不符合	不符合	符合	非常符合
选项百分比（%）	59.2	29.6	7.4	3.8
--o--分数	88.2	86	82.8	80

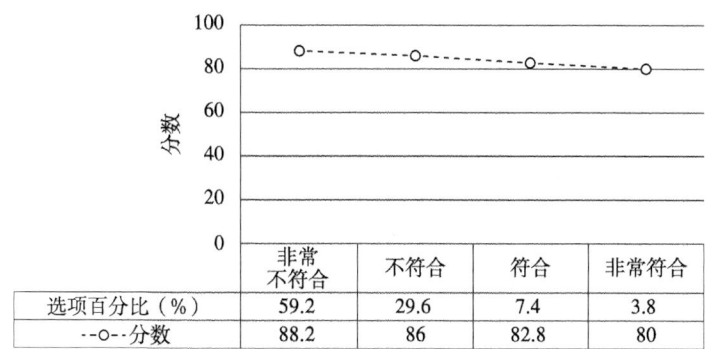

图 3-3-11　题目“看看描述符合你的程度：学习内容枯燥，令人厌倦”

	非常不符合	不符合	符合	非常符合
选项百分比（%）	63.4	29.3	4.6	2.7
--o--分数	87.8	85.9	84.7	80

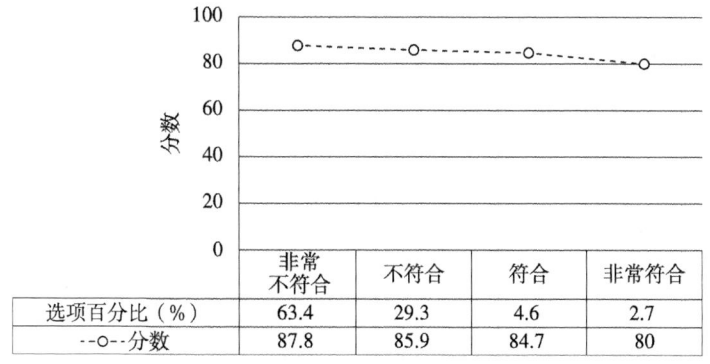

图 3-3-12　题目“看看描述符合你的程度：教师教学方法呆板，令人厌倦”

	非常不符合	不符合	符合	非常符合
选项百分比（%）	63.4	27.5	6.9	2.2
--o--分数	88.2	85.6	83.4	79

图 3-3-13　题目“看看描述符合你的程度：学习又苦又累，让人受不了”

大数据背景下的基础教育质量提升：思维与应用

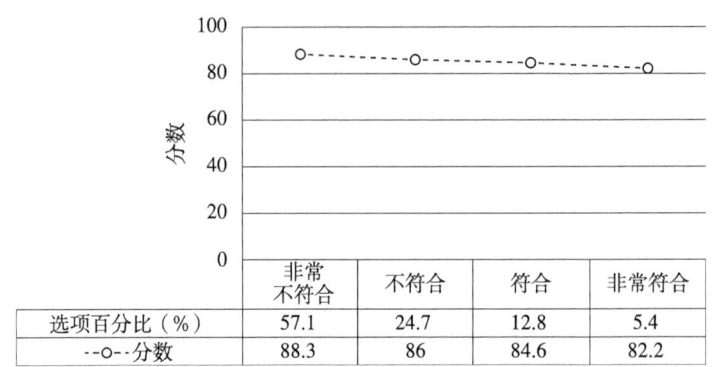

图 3-3-14　题目"看看描述符合你的程度：
尽管很努力但成绩仍然上不去，怀疑自己能力不足"

（二）学习资源

学习资源包括学习资源类型（见图 3-3-15 至图 3-3-22）、课堂学习资源（见图 3-3-23 至图 3-3-25）和校外学习资源（见图 3-3-26 至图 3-3-27）。

1. 学习资源类型

学习资源类型对学生的得分有一定影响。例如图 3-3-17，在"在日常学习生活中，你使用下列资源的情况为：师生网上讨论、作业辅导"题目中，选择"有时使用"的学生占测评学生总数的 21.3%，其得分为 88.1 分，显著高于其他类别的学生。图 3-3-21，在"在日常学习生活中，你使用下列资源的情况为：校外博物馆、美术馆等大型综合文化资源"的题目中，选择"有时使用"的学生占测评学生总数的 31.5%，其得分为 88.2 分，显著高于其他类别的学生。

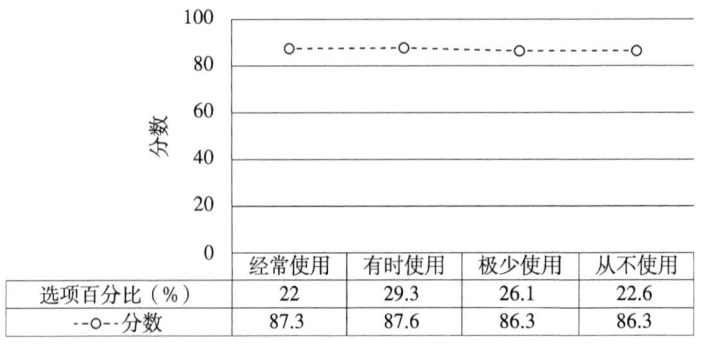

图 3-3-15　题目"在日常学习生活中，你使用下列资源的情况为：网上练习题"

第三章　小学综合实践活动问题解决思维实践能力测评分析及建议

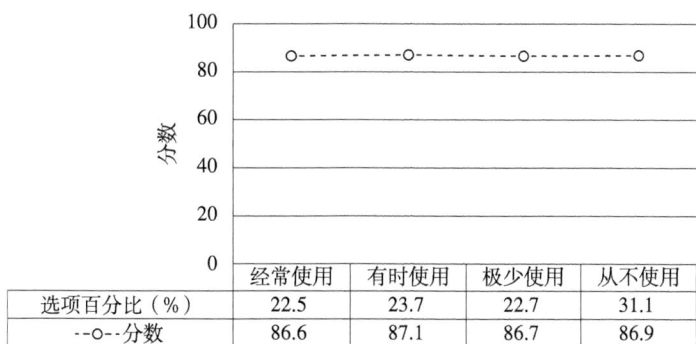

图 3-3-16　题目"在日常学习生活中,你使用下列资源的情况为:辅助学习的网站"

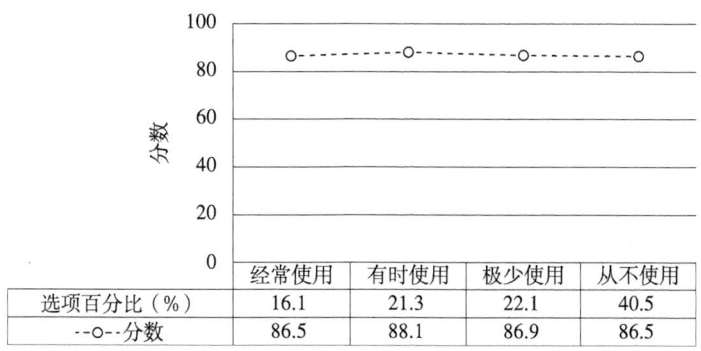

图 3-3-17　题目"在日常学习生活中,你使用下列资源的情况为:
师生网上讨论、作业辅导"

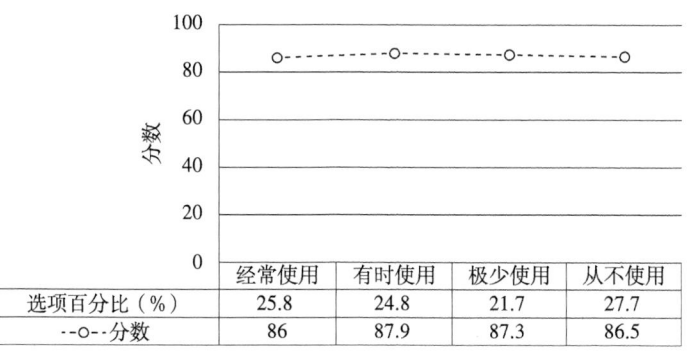

图 3-3-18　题目"在日常学习生活中,你使用下列资源的情况为:
在计算机、手机、平板上可以使用的课本"

· 133 ·

大数据背景下的基础教育质量提升：思维与应用

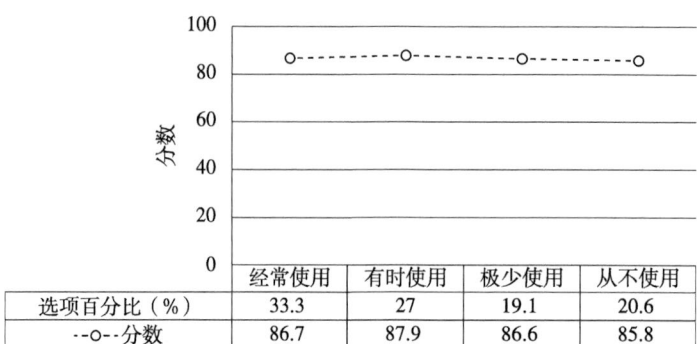

图 3-3-19　题目"在日常学习生活中，你使用下列资源的情况为：在计算机、手机、平板上阅读的课外图书"

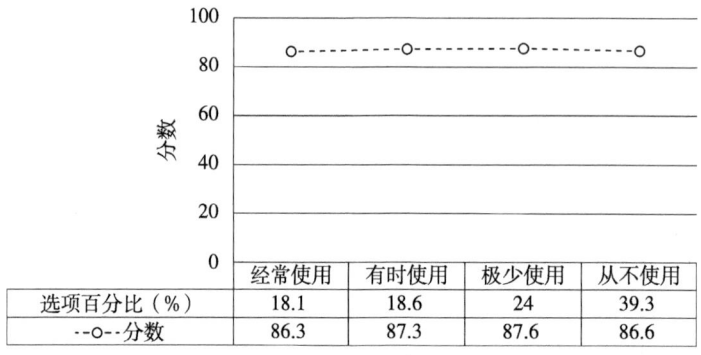

图 3-3-20　题目"在日常学习生活中，你使用下列资源的情况为：北京数字学校课程"

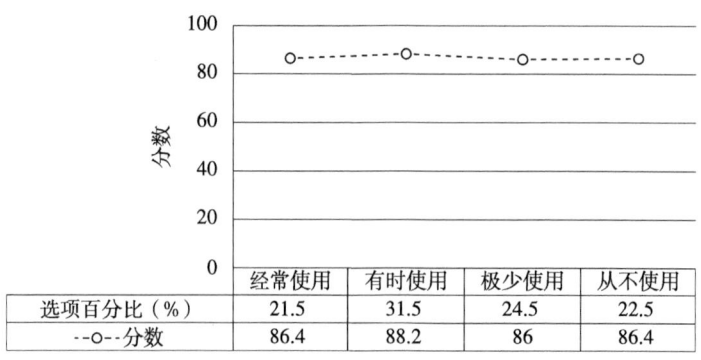

图 3-3-21　题目"在日常学习生活中，你使用下列资源的情况为：校外博物馆、美术馆等大型综合文化资源"

第三章 小学综合实践活动问题解决思维实践能力测评分析及建议

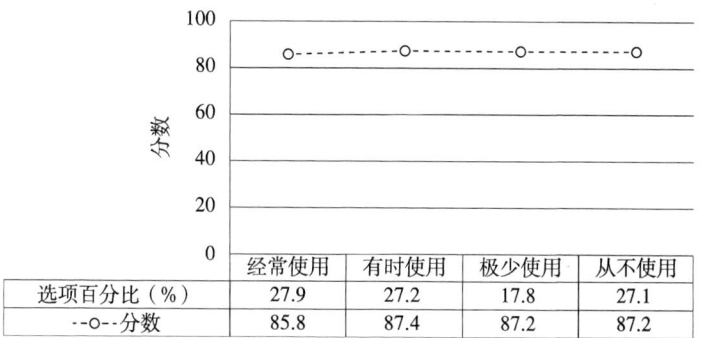

图 3-3-22 题目"在日常学习生活中,你使用下列资源的情况为:其他"

2. 课堂学习资源

课堂学习资源对学生的得分有一定影响。例如图 3-3-25,在"教师在课堂上引导学生思考的方法有哪些"题目中,选择"让学生互相讨论并汇报"的学生占测评学生总数的 65.6%,其得分为 88 分,显著高于其他类别的学生。

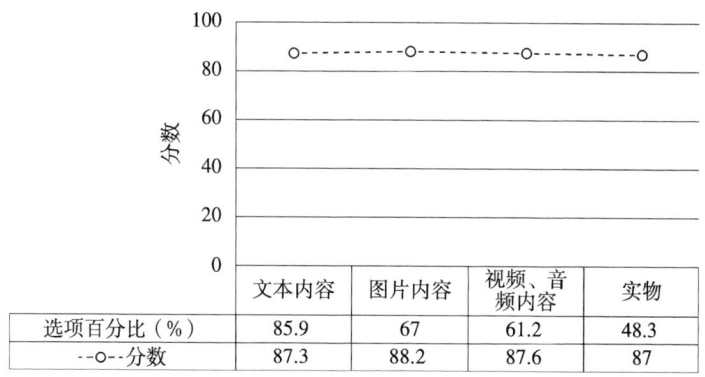

图 3-3-23 题目"本学期,教师课堂上使用学习资源的形式有"

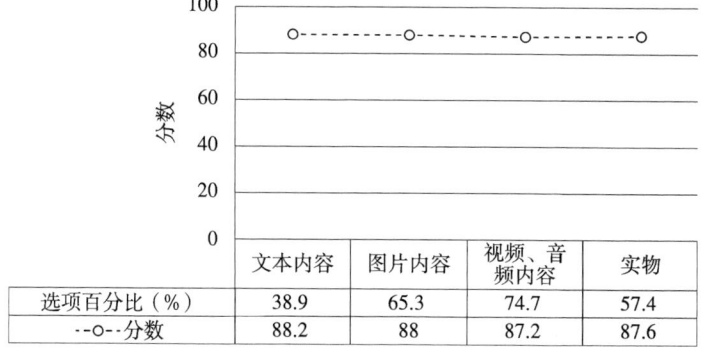

图 3-3-24 题目"你喜欢的课堂学习资源形式有"

· 135 ·

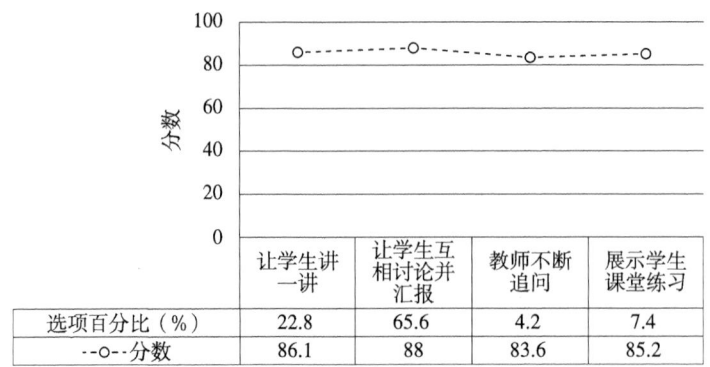

图 3-3-25 题目"教师在课堂上引导学生思考的方法有哪些"

3. 校外学习资源

主观感受对学生的得分有一定影响。例如图 3-3-26，在"本学期，你是否参加了社会大课堂活动"题目中，选择"参加"的学生占测评学生总数的92.3%，其得分为87.4分，显著高于其他类别的学生。

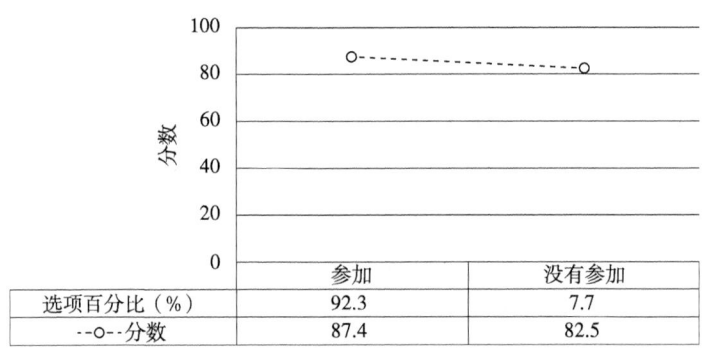

图 3-3-26 题目"本学期，你是否参加了社会大课堂活动"

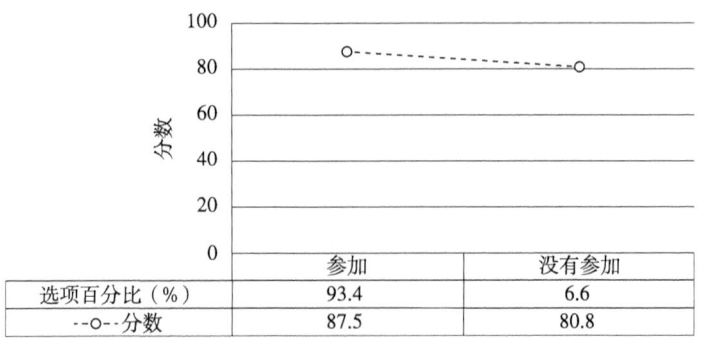

图 3-3-27 题目"若选择了参加，请回答，你是否喜欢社会大课堂活动"

（三）学生行为

学生在综合实践活动课中的行为主要体现在选题阶段（见图3-3-28至图3-3-31）、实施阶段（见图3-3-32至图3-3-38）和总结阶段（见图3-3-39至图3-3-45）三个阶段。

1. 选题阶段

选题阶段包括：选题方式、分组方式和制定方案。选题方式、分组方式和制定方案对学生的得分有一定影响。例如图3-3-28，在“在综合实践活动中，你们小组的活动主题通常是如何确定的”题目中，选择“学生小组讨论自主确定”的学生占测评学生总数的57.7%，其得分为88分，显著高于其他类别的学生。

	老师指定主题	老师提供主题，学生从中选择	老师与学生共同商定	学生小组讨论自主确定
选项百分比（%）	8.5	15.8	18	57.7
--○--分数	82	84.1	87.9	88

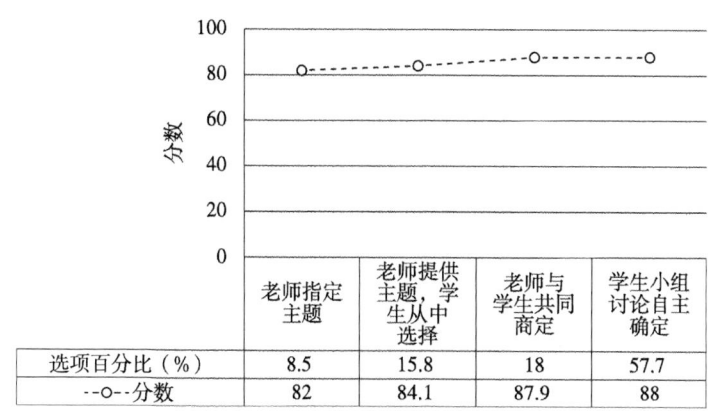

图3-3-28　题目“在综合实践活动中，你们小组的活动主题通常是如何确定的”

	我们自愿结组	以自愿结组为主，老师调整	老师指定分组	没有固定的形式
选项百分比（%）	27.9	38.7	29.4	4
--○--分数	86.2	88.3	86.1	84.2

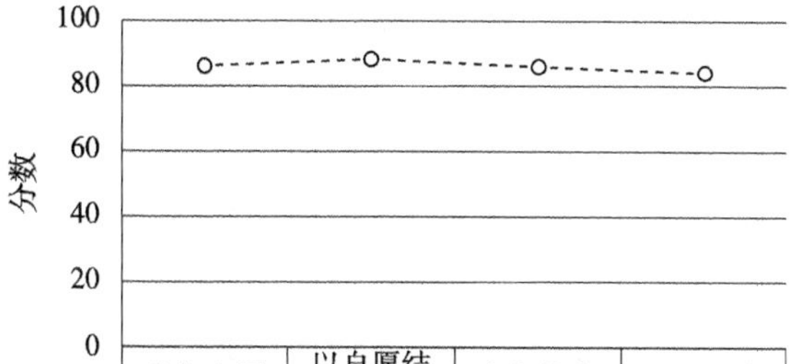

图3-3-29　题目“在综合实践活动中，你们最常用的分组方式是什么”

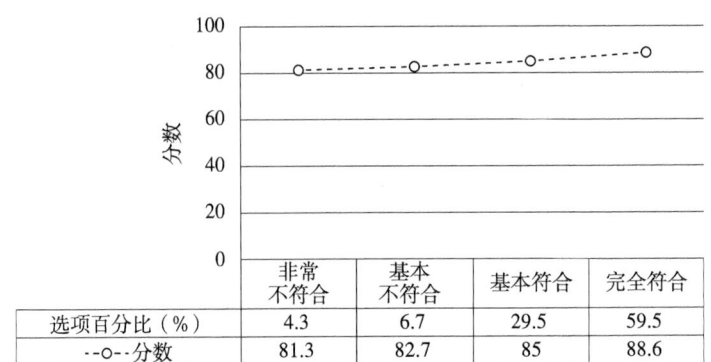

图3-3-30 题目"以下说法在多大程度上符合你自己的感受:在综合实践活动中,我们每次都制订研究计划"

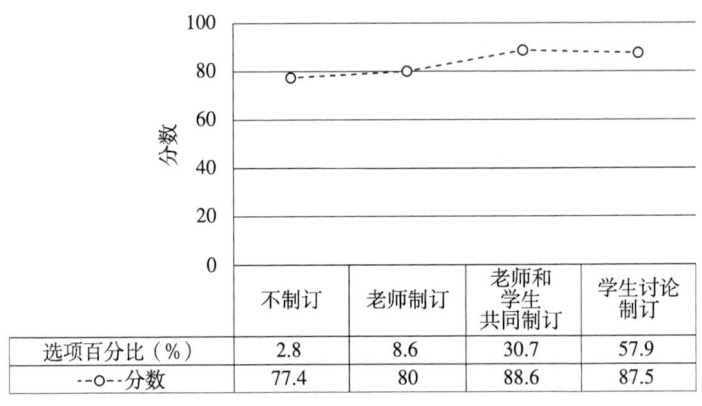

图3-3-31 题目"在综合实践活动中,你们是怎么制订研究计划的"

2. 实施阶段

实施阶段包括方法运用、小组合作、问题解决、学习方式和投入程度。方法运用、小组合作、问题解决、学习方式和投入程度,对学生的得分有一定影响。例如图3-3-32,在"以下说法在多大程度上符合你自己的感受:我能在大量信息中找到有用的信息"题目中,选择"完全符合"的学生占测评学生总数的59.3%,其得分为88.1分,显著高于其他类别的学生。图3-3-37,在"你在开展综合实践活动的过程中,通常是如何做的"的题目中,选择"自己设计好活动去实施,需要时再请教老师"的学生占测评学生总数的65.2%,其得分为88.3分,显著高于其他类别的学生。

第三章 小学综合实践活动问题解决思维实践能力测评分析及建议

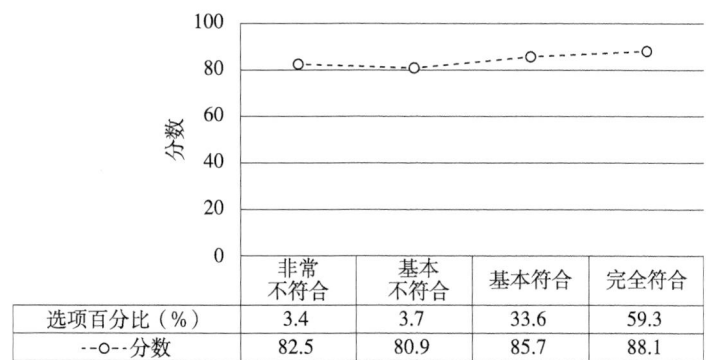

图 3-3-32 题目"以下说法在多大程度上符合你自己的感受：我能在大量信息中找到有用的信息"

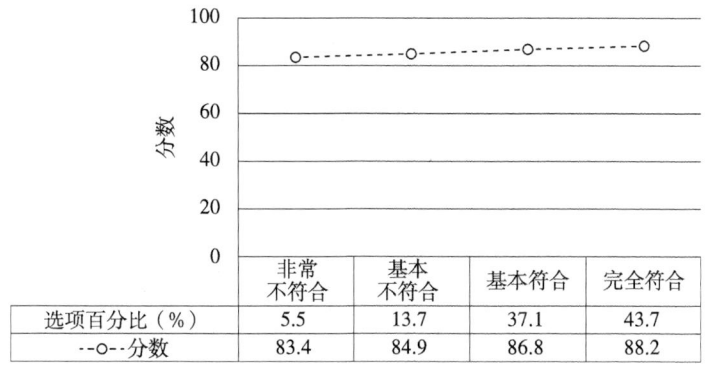

图 3-3-33 题目"以下说法在多大程度上符合你自己的感受：在访谈中，我总是能主动向别人提出问题"

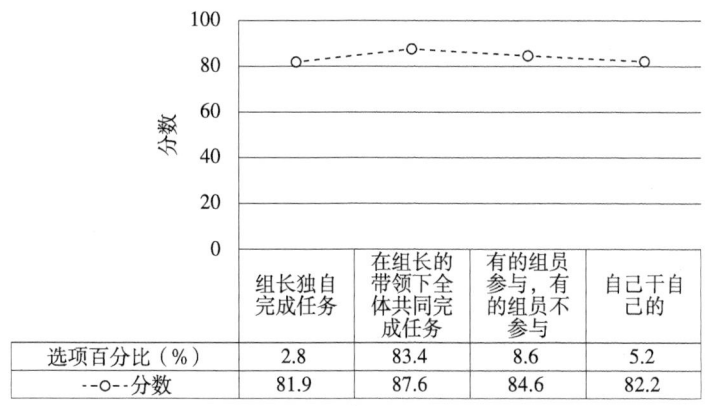

图 3-3-34 题目"在综合实践活动中，你们小组是怎么合作的"

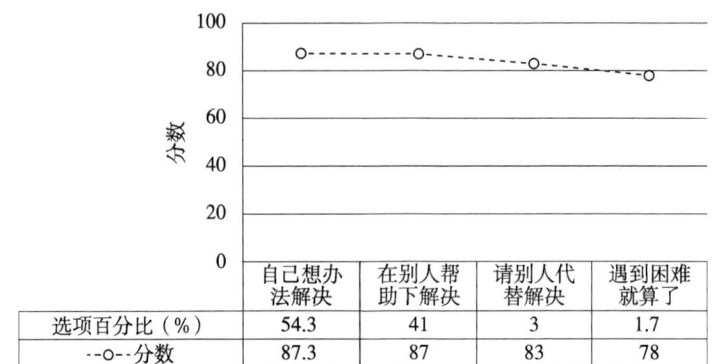

图 3-3-35 题目"在综合实践活动中遇到困难时,你通常怎样解决"

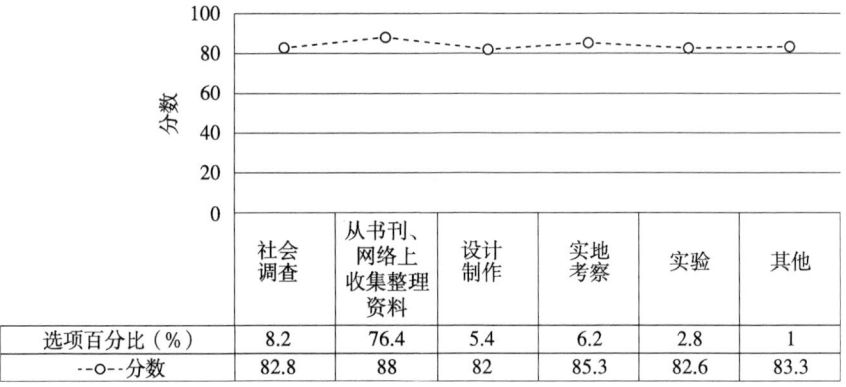

图 3-3-36 题目"在综合实践活动中,你们最常用的活动方式是以下哪种"

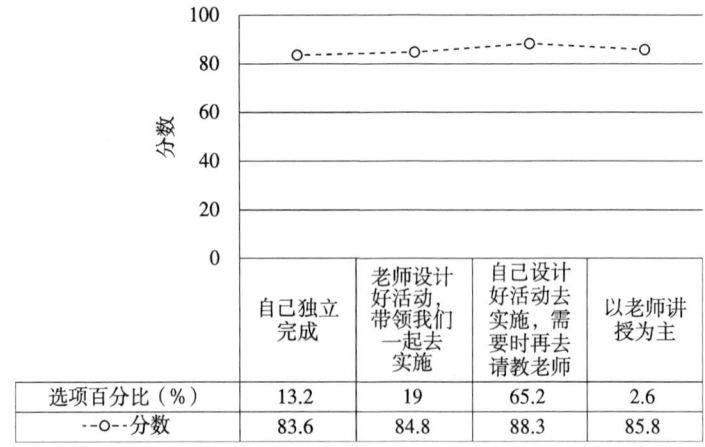

图 3-3-37 题目"你在开展综合实践活动的过程中,通常是如何做的"

第三章 小学综合实践活动问题解决思维实践能力测评分析及建议

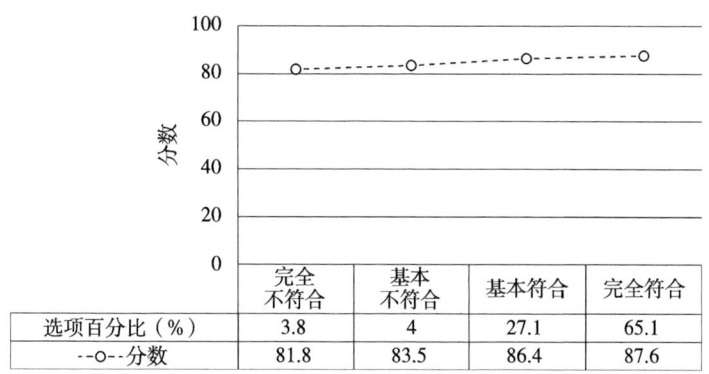

图 3-3-38 题目"以下说法在多大程度上符合你自己的感受：
每次综合实践活动我都能积极参加"

3. 总结阶段

总结阶段包括：展示交流、自评互评和自我反思。展示交流、自评互评和自我反思，对学生的得分有一定影响。例如图 3-3-40，在"以下说法在多大程度上符合你自己的感受：我善于在众人面前表达自己的想法"题目中，选择"完全符合"的学生占测评学生总数的 39.4%，其得分为 87.9 分，显著高于其他类别的学生。图 3-3-44，在"以下说法在多大程度上符合你自己的感受：每次活动我都能按计划完成任务"的题目中，选择"完全符合"的学生占测评学生总数的 55.1%，其得分为 87.9 分，显著高于其他类别的学生。

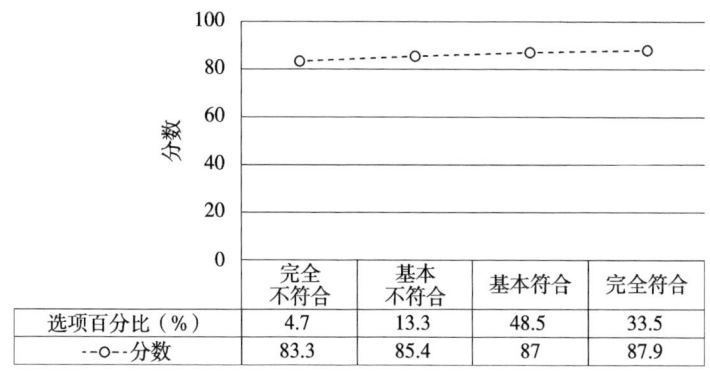

图 3-3-39 题目"以下说法在多大程度上符合你自己的感受：
我能三言两语地把问题说清楚"

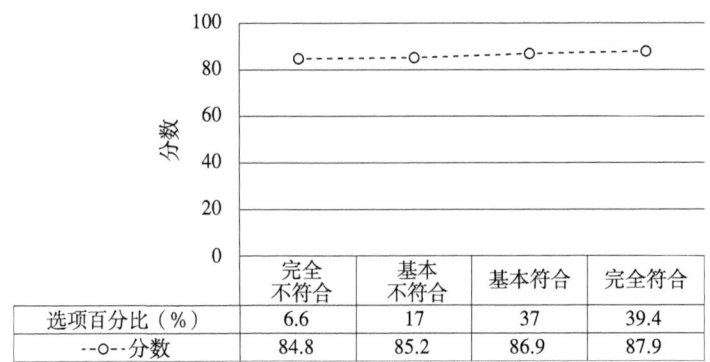

图 3-3-40 题目"以下说法在多大程度上符合你自己的感受：
我善于在众人面前表达自己的想法"

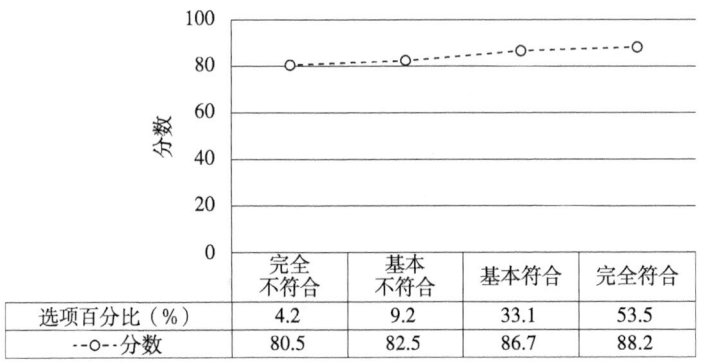

图 3-3-41 题目"以下说法在多大程度上符合你自己的感受：
每次活动后我们都有机会展示自己的成果"

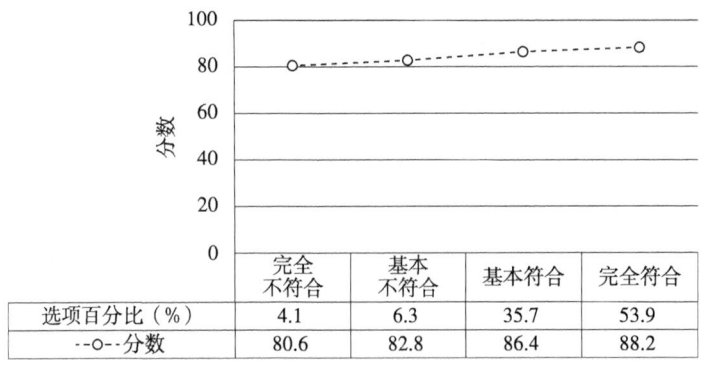

图 3-3-42 题目"以下说法在多大程度上符合你自己的感受：
活动中我总能发现别人值得学习的地方"

第三章　小学综合实践活动问题解决思维实践能力测评分析及建议

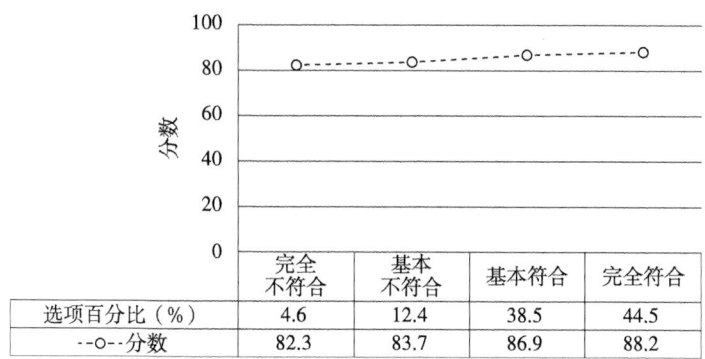

图 3-3-43　题目"以下说法在多大程度上符合你自己的感受：我总能发现别人的不足并提出好的建议"

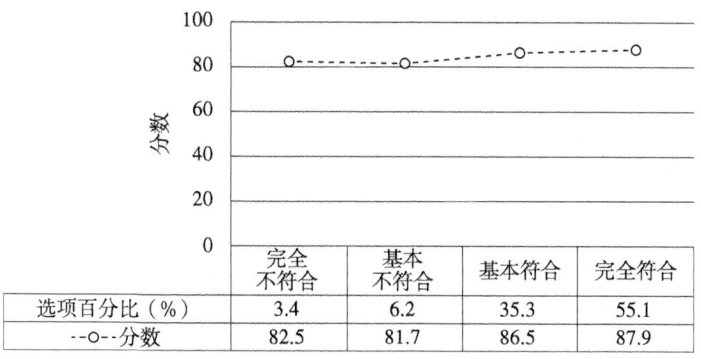

图 3-3-44　题目"以下说法在多大程度上符合你自己的感受：每次活动我都能按计划完成任务"

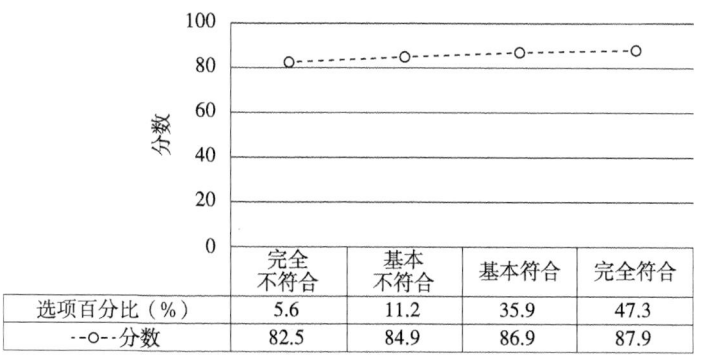

图 3-3-45　题目"以下说法在多大程度上符合你自己的感受：每完成一个主题活动后我总会想想哪点做得好，哪点做得不好"

(四) 学生收获

学生收获包括情感态度方面、知识技能方面和对其他学科的影响（见图 3-3-46 至图 3-3-57）。学生收获对学生的得分有一定影响。例如图 3-3-46，在"以下说法在多大程度上符合你自己的感受：我喜欢综合实践活动"题目中，选择"完全符合"的学生占测评学生总数的 67.5%，其得分为 87.9 分，显著高于其他类别的学生。图 3-3-56，在"以下说法在多大程度上符合你自己的感受：通过综合实践活动，我学会了调查、实验等研究方法"的题目中，选择"完全符合"的学生占测评学生总数的 63%，其得分为 88.2 分，显著高于其他类别的学生。

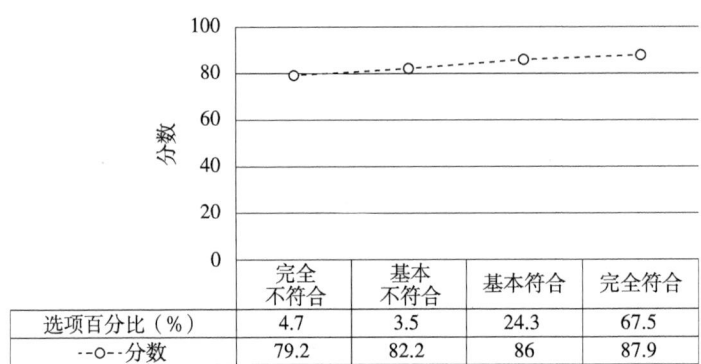

图 3-3-46 题目"以下说法在多大程度上符合你自己的感受：我喜欢综合实践活动"

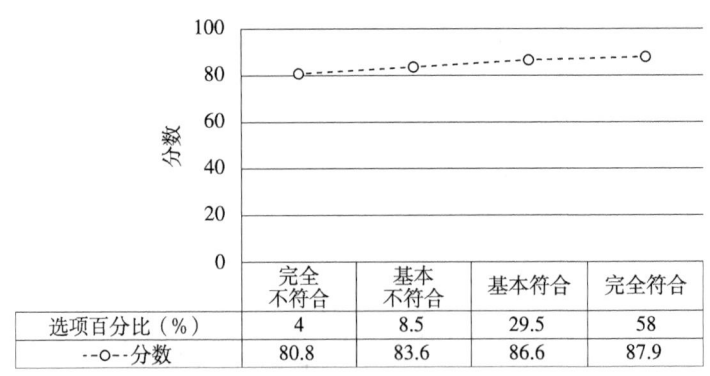

图 3-3-47 题目"以下说法在多大程度上符合你自己的感受：综合实践活动能够增强我的自信心"

第三章 小学综合实践活动问题解决思维实践能力测评分析及建议

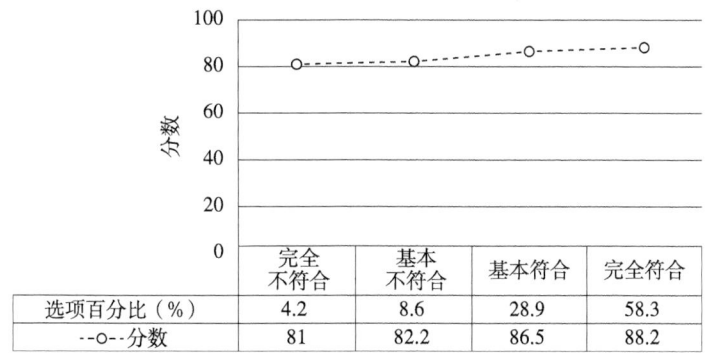

图 3-3-48 题目"以下说法在多大程度上符合你自己的感受：综合实践活动能够磨炼我的意志"

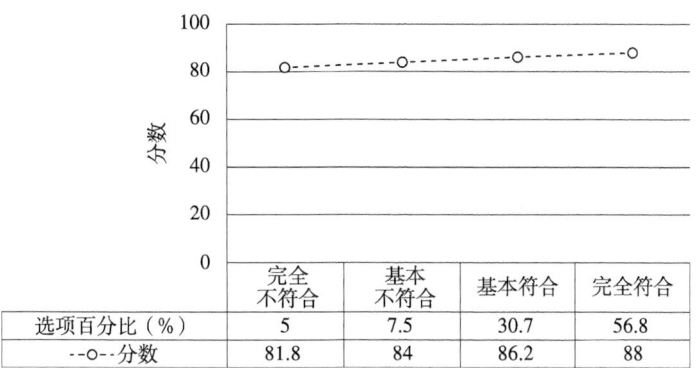

图 3-3-49 题目"以下说法在多大程度上符合你自己的感受：通过综合实践活动，我更喜欢探究问题了"

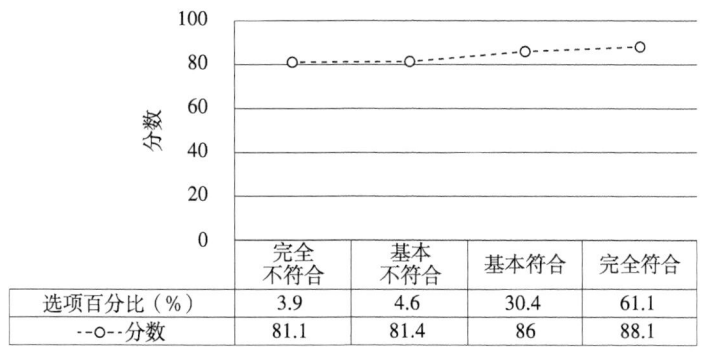

图 3-3-50 题目"以下说法在多大程度上符合你自己的感受：通过综合实践活动，我学会了分享与合作"

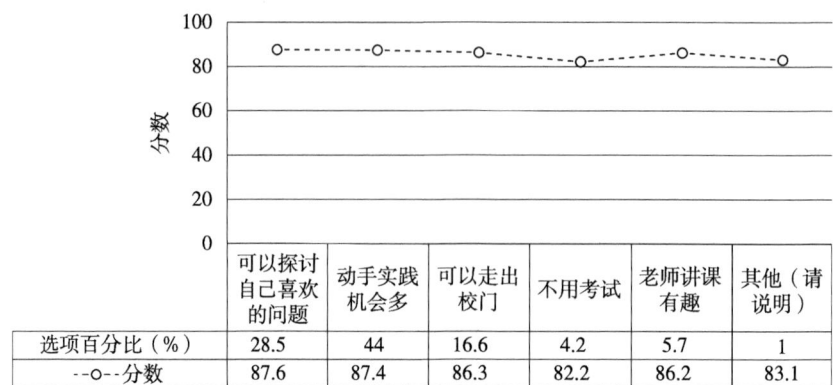

图 3-3-51　题目"对于综合实践活动，你最喜欢的方面是什么"

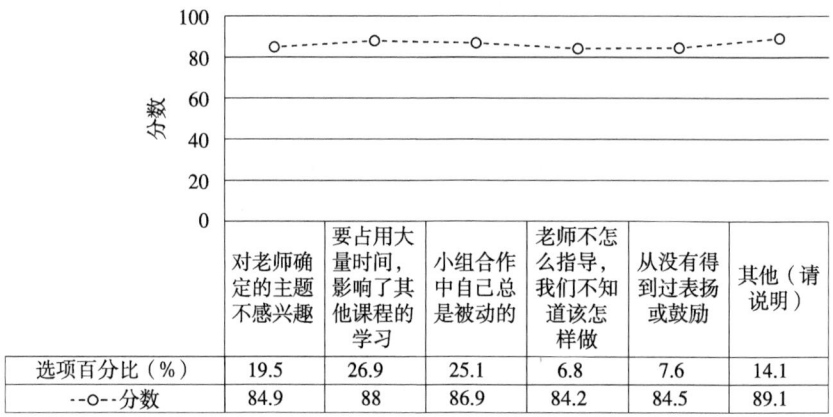

图 3-3-52　题目"对于综合实践活动，你最不喜欢的方面是什么"

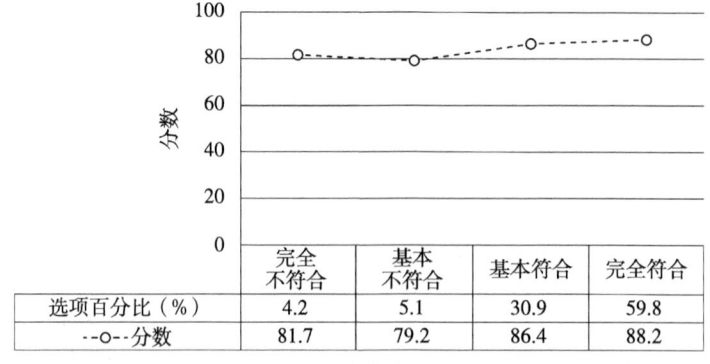

图 3-3-53　题目"以下说法在多大程度上符合你自己的感受：
通过综合实践活动，我能够认真、踏实地探究，实事求是地获得结论"

第三章 小学综合实践活动问题解决思维实践能力测评分析及建议

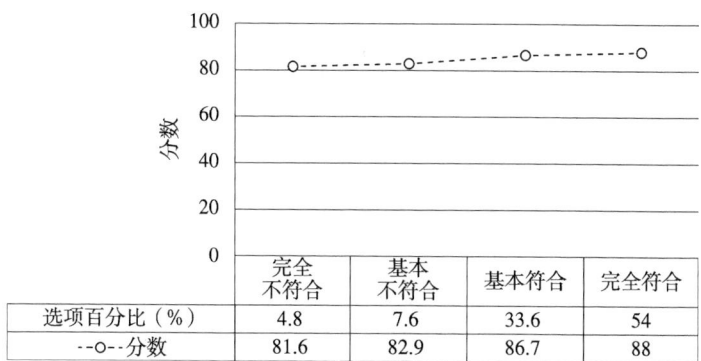

图 3-3-54 题目"以下说法在多大程度上符合你自己的感受：通过综合实践活动，我更加关注社会和关心他人了"

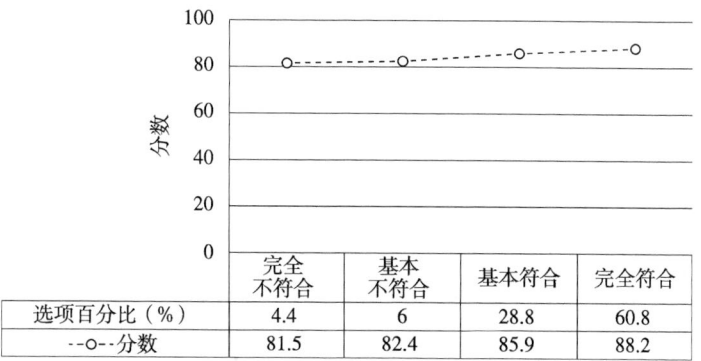

图 3-3-55 题目"以下说法在多大程度上符合你自己的感受：综合实践活动能够激发我的创新思想"

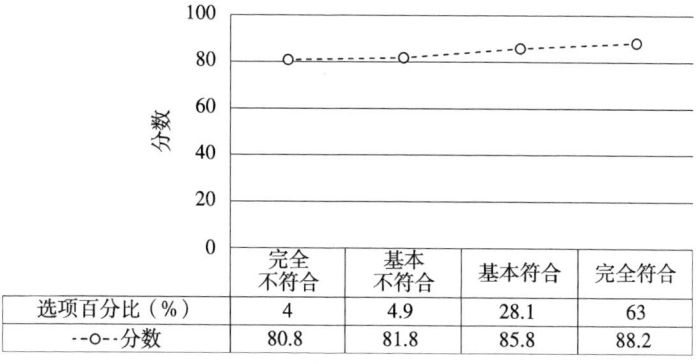

图 3-3-56 题目"以下说法在多大程度上符合你自己的感受：通过综合实践活动，我学会了调查、实验等研究方法"

大数据背景下的基础教育质量提升：思维与应用

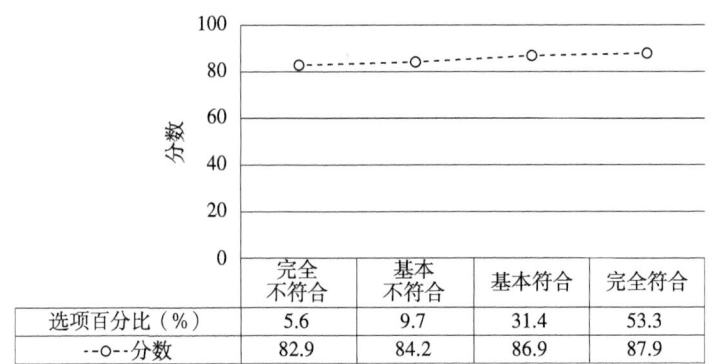

图 3-3-57　题目"以下说法在多大程度上符合你自己的感受：
综合实践活动对其他学科的学习有帮助"

（五）学校课程现状

学校课程现状的调查主要通过课程管理情况和课程资源情况两方面进行调查（见图 3-3-58 至图 3-3-61）。课程管理情况和课程资源情况对学生的学业成绩有一定影响。例如图 3-3-60，在"以下说法在多大程度上符合你自己的感受：我们的综合实践活动经常改上其他课"题目中，选择"完全不符合"的学生占测评学生总数的 61.3%，其得分为 88.5 分，显著高于其他类别的学生。说明开齐、开足综合实践课程对学生的综合实践能力有较大的影响，希望学校予以重视。

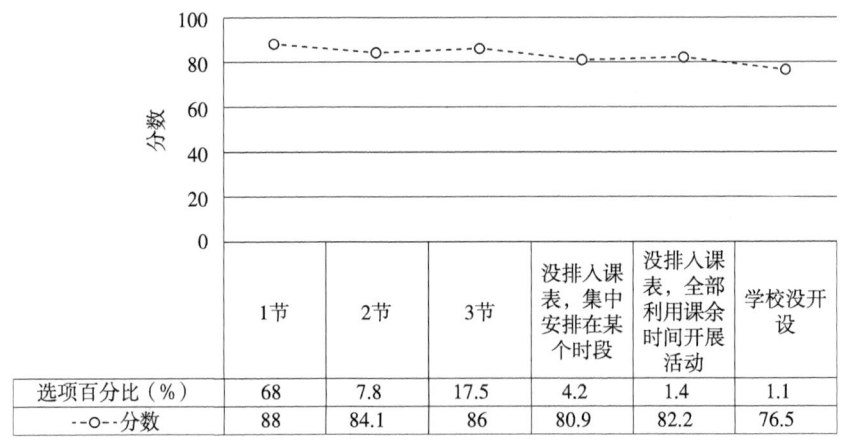

图 3-5-58　题目"你班每周安排几节综合实践活动课"

· 148 ·

第三章 小学综合实践活动问题解决思维实践能力测评分析及建议

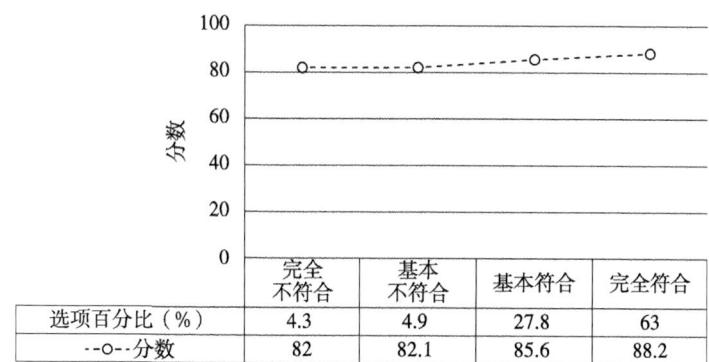

图 3-3-59 题目"以下说法在多大程度上符合你自己的感受：家长对我参加综合实践活动非常支持"

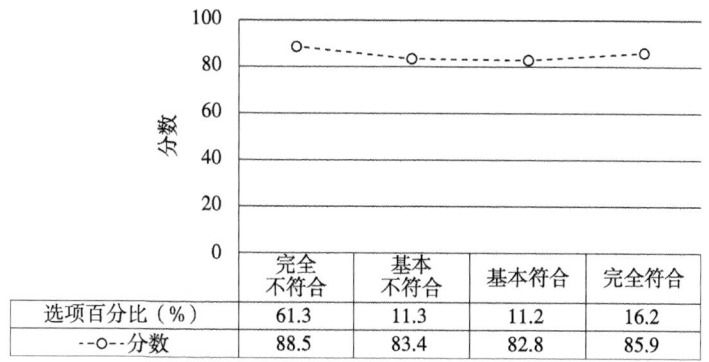

图 3-3-60 题目"以下说法在多大程度上符合你自己的感受：我们的综合实践活动经常改上其他课"

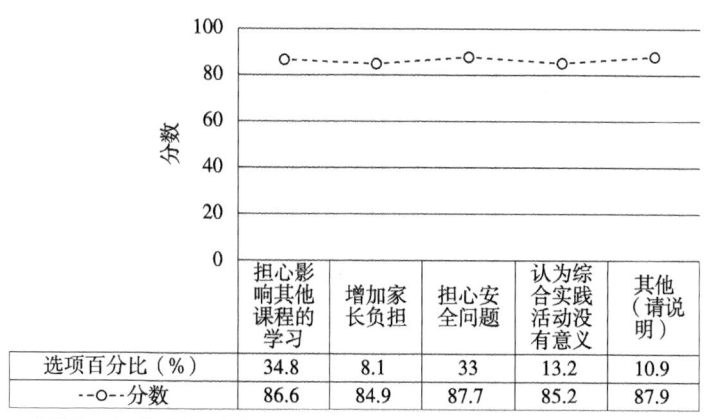

图 3-3-61 题目"据你所知家长不支持同学参加综合实践活动的最主要原因是什么"

第四节 学生特征分析

为了了解不同类型群体学生的典型特征，加强对学生学习过程与效果的研究，从而完善和改进教育教学过程、提高课程实施效果，本研究根据学生思维能力测评数据与学生调查问卷的数据，针对优秀水平和不合格水平学生的特征进行分析。优秀水平和不合格水平均是基于思维能力水平分数线进行划定的。

一、基础特征分析

第一，数据统计显示，在综合实践活动中，女生的学习表现整体优异于男生。处于优秀水平的学生人数，女生略多于男生。而在不合格水平学生中，男生比例（68.6%）远远超过女生（31.4%），优秀水平和不合格水平学生在性别上的差异比较见表3-4-1。

表3-4-1 优秀水平和不合格水平学生在性别上的差异比较

题目	选项	不合格水平（%）	优秀水平（%）
你的性别是	男	68.6	45.2
	女	31.4	54.8

第二，优秀水平学生比不合格水平学生更清楚父母亲接受教育程度。仅有不到一成（比例分别为8.2%和9.8%）的优秀水平学生表示"不清楚父母接受教育的程度"，而在不合格水平学生中，对父亲、母亲接受教育程度认知不清楚的均为两成以上（分别占比20.6%、25.7%），优秀水平和不合格水平学生在对父母接受教育程度认知上的差异比较见表3-4-2。

表3-4-2 优秀水平和不合格水平学生在对父母接受教育程度认知上的差异比较

题目	选项	不合格水平（%）	优秀水平（%）
对父亲接受教育程度的认知	不清楚	20.6	8.2
对母亲接受教育程度的认知	不清楚	25.7	9.8

第三章 小学综合实践活动问题解决思维实践能力测评分析及建议

第三,优秀水平学生比不合格水平学生有更高的自我教育期待程度。95.3%的优秀水平学生希望自己接受大学及以上的教育程度,仅有3.3%的学生希望自己接受高中教育。而不合格水平学生希望自己接受大学及以上教育的仅有80.6%,有13.9%的学生希望自己接受高中教育,优秀水平和不合格水平学生在自我教育程度期待上的差异比较见表3-4-3。

表3-4-3 优秀水平和不合格水平学生在自我教育程度期待上的差异比较

题目	选项	不合格水平(%)	优秀水平(%)
你希望自己接受教育的程度	高中教育	13.9	3.3
	大学教育及以上	80.6	95.3

第四,优秀水平学生认为父母对他们的教育期待水平远远高于不合格水平学生认为父母对他们的教育的期待水平。有91.7%的优秀水平学生认为父母希望他们接受大学及以上的教育程度,仅有2%的学生认为父母希望他们接受高中教育。而在不合格水平学生眼中,仅有77.2%的学生认为父母希望他们接受大学及以上的教育程度,选择"父母希望你接受教育的程度为高中教育"的不合格水平学生占比为17.1%,优秀水平和不合格水平学生眼中父母对他们教育程度期待上的差异比较见表3-4-4。

表3-4-4 优秀水平和不合格水平学生眼中父母对他们教育程度期待上的差异比较

题目	选项	不合格水平(%)	优秀水平(%)
父母希望你接受教育的程度	高中教育	17.1	2.0
	大学教育及以上	77.2	91.7

第五,优秀水平和不合格水平学生在家庭教育环境配置方面并不存在明显差异。问卷调查中对学生(家)是否拥有课外练习册或参考书,安静的学习环境,学习类的光盘或软件,上网条件,书柜或书架,钢琴、小提琴、古筝等等乐器,私家车、数码设备等情况进行调查,发现优秀水平和不合格水平学生在以上方面并不存在数据显著差异,优秀水平和不合格水平学生在家庭教育环境配置方面的差异比较见表3-4-5。

表 3-4-5 优秀水平和不合格水平学生在家庭教育环境配置方面的差异比较

题目	选项	不合格水平（%）	优秀水平（%）
你/你家是否拥有课外练习册或参考书	有	91.7	87.5
	无	8.3	12.5
你/你家是否拥有安静的学习环境	有	94.3	97.1
	无	5.7	2.9
你/你家是否拥有学习类的光盘或软件	有	82.9	76.0
	无	17.1	24.0
你/你家是否拥有计算机	有	100.0	94.2
	无	0.0	5.8
你/你家是否拥有上网条件	有	97.2	95.7
	无	2.8	4.3
你/你家是否拥有自己的书柜或书架	有	90.9	90.3
	无	9.1	9.7
你/你家是否拥有钢琴、小提琴、古筝等乐器	有	66.7	66.5
	无	33.3	33.5
你/你家是否拥有轿车	有	85.3	78.7
	无	14.7	21.3
你/你家是否拥有货车	有	17.6	13.0
	无	82.4	87.0
你/你家是否拥有数码相机	有	90.9	84.1
	无	9.1	15.9
在过去的一年中，你是否与家人一起外出旅游	是	91.4	95.5
	否	8.6	4.5

优秀水平学生拥有自己独立房间的比例仅占 84.6%，这一比例低于不合格水平学生（占比 97.1%）。这也从侧面说明了家庭条件和教育环境配置的差异不是造成学生水平差异的主要原因，优秀水平和不合格水平学生是否拥有自己的独立房间的差异比较见表 3-4-6。

表 3-4-6　优秀水平和不合格水平学生是否拥有自己的独立房间的差异比较

题目	选项	不合格水平（%）	优秀水平（%）
你/你家是否拥有自己的独立房间	有	97.1	84.6
	无	2.9	15.4

二、学习品质特征分析

学习品质是个体在学习时所表现出的具有个性特点的心理倾向、行为特征、情绪体验和操作模式等一系列心智和情感活动，是影响和决定学习活动质量和效益的重要内在因素，具体表现在学习态度、学习行为和学习能力等方面。

大部分优秀水平学生对学习没有惧怕心理，在学习上遇到困难不想放弃，能积极、主动迎接学习挑战；对学习充满了愉悦和满足，优秀水平和不合格水平学生在学习品质上的差异比较见表 3-4-7。

表 3-4-7　优秀水平和不合格水平学生在学习品质上的差异比较

题目	选项	不合格水平（%）	优秀水平（%）
我对学习有惧怕心理	非常不符合	38.9	73.7
我在学习上遇到困难就想放弃	非常不符合	37.1	70.3
我能积极、主动迎接学习挑战	非常不符合	14.3	2.9
我对学习充满了愉悦和满足	非常不符合	17.1	1.4
看看描述符合你的程度：学习内容枯燥，令人厌倦	非常不符合	31.4	68.0
学习又苦又累，让人受不了	非常不符合	38.2	71.7

三、学习特征分析

第一，优秀水平学生比不合格水平学生对综合实践活动课程有更加积极的态度。优秀水平和不合格水平学生对综合实践活动课程态度方面的差异见表 3-4-8。

表 3-4-8　优秀水平和不合格水平学生对综合实践活动课程态度方面的差异

题目	选项	不合格水平（%）	优秀水平（%）
我喜欢综合实践活动	完全不符合	19.4	2.1
	基本不符合	8.3	2.3
	基本符合	22.2	21.1
	完全符合	50.1	74.5

第二，优秀水平学生比不合格水平学生在综合实践活动中遇到困难时的做法有差异，优秀水平和不合格水平学生在开展综合实践活动中做法的差异比较见表 3-4-9。

表 3-4-9　优秀水平和不合格水平学生在开展综合实践活动中做法的差异比较

题目	选项	不合格水平（%）	优秀水平（%）
在综合实践活动中遇到困难时，你通常怎样解决	自己想办法解决	40.0	55.5
	在别人帮助下解决	42.9	42.3
	请别人代替解决	5.7	1.8
	遇到困难就算了	11.4	0.4

第三，优秀水平学生较之不合格水平学生所在学校开设综合实践活动课程更为规范。在被问及"你班每周安排几节综合实践活动课"时，不合格水平学生选择"没排入课表……或学校没开设"的比例合计为 22.3%。而同样情况在优秀水平学生中的比例仅为 3.8%。在不合格水平学生中，选择 2014 年没有参加社会大课堂实践活动的比例为 22.9%，同样选项在优秀水平学生中的比例仅为 4.1%，优秀水平和不合格水平学生所在学校开设综合实践活动课程的差异比较，见表 3-4-10，优秀水平和不合格水平学生参与社会大课堂情况的差异比较见表 3-4-11。

表 3-4-10　优秀水平和不合格水平学生所在学校开设综合实践活动课程的差异比较

题目	选项	不合格水平（%）	优秀水平（%）
你班每周安排几节综合实践活动课	1 节	55.4	77.7
	2 节	5.6	4.3
	3 节	16.7	14.2
	没排入课表，集中安排在某个时段	13.9	2.4
	没排入课表，全部利用课余时间开展活动	5.6	0.8
	学校没开设	2.8	0.6

表 3-4-11　优秀水平和不合格水平学生参与社会大课堂情况的差异比较

题目	选项	不合格水平（%）	优秀水平（%）
2014 年你参加了多少次社会大课堂实践活动	1 次	17.1	7.6
	2 次	28.6	31.8
	2 次以上	31.4	56.5
	没有参加	22.9	4.1

第五节　小学综合实践活动问题解决思维实践能力问题与建议

一、当前现状

（一）小学学生的综合实践活动问题解决思维实践能力达到较高水平

小学学生的综合实践活动问题解决思维实践能力水平较高。整体合格率为 95.9%，优秀率为 46.3%，处于良好以上水平的学生占参加测评学生总数的 85.9%。

就不同性别学生而言，男、女生的合格率分别为 94.7% 和 97.3%，得分率基本持平，有 50% 的学生得分率达到 85%，均达到较高水平。

就不同地域学校学生而言，城市学校、县镇学校和农村学校学生的得分率分别是84.6%、89.6%、86.7%，说明北京市小学综合实践活动课程能够有效实施，而且发展均衡。

（二）大部分小学学生对综合实践活动兴趣浓厚，多项核心能力表现突出

学生对综合实践活动课程的态度直接影响他们参与综合实践活动的行为表现和活动的效果。调查结果显示，在"我喜欢综合实践活动"题目上，选择"完全符合"和"基本符合"的学生分别占67.5%和24.3%，这说明超过90%的学生都对综合实践活动有着浓厚的兴趣。在"每次综合实践活动我都能积极参加"题目上，选择"完全符合"和"基本符合"的学生分别占65.1%和27.1%，这说明超过90%的学生都能够积极参加综合实践活动。

从各能力领域的情况来看，"发现问题的能力"与"评价与反思的能力"领域，有50%的学生得分率达到100%。小学学生的"发现问题的能力"与"评价与反思的能力"达到了优秀水平。

其中数据显示在"发现问题能力"领域，合格率达到了为98.1%，优秀率达到了87.3%，平均学业水平达到了优秀，学生发现问题的能力水平较高。同时，学生的调查问卷显示91.5%的学生能够参与到确定主题的活动中，57.7%的学生通过小组讨论自主确定主题。这说明教师的教学理念到位，能够给学生自己发现问题、提出问题的时间和空间，是非常正确的做法，在这样的教学活动中学生已经形成了发现问题的意识和能力。

学生规划与管理的能力得到了较大的提高。从学生制定研究过程的实践性表现上看，大多数学生能够比较全面、具体地陈述活动的时间、地点、任务内容及实施顺序，表现了较强的规划与管理能力。

调查问卷数据也证实了这一点。在被问及"在综合实践活动中，你们是怎么制订研究计划的"问题中，57.9%学生的实践活动研究计划是学生讨论制订出来的。选择"不制订"和"老师制订"计划的学生比例共占11.4%。

（三）综合实践活动提高了学生的合作意识，培养了学生的社会责任感

实施综合实践活动主题时，常常以小组合作为主要开展形式。通过任务驱动式的小组合作，有助于提高学生的团队合作意识和能力。小组围绕主题开展社会调查等活动，有助于学生社会参与意识和社会责任感的培养。数据

表明，绝大部分学生认为通过综合实践活动促进了自己小组合作及关心他人的意识。在"通过综合实践活动，我学会了分享与合作"题目中，91.5%的学生选择"基本符合或完全符合"；在"通过综合实践活动，我更加关注社会关心他人了"题目中，87.6%的学生选择"基本符合"或"完全符合"。这说明综合实践活动对于提高合作意识，增强学生关注社会、关心他人，有着极其明显的效果。

（四）社会大课堂资源得到较好利用，并且提高了学生学业水平、促进了学生实践能力发展

在综合实践活动课程中，学生要走出学校、走进社会，就需要学校和教师充分开发和利用社会教育资源。2008年，北京市中小学生社会大课堂的资源建设工作启动，大大丰富了综合实践活动课程资源，为全市中小学综合实践活动课程的有效实施奠定了基础。

学生问卷数据显示，在"在日常学习生活中，你使用下列资源的情况为：校外博物馆、美术馆等大型综合文化资源"问卷题目中，选择"经常使用"和"有时使用"的学生共占53%。本学期没有参加社会大课堂活动的学生仅占7.7%。数据分析表明，参加社会大课堂活动次数与学生测评成绩呈正比关系，这证实参加社会大课堂活动能够明显提高学生的学业水平，促进其实践能力的发展。而前述针对优秀水平学生和不合格水平学生的分析中也有同样结论，即在不合格水平学生中，2014年没有参加社会大课堂实践活动的比例为22.9%，而同样选项在优秀水平学生中的比例仅为4.1%。教师问卷数据也证明了同样的结论。有80%的被调查教师认为，其所在学校在教育基地开展综合实践活动具有教学促进作用。

学校开发和利用社会大课堂资源，组织学生到社会大课堂中开展活动，促进了学生对社会教育资源利用的主动性和自主性，也提高了他们的学业水平和实践能力。

二、问题与建议

（一）不少学校认为缺乏来自教育行政部门的开设综合实践活动课程的必要支持和监督保障

针对北京市30所学校的管理者的问卷调查数据显示，仅有不到6成

（58.6%）的学校认为本区教育行政部门在政策和经费上都非常支持学校。有6.8%的学校缺乏来自本区教育行政部门的实质性支持。而教育行政部门对中小学校的课程管理享有指导支持、管理督促的权利和职责。

建议各级教育行政部门能够在综合实践活动课程政策、经费、资源开发等多个方面对各所学校予以指导。

第一，建议各区教育行政部门，根据北京市义务教育课程设置方案的有关精神，指导、督促学校开齐综合实践活动课程的各部分内容，并将学校综合实践活动课程开设的情况作为教育督导评估的专项考察内容。

第二，建议设立本区综合实践活动教师职称评定系列，为本区教师从事综合实践活动课程的教学和专业发展提供必要的制度保障。

第三，建议各区教育行政部门根据有关文件规定，对中小学校开展社会大课堂实践学习情况进行督促指导。建议系统开发本区域内的社会大课堂基地，为综合实践活动课程实施提供多元化的场所和平台，促进本区学生实践能力的发展。

（二）教师的综合实践活动专业素养有待提高

学生问卷调查结果显示，近1/5的学生对"老师确定的（研究）主题"不感兴趣。极少数学生认为在开展综合实践活动时得不到教师的有效指导。而如前所述，在本次思维能力测评中，学生在开展综合实践活动的两个关键能力领域——"收集信息""处理信息"中的表现水平明显低于其他能力领域。这与问卷调查的结论具有一致性，反映出教师在主题活动的设计能力和对学生实践活动的指导能力上还有待提高。而这两项能力对于学生发展实践能力至关重要，来自教师问卷调查结果也证实了这一点。"综合实践活动中的方法指导""实施中的常见问题分析"的培训内容是更希望获得的（两者所占比例分别为40.7%、33.3%）。

据此，建议教学研究部门：

第一，抓住教师指导综合实践活动的难点问题，设计教学研究的主题。建议以开展综合实践活动常见的研究方法，如文献研究法、观察研究法、实验研究法、调查研究法等基本的科学研究方法为重点，结合教师实施教学中的实际问题，设计教学研究活动主题。

第二，采用多样化的教学研究形式、促进教师课程实施能力的提高。基于教师实施课程中的常见问题，采用课堂观察与评议、参与式培训、主题式培训、课例研究等多种方式关怀教师的专业发展。开展理论与实践相结合的各级研修培训活动。把理论性知识最大化地内化到教师的知识结构中，促进教师教学能力的提高。

（三）学校层面综合实践活动课程开设规范程度不均衡，师资队伍、课程制度、课程资源等基础条件有待完善

1. 课时缺乏统筹规划，有的学校尚不能做到开齐综合实践活动课

问卷调查数据显示，有6.7%的学生指出，学校没有将综合实践活动排入课表，而是采用了其他形式开展。笔者认为，尽管综合实践活动具有实践性、开放性的特点，但是在学生开展实践活动的过程中，仍需要常规的课堂教学时间进行学生研究过程与方法的指导、研究成果的梳理与总结。缺乏必要的课堂教学指导，学生实践活动的深度、广度都难以保障。问卷调查数据还显示，有16.2%的学生指出，"我们的综合实践活动经常改上其他课"是"完全符合"的。而进一步分析这些学生的思维能力测评成绩发现，他们的学业水平表现明显低于每周按文件要求开设课程的学生，且差异显著。

据此，建议学校：第一，要将综合实践活动课程纳入学校课程安排，总体设计，周密安排，制定切实可行的综合实践课程实施方案。第二，综合实践活动的课时要求应在学校的课程方案中呈现出来，以学期为单位，确保每周1课时排入日常课表，并保证做到课时、内容、形式的规范落实。

2. 师资配置不充分，整体水平有待提高

针对北京市30所学校的管理者的问卷调查数据显示，超过八成（82.7%）的学校师资队伍中有兼职教师。其中，近1/5（17.2%）的学校"只有兼职教师"。根据综合实践活动课程的实际特点，也需要专兼职相结合的师资队伍。

据此，建议学校要根据实际情况，配置课程实施必需的师资力量。合理安排综合实践活动课程指导教师的岗位设置。鼓励有条件的学校安排专职教师。对于安排专职教师有困难的学校，可以通过多种途径，满足综合实践活动课程实施的要求。例如，建议设置综合实践活动课程专任教师岗位，鼓励

有特长的教师向综合实践活动课程的专职指导教师方向发展。鼓励每位教师除本学科教学外，都能积极承担综合实践活动指导工作。还可从社会上和家长中聘任综合实践活动课程的辅导教师，逐步建立一支相对稳定的综合实践活动课程的专兼职指导教师队伍。学校要成立教研组，定期开展校本教研和培训活动。

3. 学校综合实践活动课程实施缺乏必要的制度保障

针对北京市30所学校的管理者的问卷调查数据显示，仅有不到七成（69%）的学校"有全面、系统的学校整体规划"。近三成（27.6%）学校是"由任课教师进行综合实践活动课程规划"。其余3.4%的学校由"各年级自行规划"。这一数据还难以达到综合实践活动课的常态实施目标。这是因为综合实践活动课不同于常规学科的课堂教学，任课教师经常需要带领学生开展校内外各种形式的实践活动，通常需要协调校内外各种人力资源、设备、场所等，仅靠任课教师或者年级负责教师进行规划，难以实现课程的常态实施。

据此，建议学校：第一，认真分析综合实践活动课程的要求，结合学校的办学理念，对校内外的各种课程资源进行挖掘和分析。第二，设定学校实施课程的目标，规定出各年段或各年级之间的不同的目标。针对课程实施的基本要素，包括课内外课时的分配与使用，研究主题的选择方式、活动的组织形式与流程，管理的基本方法，指导教师的安排，课程资源的开发与管理，对教师活动和学生活动的评价等诸项内容进行分析。第三，制定相应的课程管理制度，包括指导教师工作职责制度、教师培训制度、教师工作量的认定制度、教师的激励与评价制度，要明确学生参与研究性学习的流程规定，形成学生研究成果的展示与激励机制，制定学生外出实践的安全预案和相应保障制度。

4. 校外课程资源开发不足，学生缺乏充分的校外实践学习机会

学生问卷调查数据显示，近1/5的学生2014年外出参加社会大课堂实践活动不足2次。而另一问卷调查题目数据显示，有15.9%的学生认为，喜欢综合实践活动课的原因是"可以走出校门"。缺乏校外实践学习机会，可能会影响到学生学习的兴趣和效果。

按照《北京市教育委员会关于实施中小学生综合素质提升工程的意见》

(2021)文件规定,"每个学生每学年至少有两次外出社会实践和课外学习的机会,主要是走进社会大课堂市级资源单位和校外教育机构",并提供专项市级经费。

据此,建议学校:第一,学校合理使用社会大课堂市级专项活动经费。第二,结合学校实际和课程需要,将每学年的学生社会大课堂实践学习纳入学校课程管理,确保每个学年学生至少两次外出实践学习,调动学生学习兴趣,做到文件要求的"全覆盖,体现普惠性"。第三,有目的、有计划地开发并形成有特色、稳定的课程资源,有针对性地或使用开发一些社会实践基地,逐渐形成学校综合实践活动课程特色。

(四)学生的收集信息和处理信息能力、沟通合作能力有待提高

1. 学生收集信息能力有待提高

收集信息的能力是学生处理信息的前提和基础,也是学生综合实践能力培养中重要的能力之一,对学生的核心素养发展有重要的意义。调查显示,学生收集信息能力有待提高。以学生运用问卷调查方法收集信息为例,50%的学生能分析出给定调查问卷存在的部分问题,仅有23.4%的学生能够分析出给定调查问卷存在的全部问题。这一表现与学生在其他能力领域的表现有一定差距,说明学生在收集信息能力方面,相对其他方面的能力较弱。问卷调查数据证实了这一判断。在题目"我能在大量信息中找到有用的信息"中,仅有59.3%的学生选择"完全符合",这说明,学生对自己现有收集信息的能力不是很自信,学生自认为收集信息能力不强。从另一个侧面印证了当前综合实践课教学中,确实存在学生收集信息能力较弱的情况。

据此,建议教师组织学生开展综合实践活动时,适量增加学生收集信息的活动。从多渠道、多层次对学生进行收集信息的有效指导,并引导学生采用多种方式收集有效信息。例如,在饮食与健康主题研究中,可以引导学生运用访谈、问卷、观察、实地考察等多种方式收集信息。当有效信息混杂在其他信息之中时,教师应指导学生根据具体情况分析,准确找到有效信息。这样才能充分体现综合实践课程的价值,凸显课程在促进学生发展中的地位和作用。教师自身也不能放松学习、研究、实践,要通过自学、校本研修、实践教学等活动,提升自身收集信息的能力。

2. 学生处理信息能力有待提高

学生处理信息的能力是开展综合实践活动的关键能力，反映了学生的思维水平，这一能力对于学生面对实际生活，适应未来社会有重要意义。

数据显示，学生在"处理信息能力"方面较弱。调查针对学生开展综合实践活动常见的信息类型——文献文本信息、访谈数据信息、实验数据信息等进行。结果显示，仅有不足七成的学生能够对文献文本信息相关问题做出正确回答。而在正确处理实验数据信息方面，学生测评表现更加不尽如人意，不足一半的学生能够正确作答。这远远低于其他能力平均水平。而处理信息的能力是综合实践能力领域中重要的组成部分，是影响研究成果的重要因素。同时，问卷调查结果显示，76.5%的学生在综合实践活动中，常用的活动方式是"从书刊、网络上收集整理信息"。而"社会调查""实地考察""设计制作"方式的比例分别仅为8.2%、6.2%和5.4%。选择"实验"方式的学生只占总数的1%。这必然会导致学生处理不同类型信息能力的不均衡性。

作为实践性课程，学生应该用更多的实践形式开展研究活动。因此笔者建议：

首先，教师设计开发综合实践主题活动时，应思考本主题是否能采用多种形式开展实践活动。其次，在开展实践活动时，要加强对学生分析信息能力的培养，教给学生分析资料的步骤和方法，再通过阅读，明确提炼出资料中的关键问题。最后，教师要锻炼学生对信息进行筛选、整理、分析、归纳的能力。这样才能够提高学生处理多元、复杂信息的能力。

3. 学生沟通与合作的能力有待提高

沟通与合作的能力，不仅能够提高学生学习的主动性和对学习的自我控制，也能够促进学生间良好的合作，对学生的终身发展起重要作用。调查数据显示，有三成的学生认为自己"不能够愉快地与同学沟通""不能很好地合作、共同开展研究活动"。有六成学生认为自己"不能够把心里的想法和大家说清楚"；问卷调查数据呈现出同样的结论。当学生被问及"在综合实践活动中，你们小组是怎么合作的"时，有两成多的学生选择"组长独自完成任务"。这些数据说明，学生缺少合作意识，在学习实践中不善于合作。小学学生整体的沟通与合作能力的较弱。

第三章　小学综合实践活动问题解决思维实践能力测评分析及建议

据此，建议教师改变传统的讲授式教学方式，多采用小组合作的形式开展教学活动。在实践活动中，教师应关注学生在合作中的体验、合作方法以及效果等。在教学中教师要有意识地逐渐培养学生的合作学习能力。对学生进行沟通能力的培养，也十分重要。因为通过有效的沟通能增进理解、联络感情，促进组员间相互补充、支持与配合。建议教师在日常教学中，充分给予学生沟通表达的机会，使学生在面对面的互动交流中形成共识、开拓思维，从而进行自我调整或互相调整，这也必然会使得合作得以优化。

样题：

学生手册

请根据研究主题和实际情况，选择访谈对象，按要求完成下表，并开展一次访谈活动。

我的访谈计划表

访谈目的	
访谈对象	
访谈时间及地点	
访谈提纲（不少于两条）	

* **考查内容**：考查学生"收集信息的能力"表现
* **适合水平**：合格水平
* **实测难度**：此题难度值为0.9
* **参考答案**：写出符合"本主题下访谈目的、访谈对象、时间、地点、访谈提纲"的答案
* **评分标准**：目的1分，对象1分，时间及地点1分，访谈提纲2分
* **答题情况分析**：得分率为95.3%，几乎所有学生得满分

学生实践能力调查册

赵博、李莉和王子轩三人结成了研究小组，要对营养学专家赵医生进行

访谈。原定分工是：赵博负责记录访谈内容，李莉负责提问，王子轩负责拍照、摄像。到了约定地点才知道王子轩有事来不了，而访谈活动不能推迟或取消。下列对访谈任务的安排，你认为最佳的是

A. 不拍照和摄像

B. 赵博负责提问，李莉负责记录、拍照、摄像

C. 赵博负责记录和提问，李莉负责拍照、摄像

> *考查内容：考查学生"沟通与合作的能力"中的"组织与协调能力"表现
> *适合水平：合格水平
> *实测难度：此题难度值为 0.9
> *参考答案：C. 赵博负责记录和提问，李莉负责拍照、摄像
> *评分标准：2 分
> *答题情况分析：得分率为 92%，几乎所有学生得满分

第六节 小学综合实践活动问题解决思维实践能力录像课分析

一、研究目的

为了全面了解影响学业质量的教学因素，了解课堂教学现状，笔者开展了对学科录像课分析的研究。采用定量研究与质性研究相结合的方法，评价课堂教学质量，诊断教学问题，为有效改进教学提供建议。

二、录像课样本

（一）抽样的方法

在每个参加测评的区县抽取了一所学校的一个班作为测评班，每个测评班摄录两节课。全市共录制 8 节课，全部为小学课例。

（二）录像课的选择

笔者选择发现问题和实践探究（访谈表设计）两节课进行课例分析。

选择"发现问题"这节课的原因在于:"发现问题"是开展综合实践活动的起始步骤和关键环节。可以展示学生发现问题、提出问题、表述研究问题的能力,也是考量教师的指导能力的关键环节,选择这一环节进行录像课分析,有助于达成测评目标。

选择实践探究(访谈表设计)这节课的原因在于:第一,体现学生研究过程的"实践探究"环节是体现本次表现性评价宗旨的焦点所在。选择焦点环节,能够更加直接地服务于测评目的的达成。第二,本次测评要求学生必选的"访谈表设计"是小学生开展综合实践活动最常见的研究方法——访谈法的关键内容,既能够体现出教师对研究过程的指导能力的实际水平,也可以把握学生开展实际研究的能力水平表现,从中分析小学综合实践活动的课堂教学质量具体情况。录像课信息见表3-6-1。

表 3-6-1 录像课信息

序号	课例编号	课例名称	学校
1	J05201501	小学综合实践活动—发现问题	小学
2	J05201502	小学综合实践活动—实践探究(访谈表设计)	小学
3	J05201503	小学综合实践活动—发现问题	小学
4	J05201504	小学综合实践活动—实践探究(访谈表设计)	小学
5	J05201505	小学综合实践活动—发现问题	小学
6	J05201506	小学综合实践活动—实践探究(访谈表设计)	小学
7	J05201507	小学综合实践活动—发现问题	小学
8	J05201508	小学综合实践活动—实践探究(访谈表设计)	小学

三、研究方法

本研究采用了三种工具相结合的分析框架,分别是编码体系、记号体系和等级指标。

(一)编码体系

本研究采用了S-T分析工具对师生教学行为进行分析,采用了弗兰德斯语言分析工具对师生语言互动进行分析,并将二者进行整合,整合后,弗兰德斯语言指标数量不变,依旧是1~10,共10个指标。S-T指标中,教师语言行为指标有 7 个，学生语言行为有 3 个。小学综合实践活动编码体系见表 3-6-2。

表 3-6-2 小学综合实践活动编码体系

一级指标	二级指标	三级指标	师生行为分类（S-T）
教师语言行为	1. 接纳学生的情感	—	（T）
	2. 称赞或鼓励	—	（T）
	3. 接受或利用学生的想法	—	（T）
	4. 教师提问	—	（T）
	5. 教师讲解	—	（T）
	6. 命令或指示	—	（T）
	7. 批评学生	—	（T）
学生语言行为	8. 学生被动发言（教师激发出的讲话）	8.1 小组讨论 8.2 回答问题 8.3 班级展示	（S）
	9. 学生主动发言	9.1 学生点评 9.2 其他发言	（S）
	10. 课堂沉默	10.1 学生阅读 10.2 学生书写（设计） 10.3 学生思考（教师明确要求学生进行思考） 10.4 学生看视频、演示文稿或听录音 10.5.1 学生独立动手操作 10.5.2 学生合作探究 10.6 语言类属不清楚	（S）
		10.7 教师的非语言行为	（T）

（二）记号体系

本研究采用记号体系对活动前教师对学生活动提出要求、学生小组活动时教师的指导方式、学生小组展示后教师的指导方式和教师提出问题的类型进行分析，小学综合实践活动记号体系如表 3-6-3 所示。

第三章　小学综合实践活动问题解决思维实践能力测评分析及建议

表 3-6-3　小学综合实践活动记号体系

评价指标	选项
教师对学生活动提出要求	对活动内容提出要求
	对活动方式提出要求
	对活动时间提出要求
	说明活动的评价标准
学生小组活动时教师的指导方式	询问小组活动情况
	观察学生的讨论
	进行方法指导
	参与学生讨论
	教师做跟学生活动无关的事
学生小组展示后教师的指导方式	教师引导其他学生对展示进行评价（含质疑、建议）
	教师针对学生的展示进行明确评价
	简单的评价，如非常好！不错
	教师让其他学生继续展示，不进行评论和指导
教师提出问题的类型	一般是非性问题
	是什么的问题（what）
	为什么的问题（why）
	怎么办的问题（how）

（三）等级指标

本研究采用了等级指标工具对课堂教学整体进行分析。等级指标分为三级，每一个二级指标下，又设计了观察的要点。等级指标的得分，需要依据对观察要点的整体判断进行赋值。S-T 分析结果、弗兰德斯语言互动分析结果、记号体系结果等都属于观察要点的重要组成部分。例如对教学目标的评价指标，小学综合实践活动等级指标如表 3-6-4 所示。

表 3-6-4　小学综合实践活动等级指标

一级指标	二级指标	三级指标或评价依据
教学目标	(1) 符合课程标准的程度	教学目标的类别 □知识与技能目标　□能力目标　□情感目标　□问题解决方法目标
教学目标	(2) 符合学生实际的程度	符合班级学生整体水平 □基本符合　□一般　□基本不符合 能兼顾最高水平与最低水平，有层次性 □基本符合　□一般　□基本不符合 教学难点准确 □基本准确　□一般　□基本不符合
教学目标	(3) 可操作的程度	目标描述的行为主体　□学生　□教师　□学生和教师 具有目标达成的教学方式、方法的描述 □有让学生进行调查的过程 □有让学生进行设计的过程 □有让学生进行反思的过程 □有让学生进行展示的过程 □有让学生进行运用的过程 描述指向　□学习过程　□学习结果　□二者皆有

四、研究结果

此次录像课的主题是健康饮食，对 8 节录像课的分析主要包括教学目标、教学内容、教学过程和教学效果四个方面，从分析的整体结果看，教师在教学目标上的平均得分是最高的，为 8.6 分；其次为教学内容和教学效果，平均得分分别为 8.5 分和 8.3 分；平均得分最低的是教学过程，为 8.1 分。课堂教学质量总评结果见表 3-6-5。

表 3-6-5　课堂教学质量总评结果

编号	评价指标	满分	最高分	最低分	标准差	差异系数	平均分
00	总体结果	10	8.7	7.7	0.3	3.9	8.4
01	教学目标	10	9.0	7.5	0.6	6.5	8.6
02	教学内容	10	8.9	8.0	0.3	3.0	8.5

续表

编号	评价指标	满分	最高分	最低分	标准差	差异系数	平均分
03	教学过程	10	8.8	6.9	0.5	6.5	8.1
04	教学效果	10	8.8	7.8	0.3	3.9	8.3

（一）教学目标

教学目标的评价主要包括符合课程标准的程度、符合学生实际的程度以及可操作的程度三个方面。

从分析的整体结果看，在"符合学生实际的程度"项上的平均得分最高，为8.7分，在"符合课程标准的程度"和"可操作的程度"两个方面，8节课的平均得分都为8.6分，这说明参与教师在设计活动目标时，能够关注学生的实际水平，根据课程的相关文件设计出可操作性较强的活动目标。教学目标分析结果见表3-6-6。

表3-6-6　教学目标分析结果

编号	评价指标	满分	最高分	最低分	平均分
01	教学目标	10	9.0	7.5	8.6
0101	符合课程标准的程度	10	9.0	7.5	8.6
0102	符合学生实际的程度	10	9.0	8.0	8.7
0103	可操作的程度	10	9.0	7.0	8.6

1. 符合课程标准的程度

符合课程标准的程度从知识与技能目标、能力目标、情感目标以及问题解决方法目标四个方面进行评价。8节课例中，占比从高到低依次是能力目标、知识与技能目标、情感目标、问题解决方法目标。具体来说，能力目标的占比为100.0%，反映出综合实践活动教师普遍重点关注能力目标的设计；知识与技能目标的占比为93.8%；情感目标的占比为62.5%；问题解决方法目标占比最低，仅为43.8%，体现出教师在落实学生情感目标和问题解决方法目标方面存在的差距。符合课程标准的程度见表3-6-7。

表 3-6-7　符合课程标准的程度

编号	评价指标	选项/项目	选择百分比（%）
010101	教学目标的类别	知识与技能目标	93.8
		能力目标	100.0
		情感目标	62.5
		问题解决方法目标	43.8

2. 符合学生实际的程度

符合学生实际的程度从符合班级学生整体水平，能兼顾最高水平与最低水平、有层次性，教学难点准确三个方面进行评价。从"符合班级学生整体水平"维度看，8 节课例中，基本符合班级学生整体水平的占比为 87.5%，一般符合班级学生整体水平的占比为 12.5%，说明大部分参与教师能够关注学生的年龄特点、接受能力、已有的生活经验等，设计符合本班学生整体水平的活动目标；从"能兼顾最高水平与最低水平，有层次性"维度看，基本符合的占比仅为 31.3%，说明仅约 1/3 的教师能基本做到兼顾最高水平与最低水平，有层次性。有近 2/3 的教师还不能做到设计精准，反映出参与教师在教学设计时充分考虑学生差异、有针对性地设计教学内容方面有待进一步改善。从"教学难点准确"维度看，基本符合教学难点准确的占比为 81.2%，一般符合教学难点准确的占比为 18.8%，说明 8 节课例在教学目标设计中，4/5 以上的教师教学难点设计准确。符合学生实际的程度见表 3-6-8。

表 3-6-8　符合学生实际的程度

编号	评价指标	选项/项目	选择百分比（%）
010201	符合班级学生整体水平	基本符合	87.5
		一般符合	12.5
		基本不符合	—
010202	能兼顾最高水平与最低水平，有层次性	基本符合	31.3
		一般符合	68.7
		基本不符合	—

续表

编号	评价指标	选项/项目	选择百分比（%）
010203	教学难点准确	基本符合	81.2
		一般符合	18.8
		基本不符合	—

3. 可操作的程度

可操作的程度从目标描述的行为主体，具有目标达成的教学方式、方法的描述，描述指向三个方面进行评价。

从目标描述的行为主体方面看，描述主体能够关注学生的占比为81.2%，能够关注教师与学生的占比为18.8%，八成以上综合实践活动教师以学生为主体进行描述。在具有目标达成的教学方式、方法方面，有让学生进行调查的过程占比为6.3%，有让学生进行设计的过程占比为37.5%，有让学生进行反思的过程占比为43.8%，有让学生进行展示的过程占比为62.5%，有让学生进行运用的过程占比为62.5%，说明教师更加关注学生展示过程及运用过程的目标设计。从描述指向方面看，关注学习过程占比为6.3%，关注学习结果占比为6.3%，二者皆有的占比为81.3%，说明有约八成的参与教师在设计教学目标时既关注过程又关注结果。可操作的程度见表3-6-9。

表3-6-9　可操作的程度

编号	评价指标	选项/项目	选择百分比（%）
010301	目标描述的行为主体	学生	81.2
		教师	—
		学生和教师	18.8
010302	具有目标达成的教学方式、方法的描述	有让学生进行调查的过程	6.3
		有让学生进行设计的过程	37.5
		有让学生进行反思的过程	43.8
		有让学生进行展示的过程	62.5
		有让学生进行运用的过程	62.5

续表

编号	评价指标	选项/项目	选择百分比（%）
010304	描述指向	学习过程	6.3
		学习结果	6.3
		二者皆有	81.3

（二）教学内容

教学内容的评价主要包括教学内容合理性与科学性，教学内容的结构化（或系统化）程度，与学生认知水平的适切度，满足学生兴趣的程度，教师提出问题的类型五个方面，整体平均分为8.5分。从分析的整体结果看，在内容合理性、科学性一项上的平均得分最高，为10分。在教学内容的结构化（或系统化）程度和与学生认知水平的适切度两个方面，8节课的平均得分都为8.4分。在满足学生兴趣的程度方面的平均分为8.3分。在教师提出问题的类型方面的平均分为7.6分。这说明综合实践活动教师在内容的选择上能够参照教学目标，课程内容贴近学生的现实生活，关注学生兴趣，体现学生的自主学习和主动发展。教学内容分析结果见表3-6-10。

表3-6-10　教学内容分析结果

编号	评价指标	满分	最高分	最低分	标准差	差异系数	平均分
02	教学内容	10	8.9	8.0	0.3	3.0	8.5
0201	教学内容合理性与科学性	10	10.0	10.0	0.0	0.0	10.0
0202	教学内容的结构化（或系统化）程度	10	9.0	7.5	0.5	6.2	8.4
0203	与学生认知水平的适切度	10	9.0	8.0	0.5	5.8	8.4
0204	满足学生兴趣的程度	10	9.0	8.0	0.3	4.2	8.3
0205	教师提出问题的类型	10	9.0	6.5	0.8	10.7	7.6

1. 教学内容的合理性与科学性

教学内容的合理性与科学性涉及三项具体指标：所选择的教学内容、教学内容的讲解是否有错误、拓展资源中是否有错误。其中，8节课例在所选择的教学内容有教育价值和现实意义方面达成度均为100%。说明教师能够根据本次教学内容"健康饮食",结合学生在现实生活中遇到的问题选择有教育价值和现实意义的活动主题。这些活动主题贴近学生的现实生活,能够在教师的指导下运用已有知识和能力来解决。8节课例在教学内容的讲解是否有错误、拓展资源中是否有错误两方面,100%没有错误出现。综合实践活动作为实践性课程,教师和学生成为两个平等的主体,教学内容需要教师和学生来共同设计,因此教师在综合实践活动中既是指导者,又是学习者。教师需要对教学内容提前进行资料查询与研究,在充分准备的基础上对学生的研究主题进行适度的指导。此数据说明参与教师对教学内容研究深入,提前为有效指导学生的活动做好了准备。教学内容的合理性与科学性见表3-6-11。

表3-6-11 教学内容的合理性与科学性

编号	评价指标	选项/项目	选择百分比(%)
020101	所选择的教学内容	有教育价值	100
		有现实意义	100
020102	教学内容的讲解是否有错误	是	0
		否	100
020103	拓展资源中是否有错误	是	0
		否	100

2. 教学内容的结构化(或系统化)程度

教学内容的结构化(或系统化)程度涉及三项具体指标:教学内容能体现自主性、开放性、综合性、探究性,能与以前的生活和学习经验相联系,能与其他学科知识有联系。

其中,8节课例在教学内容能体现自主性、开放性方面达成度均为100%,说明教师在教学内容的选择上能够尊重学生的学习兴趣,给学生选择活动内容的机会,例如,录像课显示,学生提出的各种研究主题包括了水果保鲜方法的研究、偏食对身体危害的研究、夏天饮食搭配研究、鸡蛋营养与食用方法的研究等。在教学内容能体现探究性方面的达成度为93.8%。说明在本次教学内容的研究中,参与教师注重学生的亲力亲为,探究实践。例如,录像课显示,学生通过调查早餐的搭配、考察学校食堂、设计小组访谈活动、动手制作营养美食等多样化实践与探究活动，开展小组主题的研究，寻求问题的答案。在教学内容能体现综合性方面的达成度相对于以上三个方面较低，为75%。

8节课例在能与以前的生活和学习经验相联系方面达成度100%比较符合。这说明参与教师都能够掌握综合实践活动课程内容的特点，从学生的学校生活、家庭生活、社会生活中指导学生选择和确定研究的主题，挖掘的教学内容适合学生的年龄特点和能力水平。

8节课例在能与其他学科知识有联系方面"比较符合"的仅为12.5%。有87.5%的教师达成度为"一般"。综合实践活动强调对多学科知识的综合运用，与其他学科课程应该是相辅相成、互相补充的关系。但数据显示出与学科课程的有效整合与联系的广泛性还需进一步加强。结合上述教学内容能体现综合性方面75.0%的达成度分析，更凸显出该问题在教学实际中的情况。教学内容的结构化（或系统化）程度见表3-6-12。

表3-6-12 教学内容的结构化（或系统化）程度

编号	评价指标	选项/项目	选择百分比（%）
020201	教学内容能体现	自主性	100.0
		开放性	100.0
		综合性	75.0
		探究性	93.8
020202	能与以前的生活和学习经验相联系	比较符合	100.0
		一般	—
		不太符合	—
020203	能与其他学科知识有联系	比较符合	12.5
		一般	87.5
		不太符合	—

3. 与学生认知水平的适切度

与学生认知水平的适切度涉及四项具体指标：难度与学生水平适切，总量与学生水平适切，重点内容突出，呈现顺序循序渐进。

其中，在教学内容的难度与学生水平适切方面，比较符合的达成度为100%。在呈现顺序循序渐进方面，比较符合的占93.7%。这两方面的数据显示，8节课例在选择教学内容时能够根据学生自身的知识和能力，开展力所能及的教学活动，并在教学内容的研究中随时关注活动的进程，根据活动情况做到了监督调控和引导，使得教学内容由浅入深。

在总量与学生水平适切方面，比较符合的达成度为56.2%，一般程度的占43.8%。在重点内容突出方面的达成度，比较符合的占68.7%，一般的占31.3%。说明在教学内容的开发中，6成左右的教师能够把握好教学内容的广度和深度，教学内容能够与学生原有的生活体验和能力发展相结合。还有4成左右的教师在把握教学内容的广度和深度方面处于一般水平，不能很好地把握教学内容的开发与学生实际水平之间的适切度。与学生认知水平的适切度见表3-6-13。

表3-6-13　与学生认知水平的适切度

编号	评价指标	选项/项目	选择百分比（%）
020301	难度与学生水平适切	比较符合	100.0
		一般	—
		不太符合	—
020302	总量与学生水平适切	比较符合	56.2
		一般	43.8
		不太符合	—
020303	重点内容突出	比较符合	68.7
		一般	31.3
		不太符合	—
020304	呈现顺序循序渐进	比较符合	93.7
		一般	6.3
		不太符合	—

4. 激发学生兴趣的程度

激发学生兴趣的程度涉及两项具体指标：活动是否由学生自主选题，学生对教学内容感兴趣。其中，8节课例中"活动是否由学生自主选题"，达成度为100%；学生对教学内容感兴趣，比较符合占50%，一般占50%。这两组数据看似互相矛盾：一方面，在活动主题的选择上，教师充分给予学生自主性,鼓励学生自主选择活动主题,引导学生主动发展。但另一方面,对教学内容感兴趣的学生仅占50%。究其原因,通过对录像课分析发现,学生在课堂上受到任务单的限制,书写的时间过长,平均时长达到11分54秒,因此学生的研究兴趣减退。由此,建议在综合实践活动中教师要指导学生多利用自己喜欢的方式记录研究过程和结果,如绘画、拍照、录像、录音等。激发学生兴趣的程度见表3-6-14。

表 3-6-14 激发学生兴趣的程度

编号	评价指标	选项/项目	选择百分比（%）
020401	活动是否由学生自主选题	是	100.0
		否	—
020402	学生对教学内容感兴趣	比较符合	50.0
		一般	50.0
		不太符合	—

5. 教师提出问题的类型

教师提出问题的类型涉及四项具体指标:一般是非性问题、是什么的问题、为什么的问题、怎么样的问题。其中,8节课例中"一般是非性问题",平均次数是48.8,所占百分比为68%;"是什么的问题",平均次数是17.3,所占百分比为24%;"为什么的问题",平均次数是1.3,所占百分比为2%;"怎么样的问题",平均次数是4.6,所占百分比为6%。

如数据显示,一般是非性问题以及是什么的问题合计比例达到了92%。而为什么、怎么样的问题合计起来仅占8%。后者的问题需要学生深入研究,亲身体验,具有一定的活动深度,这样的问题作为教学的研究内容更有价值。这说明在本次教学内容的研究中,教师针对教学内容提出有价值的问题的能力比较薄弱,教师在课堂中的随意性问题的提出比较多。这一现象在研究者进行录像课分析时也重点进行质性记录,例如,在第一课时的教学活动中不少教师提出的问题如还有吗?是不是呀?听懂了吗?谁还愿意说?对不对?谁利用了三种以上的方法?还有没有和他不一样的?另外,教师课堂提出的问题细碎,没有层次性。教师提出问题的类型见表3-6-15。

表 3-6-15　教师提出问题的类型

编号	评价指标	选项	平均次数	百分比（%）
020501	教师提出问题的类型	一般是非性问题	48.8	68.0
		是什么的问题（what）	17.3	24.0
		为什么的问题（why）	1.3	2.0
		怎么样的问题（how）	4.6	6.0

（三）教学过程

课堂教学过程的评价主要包括时间安排的合适程度、教师行为和学生行为比例的合适程度、教学方式的适切度、师生语言互动有效四个方面。

从分析的结果看，8 节课例教学过程的整体平均分为 8.1 分。具体情况表现为，最高为"教学方式的适切度"，为 8.4 分；其次为"教师行为和学生行为比例合适程度"，为 8.3 分，这说明教师在能够根据教学内容选取适合的教学方式，并能注意课堂上教师和学生的行为比例分配；较低的有"时间安排的合适程度"，为 7.9 分；最低为"师生语言互动有效"，为 7.8 分。教学过程分析结果见表 3-6-16。

表 3-6-16　教学过程分析结果

编号	评价指标	满分	最高分	最低分	平均分
03	教学过程	10	8.8	6.9	8.1
0301	时间安排的合适程度	10	8.5	7.0	7.9
0302	教师行为和学生行为比例合适程度	10	9.0	7.0	8.3
0303	教学方式的适切度	10	9.0	7.0	8.4
0304	师生语言互动有效	10	8.5	6.5	7.8

1. 时间安排的合适程度

8 节课例的教学环节均很完整，达到 100%。其中，课堂的第二环节平均用时最多，为 15 分钟。例如，Z 老师"实践探究"课设计的活动重点为：学生能够将自己的资料通过多种方法进行整理，那么在第二环节"整理资料"时，用时 22 分钟；Q 老师"确定小组主题"课设计的活动重点为：通过与同伴交流，促进学生多角度思考问题，提出想要研究的问题，Q 老师的第二环节的"同伴交流拓展思考"用时 11 分钟。时间安排的合适程度见表 3-6-17。

表 3-6-17　时间安排的合适程度

编号	评价指标	环节	平均时间（分钟）
030101	每个教学环节时间是否合适	第一环节	4
		第二环节	15
		第三环节	13
		第四环节	8
		第五环节	3
		第六环节	1

8 节课例在教师行为平均所用时间上，教师讲解时间最长，为 8 分 12 秒。分析原因，首先根据小学学生的年龄特点，很多操作方面的要求需要提示，如"小组内按顺序发言，各抒己见，最终协商或举手投票确定研究主题"。其次和本次研究使用方式有关，在学生填写活动任务单前，教师要强调填写要求及注意事项。

8 节课例在学生行为平均所用时间上，学生书写所用时间最长，为 11 分 54 秒。其次占时较长的分别是小组讨论（7 分 26 秒）、回答问题（3 分 2 秒）。这与这两个环节的主要任务"发现问题""访谈表设计"取向是一致的。这两个环节的主要任务决定了学生更多的是在小组讨论中进行合作学习，将组员的想法进行交流分享、写下自己设计的主题和访谈表。所有课每一类教师行为与学生行为平均所用时间和百分比见表 3-6-18。

表 3-6-18　所有课每一类教师行为与学生行为平均所用时间和百分比

类别	语言类别	平均所用时间	百分比	图示
教师行为	接纳学生的情感	5 秒	0.2	
	称赞或鼓励	2 分 6 秒	4.7	
	接受或利用学生的想法	1 分 3 秒	2.3	
	教师提问	2 分 37 秒	5.8	
	教师讲解	8 分 12 秒	18.3	

续表

类别	语言类别	平均所用时间	百分比	图示
教师行为	命令或指示	5分25秒	12.1	
	批评学生	2秒	0.1	
	教师非语言行为	34秒	1.3	
	合计	20分4秒	44.8	
学生行为	小组讨论	7分26秒	16.6	
	回答问题	3分2秒	6.8	
	班级展示	1分7秒	2.5	
	学生点评	1秒	0.0	
	其他	22秒	0.8	
	学生阅读	18秒	0.7	
	学生书写	11分54秒	26.6	
	学生思考	5秒	0.2	
	看视频、演示听录音	6秒	0.2	
	学生独立动手操作	3秒	0.1	
	学生合作探究	0秒	0.0	
	语言类属不清楚或沉默	18秒	0.7	
	合计	24分42秒	55.2	

2. 教师行为和学生行为比例的合适程度

对教师行为和学生行为的分析，采用了S-T分析法。将教学中的行为分为学生S行为和教师T行为两类，以3秒为间隔，对观察到的教师行为和学生行为进行采样、记录，根据教师行为和学生行为以及师生行为的转换情况分析其教学模式。S-T分析方法共有4种教学模式：对话型、练习型、混合型和讲授型，教学模式含义见表3-6-19。

表3-6-19 教学模式含义

教学模式	标准条件	意义
对话型	CH≥0.4	教师行为和学生行为转换率要大于或等于40%
练习型	RT≤0.3	教师行为占比小于或等于30%

续表

教学模式	标准条件	意义
混合型	0.3<RT<0.7 CH<0.4	教师行为占比在30%~70%，师生行为转换率小于0.4
讲授型	RT≥0.7	教师行为占比在70%及以上

从8节课例的具体表现看，教学模式大多数为混合型，课堂上教师行为平均次数合计401次，占比为44.8%；学生行为平均次数495次，占比为55.2%。其中，有5节课的学生行为占比高于教师行为占比，学生行为占比最高为68%。如在S老师的"实践探究"课上，首先学生根据以往积累的整理资料的方法整理了课前收集的文本资料，又在有了访谈的愿望后，设计了访谈的提纲，整节课学生都是在围绕完成小组活动任务的驱动下，自主开展小组实践活动的，教师在其中成为课堂的指导者与参与者。所有课每一类教师行为与学生行为平均次数和百分比见表3-6-20。

表3-6-20 所有课每一类教师行为与学生行为平均次数和百分比

类别	语言类别	平均次数	百分比（%）	图示
教师行为	接纳学生的情感	2	0.2	
	称赞或鼓励	42	4.7	
	接受或利用学生的想法	21	2.3	
	教师提问	52	5.8	
	教师讲解	164	18.3	
	命令或指示	108	12.1	
	批评学生	1	0.1	
	教师非语言行为	11	1.3	
	合计	401	44.8	
学生行为	小组讨论	149	16.6	
	回答问题	61	6.8	
	班级展示	22	2.5	
	学生点评	0	0.0	
	其他	8	0.8	

续表

类别	语言类别	平均次数	百分比（%）	图示
学生行为	学生阅读	6	0.7	
	学生书写	238	26.6	
	学生思考	2	0.2	
	看视频、演示听录音	2	0.2	
	学生独立动手操作	1	0.1	
	学生合作探究	0	0.0	
	语言类属不清楚或沉默	6	0.7	
	合计	495	55.2	

3. 教学方式的适切度

教学方式的适切度从布置任务时描述的清晰程度、探究计划（或学习计划）的完备性、探究计划与学习任务的适切性、教师组织实施活动的有序性、小组合作学习前提出了共同学习的问题或活动内容、小组讨论或合作前让学生个体先进行思考、小组展示形式、小组汇报数量、教师对学生活动提出要求的情况、学生小组讨论时教师的指导方式、学生小组展示时教师的指导方式等11个方面进行评价。

8节课例中，100%的参与教师能做到探究计划（或学习计划）的完备和小组合作学习前提出了共同学习的问题或活动内容。说明教师在组织综合实践活动之前对活动内容有所思考与准备，能结合"健康饮食"话题及本校学生实际布置好活动内容，提出明确的活动要求。在教师组织实施活动的有序性方面，能做到有序的占比为93.7%，做到一般的占比为6.3%；说明绝大多数参与教师能在组织综合实践活动之前思考活动进程，对活动做到心中有数，循序渐进地开展综合实践活动。在探究计划与学习任务的适切性方面，做到适切的占比为87.5%，做到一般的占比为12.5%；能清晰描述布置任务的占比为81.2%，布置任务时描述的清晰程度一般的占18.8%，说明8成以上的参与教师，在布置综合实践活动任务时，描述能够达到清晰准确，并能指导学生制订出适切的研究计划。

小组讨论或合作前让学生个体先进行思考方面，能够做到让小组讨论或合作前让学生个体先进行思考的占比为50%，另有50%不能够让小组讨论或合作前让学生个体先进行思考，这说明有 5 成的参与教师没有对小组合作学习进行有效设计，也体现出教师在小组合作学习方法的指导策略上研究不够。在小组展示形式方面，小组成员代表汇报占比为 62.5%，这一数据表现出六成以上的参与教师选择了让组员代表小组汇报的方式进行展示交流，根据小学学生已经形成集体意识这一心理特点，建议在综合实践活动展示汇报中鼓励全体小组成员参与展示汇报，让每一位组员建立在集体中的存在感与荣誉感，同时锻炼自己多方面的能力。在小组汇报数量方面，全体小组展示占比 62.5%。说明六成以上的参与教师，能关注每一个小组的活动进程。教学方式的适切度见表 3-6-21。

表 3-6-21　教学方式的适切度

编号	评价指标	选项/项目	选择百分比（%）	图示
030301	布置任务时描述的清晰程度	清晰	81.2	
		一般	18.8	
		不清晰	—	—
		无任务描述	—	—
030302	探究计划（或学习计划）的完备性	完备	100.0	
		一般	—	—
		不完备	—	—
		无计划	—	—
030303	探究计划与学习任务的适切性	适切	87.5	
		一般	12.5	
		不适切	—	—
		无计划	—	—
030304	教师组织实施活动的有序性	有序	93.7	
		一般	6.3	
		无序	—	—
030305	小组合作学习前提出了共同学习的问题或活动内容	是	100.0	
		否	—	—
030306	小组讨论或合作前让学生个体先进行思考	是	50.0	
		否	50.0	

第三章　小学综合实践活动问题解决思维实践能力测评分析及建议

续表

编号	评价指标	选项/项目	选择百分比（%）	图示
030309	小组展示形式	小组全体成员汇报	—	—
		小组成员代表汇报	62.5	
030310	小组汇报数量	全体小组	62.5	
		个别小组	—	

4. 师生语言互动有效

弗兰德斯语言互动分析。对于师生语言互动效果，本研究运用了FIAS的理论和方法。FIAS源于这样的理念：语言行为是一些学科课堂教学的主要行为，占所有教学行为的80%左右。因此通过对课堂教学语言行为的分析能够把握课堂教学的规律和实质。弗兰德斯将课堂上的语言行为分为教师语言、学生语言和课堂沉默（无有效语言活动）三类共十种情况，进行课堂观察时，观察者每3秒记录一次出现的行为类别。结果显示，8节课的教师语言中，教师语言占比为43.5%，学生语言占比为26.7%，课堂沉默占比为29.8%。教师语言仍占有优势地位。弗兰德斯十种语言分析结果见表3-6-22。

表3-6-22　弗兰德斯十种语言分析结果

序号	分类	分类	分类	次数	百分比（%）
1	教师语言	间接影响的语言	接纳学生的情感	2	0.2
			称赞或鼓励	42	4.7
			接受或利用学生的想法	21	2.3
			教师提问	52	5.8
		直接影响的语言	教师讲解	164	18.3
			命令或指示	108	12.1
			批评学生	1	0.1
2	学生语言	—	学生被动发言	232	25.8
			学生主动发言	8	0.9
3	课堂沉默	—	课堂沉默	266	29.8

在教师语言中，间接影响的语言中教师提问占比最高，为5.8%；其次是

称赞或鼓励，占比为 4.7%。直接影响的语言中教师讲解占比最高，为 18.3%；其次为命令或指示，占比为 12.1%。从学生语言的类型看，被动发言是学生发言的主要内容，达到 232 次，达到学生语言次数的 25.8%。8 节课小学生主动发言平均仅为 8 次。

在 S 教师的"确定小组主题"一课中，教师讲解 165 次，提出问题 38 次。学生被动发言 279 次，但主动发言仅有 16 次。综合实践活动尊重学生的兴趣、爱好，注重发挥学生的自主性，在此次课例中，教师有让学生主动参与活动的意识，但是由于教师指导经验不足，造成教师在课堂上指导过度，学生接受命令和被动发言较多。弗兰德斯转换矩阵见图 3-6-1。

		接纳情感	称赞鼓励	接纳想法	教师提问	教师讲解	命令/指示	批评	被动发言	主动发言	课堂沉默	合计
		1	2	3	4	5	6	7	8	9	10	合计
接纳情感	1	0	0	0	0	0	0	0	0	0	0	0
称赞鼓励	2	0	15	1	1	2	5	0	1	1	7	33
接纳想法	3	0	1	23	1	7	11	0	10	0	1	54
教师提问	4	0	1	1	38	2	7	0	9	1	2	61
教师讲解	5	0	1	1	8	165	7	0	2	1	4	189
命令/指示	6	0	4	0	3	4	92	0	32	1	8	144
批 评	7	0	0	0	0	0	0	0	0	0	0	0
被动发言	8	0	5	26	7	2	13	0	279	2	1	335
主动发言	9	0	0	1	0	4	1	0	1	16	0	23
课堂沉默	10	0	7	1	3	3	8	0	1	1	140	164
合计		0	34	54	61	189	144	0	335	23	163	1003

图 3-6-1　弗兰德斯转换矩阵

（四）教学效果

课堂教学效果的评价主要包括目标达成度、学生的参与度两个方面。

从分析的整体结果看，教师在目标达成度、学生的参与度两方面的平均得分为 8.4 分、8.3 分。说明本次活动的教学内容和教学目标可操作、可观察、可测量，学生能够根据年龄特点和接受能力完成活动内容，解决问题。教学效果分析结果见表 3-6-23。

表 3-6-23　教学效果分析结果

编号	评价指标	满分	最高分	最低分	标准差	差异系数	平均分
04	教学效果	10	8.8	7.8	0.3	3.9	8.3
0401	目标达成度	10	9.0	7.5	0.5	6.5	8.4
0402	学生的参与度	10	9.0	8.0	0.3	4.2	8.3

1. 目标达成度

目标达成度涉及三项具体指标：学生获得了学习或研究的方法、学生获得了某种认识或体验、学生解决了预设的问题。其中，8节课例中在学生获得了学习或研究的方法方面达成度均为100%。说明综合实践活动教师能够基于综合实践活动课程的特点进行活动设计，在活动中教师能够指导学生学习运用问题解决的科学方法，经历多样化的学习方式和实践过程，圆满完成实践任务。

在学生获得了某种认识或体验方面，基本符合占75%，一般符合占25%，结合数据以及录像课的分析，在教学中，学生是活动的主体，整个主题的研究学生全部进行参与和体验，教师以指导者、参与者、服务者、组织者的身份出现，而教师在"导之以方向，辅之以方法"的指导效果上还不够深入，25%的学生在对"健康饮食"的认识方面是一般符合。建议教师在指导方法上加强研究。

在学生解决了预设的问题方面基本符合占81.2%，一般符合占18.8%，根据这组数据，又结合录像课分析，笔者发现，学生在活动的过程中随着活动的不断开展，学生的认识和体验不断深化，随时提出质疑和创造性的问题，教师在活动中能够结合学生生成的新问题组织学生进行研讨和交流，解决问题。说明教师在综合实践活动中能够处理好预设与生成之间的关系，充分体现了综合实践活动的开放性、自主性、实践性、生成性的课程特点。目标达成度见表3-6-24。

表 3-6-24　目标达成度

编号	评价指标	选项/项目	选择百分比（%）
040101	学生获得了学习或研究的方法	基本符合	100.0
		一般	—
		基本不符合	—
040102	学生获得了某种认识或体验	基本符合	75.0
		一般	25.0
		基本不符合	—
040103	学生解决了预设的问题	基本符合	81.2
		一般	18.8
		基本不符合	—

2. 学生的参与度

学生的参与度涉及两项具体指标：课堂教学的氛围、学生提出质疑性问题。8节课例中在课堂教学的氛围方面，93.7%的课堂教学的氛围活跃，12.5%的课堂教学的氛围轻松，仅有6.3%的课堂教学的氛围沉闷。从数据显示，有9成多的学生认为综合实践活动的课堂气氛活跃，在这部分学生中又有一成多的学生认为既活跃又轻松，不足一成的学生认为课堂教学的气氛沉闷。说明教师在进行健康饮食这一主题活动内容时，强调学生亲历活动过程，教师能够引领学生积极主动地参与各项活动的研究去发现问题、解决问题，学生是活动的真正主体。小学生的思维是灵活的、开阔的，在轻松、活跃的课堂教学的氛围中会提出一些创造性的问题，在学生提出质疑性问题方面，100%的学生都有提出质疑性问题，这一数据也充分说明了这一现象。学生的参与度见表3-6-25。

表 3-6-25　学生的参与度

编号	评价指标	选项/项目	选择百分比（%）
040201	课堂教学的氛围	活跃	93.7
		沉闷	6.3
		紧张	—
		轻松	12.5

续表

编号	评价指标	选项/项目	选择百分比（%）
040204	学生提出质疑性问题	有	100.0
		无	—

五、结论

（一）优点

第一，从录像课教学质量总评结果看，总体结果平均分为8.4分，教学目标、教学内容、教学过程、教学效果等各项目得分总体较为均衡。其中，教学目标设计和教学内容的选择得分较高，反映出教师能够根据综合实践活动课程理念设计和实施教学。

第二，从教学目标看，大部分教师能根据综合实践活动内容设计出符合学生实际，可操作性强的教学目标，在目标的设计中，8成以上的教师能既关注学习过程也关注学习结果，教学目标的设计能够关注学生的实际水平，根据课程的相关文件设计出可操作性较强的活动目标，尤其做到关注学生能力、知识等三维目标综合发展，也比较符合学生实际，教学难点设计准确。

第三，从教学内容看，教师在设计合理性、科学性的教学内容方面表现优异。在教学内容的结构化（或系统化）程度和与学生认知水平的适切度方面，以及满足学生学习兴趣方面也有不错表现。说明综合实践活动教师在内容的选择上能够参照教学目标，课程内容贴近学生的现实生活，关注学生兴趣，体现学生的自主学习和主动发展。

第四，从教学过程看，教师能够选择适切的教学方式，尊重学生的学习兴趣，突出学生在实践活动中的主体地位，并能注意课堂上教师和学生行为恰当的比例分配。课堂时间安排也比较合理，师生语言互动也较为有效。

第五，从教学效果看，教师能够引领学生积极主动地参与各项活动的研究去发现问题、解决问题，引导学生成为实践活动的真正主体。教学效果较为理想，教师对于课程理念的把握比较准确，多数教师能够营造活跃、轻松的课堂教学氛围，引导学生参与课堂、达成教学目标。

（二）问题

1. 教学设计对学情分析不足、精细程度不够，未能充分考虑到学生间的实际差异

尽管大多数教师能够在活动中对"健康饮食"这一主题范围做出思考与准备，指导学生从现实生活中选取活动内容开展调查研究，但数据显示，教师在兼顾学生的不同层次、活动内容选取与学生认知水平适切度等方面做得还不够尽如人意。究其原因，是教师对本班学生了解不够，忽略了学生间的差异性，没能作出有针对性的设计与指导，反映出参与教师在教学设计时充分考虑学生差异、有针对性地设计教学内容方面有待进一步改善。

2. 教学内容的设计未能主动联系其他学科知识，反映出教师还普遍缺乏跨学科整合意识

综合实践活动强调对多学科知识的综合运用，与其他学科课程应该是相辅相成、互相补充的关系。但数据显示，有87.5%的教师在能与其他学科知识有联系方面达成度为"一般"。尽管这与本次监测给定的任务较为具体、课堂完成时间较为紧张有关，但是也从另一个侧面反映出综合实践活动教师在主动联系学科课程使两者有效整合方面还需进一步增强意识、提高能力。2015年，北京市教委颁布的《北京市实施教育部〈义务教育课程设置实验方案〉的课程计划（修订）》[①] 文件尤为强调多学科融合和跨学科实施课程，这一政策的出台使上述问题更具紧迫性。

3. 课堂教学缺乏有深度的思维活动和探究活动

对教学过程中相关数据的分析发现，尽管教师在课上经常提出问题，但课堂提问是非性问题过多，缺少激发学生思维的深层次问题。课堂展示交流活动中，多数也以学生的展示为主，引导学生围绕展示内容进行深入交流讨论的活动还不够，教师有效利用学生的发言引导其他学生进行深入思考和探究也不够充分。

4. 多元评价方式在课堂活动中应用和表现不足

录像课显示，大部分参与教师能够在学生交流和小组展示汇报成果后，

---

① 北京市教委分布《北京市实施教育部〈义务教育课程设置实验方案〉的课程计划（修订）》[EB/OL]．[2023-01-02]．http://www.zgjiaoyan.com/2015/jyxw_0717/662.html．

针对小组的实际情况进行口头评价与反馈,但是学生间的交流和评价不足、缺乏学生自我诊断和评价,体现出符合综合实践活动课程理念和要求的多元评价方式未能有效落实。

六、教学改进建议

(一)加强对学情了解和对学生的研究,设计出适切的综合实践活动内容

建议教师在开展综合实践活动时,通过课前调研、学生个别访谈等多种途径了解学情,掌握其实际水平,明确不同年龄段学生已具备的知识、能力水平及生理、心理发育特点,在选取研究内容时,教师能根据学生情况做出有针对性的指导,准确把握活动的深度和广度,开发出真正符合学生实际水平的综合实践活动。

建议教研部门加强对"如何关注和研究学生"研修主题的设计,通过课例分析、技能培训等多种途径,理论与实践相结合,提高教师的学生研究能力和学情把握能力与意识。

(二)促进综合实践活动与学科课程的融合,建立实践性课程的教学共同体

建议综合实践活动教师要有更宽阔的课程视野和课程融合意识,善于发挥自己在本学科中积攒的主题活动设计和开发的优势与经验,设计主题活动时充分考虑主题活动涉及的多学科知识,并积极获得学校管理者和其他学科的支持,联合更多专业教师协助完成教学活动,设计出体现实践性的、更具综合性的主题活动。

建议学校管理者和教学管理部门根据《综合实践指导纲要》精神,对学校的实践性课程方案进一步统筹设计、监督指导,建立、完善学校内部多学科教师间的协作机制,开发和设计学校实践性课程。

建议教研部门加强对综合实践活动与学科课程融合策略方法的研究,通过区域典型经验的交流分享、案例研讨等方式,促进各中小学校对课程计划如何理解和落实逐渐达成共识。积累体现多学科融合主题的教学资源,分析其实施模式,提高教师跨学科指导的能力。

(三)加强教学活动中的多元评价,促进和激励学生能力发展

建议教师在活动过程中,注意评价的多元性原则,对学生发展的评价不

仅由指导教师来完成，还应该积极鼓励学生进行自主评价、相互评价，充分发挥多元评价的积极作用，促进学生积极、主动、健康地发展。

建议教学研究部门组织教师开展教学评价的研究，形成有效经验并加以推广，提高教师指导多元教学评价的能力。

第七节 小学综合实践活动问题解决思维实践能力教学质量分析及提升建议

依据《综合实践指导纲要》提出的小学综合实践活动评价内容和标准，在全市范围内科学抽取相应学校的学生与任课教师，采用定量研究与质性研究相结合的技术路线，对小学综合实践活动教学质量达到国家与北京市课程目标和要求的情况进行分析与评价，并在此基础上提出进一步提高教学质量的建议。

一、教学质量现状

（一）学生能力水平的现状

1. 从总体上来看，小学生综合实践活动问题解决思维实践能力处于良好水平

从整体来看，小学生综合实践活动问题解决思维实践能力总体达到较高水平。

此次测评平均分为86.5分，处于良好水平。其总体合格率为95.9%，优秀率为46.3%。从各内容领域的学业水平情况来看，就合格率而言，"发现问题的能力"领域合格率最高，为98.1%；"评价与反思的能力"领域的合格率其次，为95.9%；"沟通与合作的能力"领域的合格率最低，为88.3%。就优秀率而言，"发现问题的能力"领域优秀率最高，为87.3%；其次是"评价与反思的能力"领域，为84.1%；"处理信息的能力"领域的优秀率最低，为43.1%。

2. 从不同性别学生群体来看，小学男生和女生学业水平存在差异

就不同性别学生而言，小学男、女生的综合实践活动问题解决思维实践能力均达到良好水平，但两者差异显著。从合格率上来看，男生和女生的合

格率分别为94.7%和97.3%，均达到较高水平，男生的合格率比女生低2.6个百分点。从优秀率来看，男生和女生的优秀率分别为39.6%和54.0%，男生的优秀率比女生的低14.4个百分点。

3. 从不同地域学生群体上看，城市校与县镇校和农村校的学生学业水平存在差异

就不同地域学校学生而言，城市校、县镇校和农村校学生的综合实践活动问题解决思维实践能力均达到良好水平，并且城市学校与县镇、农村学校彼此差异显著。城市、县镇和农村学校学生的合格率分别为94.1%、97.3%和97.9%。农村学校的合格率最高，城市学校的合格率最低。城市、县镇和农村学校学生的优秀率分别为37.3%、65.7%和42.5%，县镇学校学生的优秀率最高，城市学校的优秀率最低。

(二) 课堂教学质量的现状

课堂教学质量的现状主要通过对问卷调查、课堂教学录像课分析、个案研究资料的分析等途径进行描述。小学综合实践活动课堂教学质量的现状总体良好，教师普遍认同综合实践活动课程的理念。本节以课堂教学录像课分析为例。录像课来自参加义务教育教学质量分析评价思维能力测评区县的学校。每个区县抽取了一所学校的一个班作为测评班，每个测评班摄录两节课。全市共录制8节课，全部是小学课例。

对8节录像课的分析主要包括教学目标、教学内容、教学过程和教学效果四个方面，从分析的整体结果看，教师在教学目标上的平均得分是最高的，为8.6分；其次为教学内容和教学效果，平均得分分别为8.5分和8.3分；平均得分最低的是教学过程，为8.1分。

通过对课堂教学录像课分析、个案研究可以发现，小学综合实践活动课堂教学现状总体良好，教师普遍认同综合实践活动课程的理念，本研究结合学生特点在教学过程设计、教学方式选择和教学资源开发等方面进行了探索，取得了一些成绩。

二、质量提升建议

基于小学综合实践活动教学质量现状及其分析，针对综合实践活动教学

的问题,为促进小学综合实践活动学业水平的进一步提升,以及从深层次促进综合实践活动课程实施质量,提出以下建议。

(一)建议学校统筹规划、完善综合实践活动课程

第一,统筹、开足开齐综合实践活动课。①将综合实践活动课程纳入学校课程安排,总体设计,周密安排,制定切实可行的综合实践课程实施方案。②综合实践活动的课时要求应在学校的课程方案中呈现出来,以学期为单位,确保每周1课时排入日常课表,并保证做到课时、内容、形式的规范落实。

第二,加强师资建设,培养一支专兼职相结合的教师队伍。学校要根据实际情况,配置课程实施必需的师资力量。合理安排综合实践活动课程指导教师的岗位设置。鼓励有条件的学校安排专职教师。对于安排专职教师有困难的学校,可以通过多种途径,满足综合实践活动课程实施的要求。例如,建议设置综合实践活动课程专任教师岗位,鼓励有特长的教师向综合实践活动课程的专职指导教师方向发展。鼓励每位教师除本学科教学外,都能积极承担综合实践活动指导教师工作。还可从社会上和家长中聘任综合实践活动课程的辅导教师,逐步建立一支相对稳定的综合实践活动课程的专兼职指导教师队伍。学校要成立教研组,定期开展校本教研和培训活动。

第三,规划统筹课程建设,提供学校综合实践活动课程实施的制度保障。①认真分析综合实践活动课程的要求,结合学校的办学理念,对校内外的各种课程资源进行挖掘和分析。②设定学校实施课程的目标,规定出各年段或各年级之间的不同目标。针对课程实施的基本要素,包括课内外课时的分配与使用,研究主题的选择方式、活动的组织形式与流程,管理的基本方法,指导教师的安排,课程资源的开发与管理,对教师活动和学生活动的评价等诸项内容进行分析。③制定相应的课程管理制度,包括指导教师工作职责制度、教师培训制度、教师工作量的认定制度、教师的激励与评价制度,要明确学生参与研究性学习的流程规定,形成学生研究成果的展示与激励机制,制定学生外出实践的安全预案和相应保障制度。

第四,加强校外课程资源的开发,提供给学生外出实践学习的机会。①学校合理使用社会大课堂市级专项活动经费。②结合学校实际和课程需要,将每学年的学生社会大课堂实践学习纳入学校课程管理,确保每个学年学生

至少 2 次外出实践学习，调动学生学习兴趣，做到文件要求的"全覆盖，体现普惠性"。③有目的、有计划地开发并形成有特色、稳定的课程资源，有针对性地或使用开发一些社会实践基地，逐渐形成学校综合实践活动课程特色。

（二）建议教师重点关注学生收集、处理信息能力和沟通合作能力培养

第一，建议教师组织学生开展综合实践活动时，应适量增加学生收集信息的活动。并从多渠道、多层次对学生进行收集信息的有效指导，并引导学生采用多种方式收集有效信息。例如：在饮食与健康主题研究中，就可以引导学生运用访谈、问卷、观察、实地考察等多种方式收集信息。当有效信息混杂在其他信息之中时，教师应指导学生从具体的情况分析，准确找到有效信息。这样才能充分体现综合实践课程的价值，凸显课程在促进学生发展中的地位和作用。教师自身也不能放松学习、研究、实践，要通过自学、校本研修、实践教学等活动，提升自身收集信息的能力。

第二，教师设计开发综合实践主题活动时，应思考本主题是否能采用多种形式开展实践活动，例如，除上网收集信息外，是否可以开展社会调查、实地考察、设计制作等实践性强的活动形式，只有增加对不同信息的分析处理训练，才能提高学生的处理信息能力。其次，在开展实践活动时，要加强对学生分析信息能力的培养，教给学生分析资料的步骤和方法，再通过阅读，明确提炼出资料中的关键问题。最后，教师要锻炼学生对信息进行筛选、整理、分析、归纳的能力。这样才能够提高学生处理多元、复杂信息的能力。

第三，建议教师改变传统的讲授式教学方式，多采用小组合作的形式开展教学活动。在实践活动中，教师应关注学生在合作中的体验、合作方法以及效果等。例如学生合作中，教师要巡视，及时地发现合作中的问题，给予指导，对于合作方法合理，高效完成合作任务的小组给予表扬，树立榜样，使更多的小组掌握合作的方法。尤其是小学阶段的学生，他们更缺乏合作学习所必需的有效技能，因此，在教学中教师要有意识地逐渐培养学生的合作学习能力。对学生进行沟通能力的培养，也十分重要。因为通过有效的沟通能增进理解，联络感情，组员间相互补充、支持与配合。所以建议教师在日常教学中，充分给予学生沟通表达的机会，学生们在面对面地互动交流中形成共识，开拓思维，从而进行自我调整或互相调整，这也必然会使得合作得以滋润和优化。

第四章

中学综合实践活动问题解决思维实践能力测评分析及建议

第一节 中学综合实践活动问题解决思维实践能力测评概况

综合实践活动测评年级为中学八年级。评价方案依据《综合实践指导纲要》，结合北京市义务教育综合实践活动教学的实际情况而制定。本次评价的主要目的在于对中学学生综合实践活动学业水平进行调查与评价，对影响学生学业水平的自身因素、教师教学因素进行分析，并在此基础上提出提高学生学习质量和教师教学质量的建议。

一、框架构成

开展综合实践活动，应重点发展学生解决问题的实践能力，使每个中学生具备较强的解决现实生活中实际问题的能力和综合素质，增强学生探索自然、探索社会、探索自身的能力，手脑并用，促进中学生的全面发展。因此，问题解决思维实践能力是本次评价的核心内容。在综合实践活动中，学生的问题解决思维实践能力体现在围绕主题发现问题、收集信息、分析问题、尝试通过完成各项实践任务解决问题的质量和水平，主要包括发现问题的能力、规划与管理的能力、收集信息的能力、处理信息的能力、沟通与合作的能力、评价与反思的能力。

每种能力的细化都要体现创新。由于思维能力对学生来说非常重要，因此在每项指标中都蕴含着思维能力。

二、水平描述

中学综合实践活动问题解决思维实践能力水平分为优秀水平、良好水平和合格水平。

处于优秀水平的学生，能够始终积极主动地参与活动，具有一定的领导能力。在活动中能自主发现并提出有一定价值的活动主题，选择合适的研究方法，规范、有序地开展活动，收集的数据真实、准确，并对活动过程进行客观评价和反思。

处于良好水平的学生，能始终积极地参与活动，愿意与他人合作。能围绕一定情境发现并提出问题，相对规范地开展活动，收集到的信息和证据比较充分，并对活动过程进行比较客观的评价和反思。

处于合格水平的学生，在他人帮助下能进入问题情境，了解活动的任务和要求，按要求参与活动。能配合其他同学完成任务，并对活动过程进行反思和评价。

三、工具制定与实施

（一）测评工具的制定

1. 制定基本评价框架

本研究在广泛借鉴国内外最新相关资料的基础上，制定出中学综合实践活动思维能力测评基础框架和测评方案，并在外请课程专家审读方案后进行修订。

2. 研制学生活动手册

本次测评主要采用表现性评价的方式进行，依据综合实践活动思维能力测评基础框架，编制出学生活动手册，引导学生开展实践活动，记录活动成果，以此作为表现性评价的依据。

学生活动手册包括两项"实践作业"：围绕一定情境发现问题并提出问题和根据要求完成一项实践任务。实践作业 A 中给学生提供一份背景资料，引导学生用一周的时间围绕资料内容收集信息，发现并提出有研究价值的问题，从中选择并确定一个活动主题，说明选题的原因，再绘制自己围绕背景资料想到的各种问题的思维导图。这项作业重点评价学生发现问题的能力。实践作业 B 要求学生完成一个明确的任务，在完成任务的过程中经历"规划设计活动方案、收集处理信息、形成成果并展示交流及评价"的过程。在这个过程中，学生应能够尽快进入问题情境，按要求完成各项活动，并整理活动过程的资料，填写活动记录及作业中要求完成的各项内容。这项作业通过分析学生完成一个真实性任务的表现，评价学生发现问题的能力、规划与管理的能力、收集信息的能力、处理信息的能力、沟通与合作的能力、评价与反思的能力。综合实践活动学生实践能力测评如表 4-1-1 所示。

表 4-1-1 综合实践活动学生实践能力测评

能力领域	评价内容 题量	评价内容 分值	合计（%）题量比例（%）	合计（%）分值比例（%）
发现问题的能力	5	20	14.7	20
规划与管理的能力	5	10	14.7	10
收集信息的能力	10	25	29.5	25
处理信息的能力	5	25	14.7	25
沟通与合作的能力	5	10	14.7	10
评价与反思的能力	4	10	11.7	10
合计	34	100	100	100

3. 编制调查问卷

中学综合实践活动思维能力测评所使用的调查问卷包括学生问卷和教师问卷。其中，学生问卷公共部分的调查内容主要包括学生的个人基本信息、学业负担、课程开设、学习的内容与方式、学习兴趣、学业发展水平、学生期望等。综合实践活动部分调查内容主要是围绕学生在选题阶段、实施阶段、总结阶段的学习行为情况，学生在知识技能、情感态度等方面的学习收获情况，教师指导情况，学校课程设置情况。教师问卷的调查内容主要包括教师的基本信息、教师的专业发展及需求、课程理念的理解与落实、针对不同活动阶段的指导策略、活动的整体安排等。

(二) 测评工具的实施

中学综合实践活动表现性评价的实施历时 7 周。学校每周安排 1 课时用于学生完成实践作业，按自然教学周连续实施，最后 1 周对学生进行问卷调查。对学生进行表现性评价与问卷调查的同时，对抽测班级的综合实践活动教师进行问卷调查。

第二节　中学综合实践活动问题解决思维实践能力测评结果及分析

一、测评结论

(一) 总体情况

整体来看，中学生综合实践活动问题解决思维实践能力达到较高水平。此次测评平均分为 64.1 分，处于良好水平。其总体合格率为 93%，优秀率为 3.5%。从各内容领域的学业水平情况来看，就合格率而言，"评价与反思的能力"领域的合格率最高，为 94.7%；"处理信息的能力"领域的合格率其次，为 93.5%；"沟通与合作的能力"领域的合格率最低，为 87%。就优秀率而言，"评价与反思的能力"领域优秀率最高，为 22.6%；"规划与管理的能力"领域的优秀率最低，为 10.3%。

(二) 不同类别学生情况

不同性别、不同地域学校学生在中学综合实践活动问题解决能力水平、合格率和优秀率上存在一定差异。

就不同性别学生而言，中学男生和女生的综合实践平均学业水平均为良好水平。男生的合格率比女生低 2 个百分点，优秀率比女生低 3.2 个百分点。

就不同地域学校学生而言，城市校、县镇校和农村校学生的中学综合实践活动平均学业水平均达到良好水平。城市学校的合格率低于县镇和农村学校，城市学校的优秀率高于县镇和农村学校。

二、总体结果

（一）总体结果

1. 学生总体测评结果

中学综合实践活动问题解决思维实践能力学生总体测评结果见表4-2-1，中学综合实践活动问题解决思维实践能力学生分数分布见图4-2-1。

表4-2-1　中学综合实践活动问题解决思维实践能力学生总体测评结果

测评结果	平均分	平均学业水平
分数（SE）	64.1（0.48）	良好

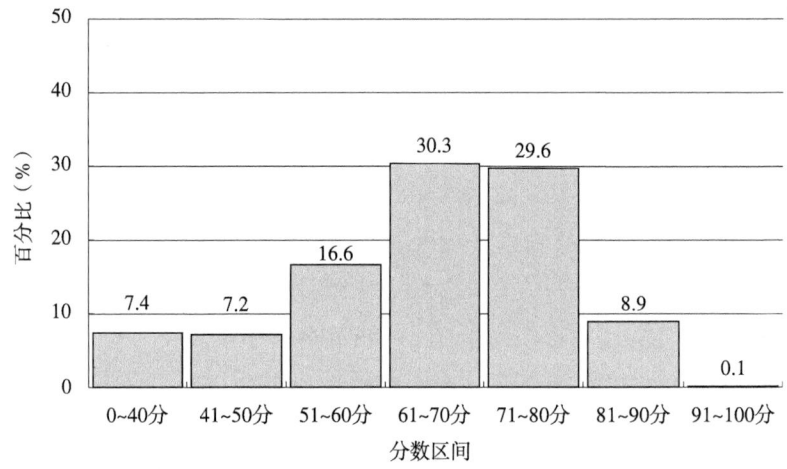

图4-2-1　中学综合实践活动问题解决思维实践能力学生分数分布

2. 北京市学生总体学业水平情况

中学综合实践活动问题解决思维实践能力学生总体学业水平见表4-2-2。

表4-2-2　中学综合实践活动问题解决思维实践能力学生总体学业水平

学业水平	百分比（%）
优秀	3.5
良好	65.4
合格	24.1
不合格	7.0

第四章 中学综合实践活动问题解决思维实践能力测评分析及建议

（二）学生总体在各内容领域中的测评结果

中学综合实践活动问题解决思维实践能力学生总体在各内容领域得分情况见表4-2-3，中学综合实践活动问题解决思维实践能力各内容领域得分率分布、各内容领域学业水平情况分别见图4-2-2和图4-2-3。

表4-2-3　中学综合实践活动问题解决思维
实践能力学生总体在各内容领域得分情况

内容领域	得分率（%）（SE）	平均学业水平
1. 发现问题的能力	62.1（0.50）	良好
2. 规划与管理的能力	74.7（0.67）	良好
3. 收集信息的能力	66.5（0.65）	良好
4. 处理信息的能力	60.5（0.55）	良好
5. 沟通与合作的能力	62.0（0.74）	良好
6. 评价与反思的能力	66.6（0.71）	良好
差异检验	1和5、3和6差异不显著，其他彼此之间差异均显著	

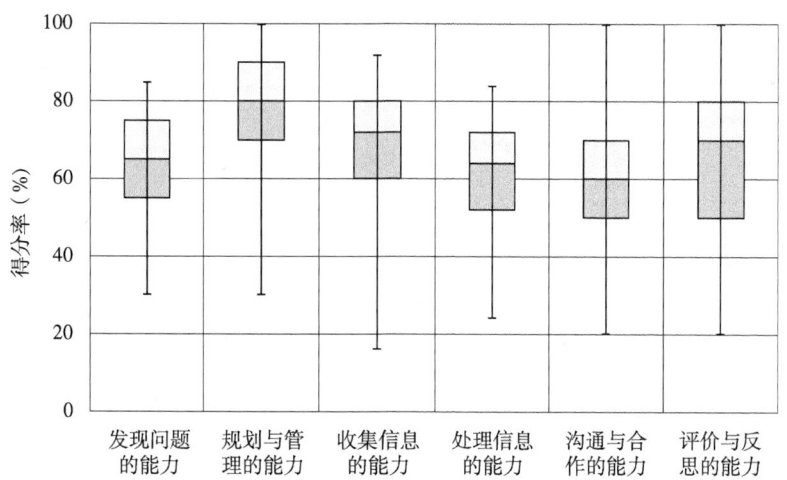

图4-2-2　中学综合实践活动问题解决思维实践能力各内容领域得分率分布

·199·

大数据背景下的基础教育质量提升：思维与应用

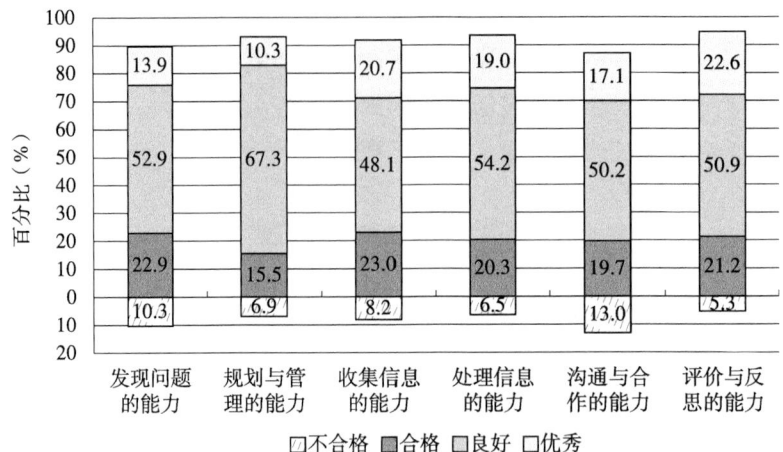

图 4-2-3　中学综合实践活动问题解决思维实践能力各内容领域学业水平情况

（三）结果分析

1. 学生总体测评情况

（1）学生总体测评结果

表 4-2-1 显示了中学综合实践活动问题解决思维实践能力学生总体测评结果。从表中可以看出，中学综合实践活动测评平均分为 64.1，处于良好水平。

图 4-2-1 显示了中学综合实践活动问题解决思维实践能力学生分数分布情况。从图中可以看出：在中等分数段分布相对密集，61~70 分和 71~80 分最为集中，分别约占参加测评的学生总数的 30.3% 和 29.6%。

（2）北京市学生总体学业水平情况

表 4-2-2 显示了中学综合实践活动问题解决思维实践能力学生总体学业水平情况。从表中可以看出，其整体合格率为 93%，优秀率为 3.5%。处于合格、良好水平的学生分别占参加测评学生总数的 24.1%、65.4%。

2. 学生总体在不同内容领域中的测评情况

表 4-2-3 显示了中学综合实践活动问题解决思维实践能力学生总体在各内容领域得分情况。从表中可以看出，"规划与管理的能力"领域的得分率最高，为 74.7%，处于良好水平；其次为"评价与反思的能力"和"收

集信息的能力"领域,得分率分别为66.6%和66.5%,处于良好水平;"处理信息的能力"领域成绩最低,得分率为60.5%,处于良好水平。"收集信息的能力"和"评价与反思的能力"领域之间差异不显著,"发现问题的能力"和"沟通与合作的能力"领域之间差异不显著,其余的领域之间差异显著。

图4-2-2显示了中学综合实践活动问题解决思维实践能力各内容领域得分率分布情况。从图中可以看出:①从中位数上看,"规划与管理的能力"领域的得分率最高,有50%的学生得分率达到80%;其次为"收集信息的能力"和"评价与反思的能力"领域,有50%的学生得分率达73%和70%左右;"沟通与合作的能力"领域得分最低,有50%的学生得分率达60%。②从离散程度上看,"评价与反思的能力"领域的得分差异最大,前5%的学生和后5%的学生得分相差达到25分。③从集中程度上看,所有内容领域不存在明显的分数集中的趋势。

图4-2-3显示了中学综合实践活动问题解决思维实践能力各内容领域学业水平情况。从图中可以看出:①"评价与反思的能力""处理信息的能力"和"规划与管理的能力"领域的合格率分别为94.7%、93.5%和93.1%。②从优秀率上看,"评价与反思的能力"领域优秀率最高,为22.6%,其次是"收集信息的能力"领域,为20.7%,"规划与管理的能力"领域的优秀率最低,为10.3%。

三、性别比较

(一)男生—女生总体测评结果

中学综合实践活动问题解决思维实践能力男生—女生的测评结果见表4-2-4,中学综合实践活动问题解决思维实践能力不同性别学生得分率分布情况见图4-2-4,中学综合实践活动问题解决思维实践能力不同性别学生学业水平情况见图4-2-5。

表 4-2-4 中学综合实践活动问题解决思维实践能力男生—女生的测评结果

性别	人数百分比（%）	得分率（%）(SE)	平均学业水平
男生	51.6	61.6（0.67）	良好
女生	48.4	66.9（0.66）	良好
差异检验	—	差异显著	—

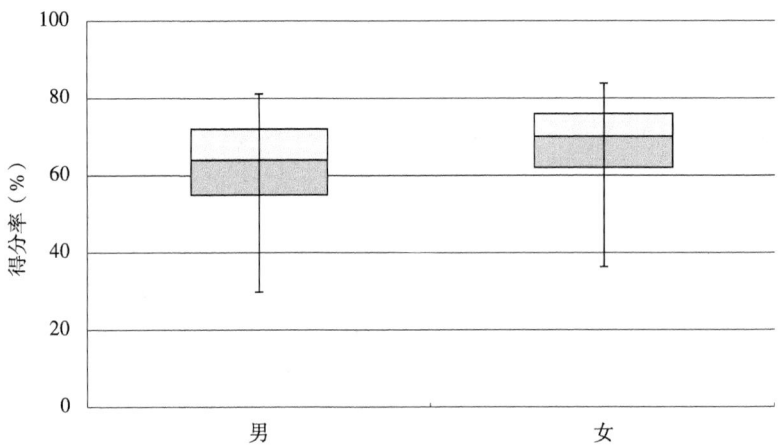

图 4-2-4 中学综合实践活动问题解决思维实践能力不同性别学生得分率分布情况

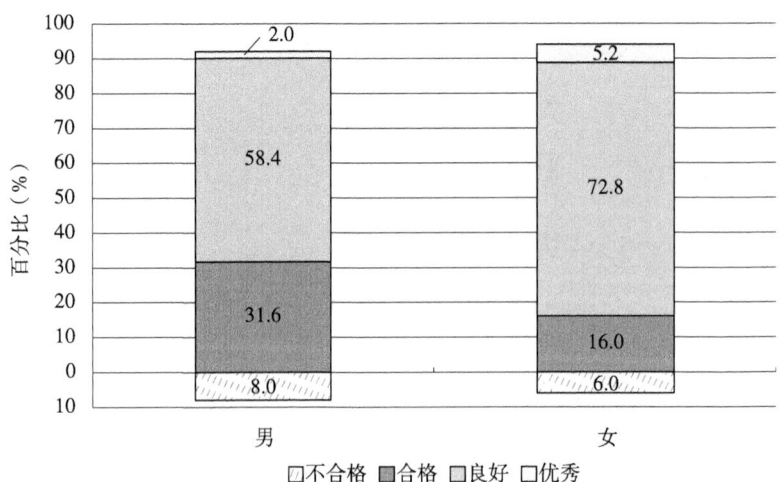

图 4-2-5 中学综合实践活动问题解决思维实践能力不同性别学生学业水平情况

(二) 男生—女生在各内容领域中的测评结果

中学综合实践活动问题解决思维实践能力男生—女生各内容领域测评结果见表4-2-5，中学综合实践活动问题解决思维实践能力不同性别学生各内容领域分数分布情况见图4-2-6，中学综合实践活动问题解决思维实践能力不同性别学生各内容领域学业水平情况见图4-2-7。

表4-2-5　中学综合实践活动问题解决思维实践能力男生—女生各内容领域测评结果

各内容领域	男生（%）（SE）	女生（%）（SE）	差异检验
1. 发现问题的能力	60.2（0.73）	64.2（0.67）	显著
2. 规划与管理的能力	72.5（0.95）	77.1（0.93）	显著
3. 收集信息的能力	64.0（0.91）	69.3（0.92）	显著
4. 处理信息的能力	57.3（0.77）	63.9（0.75）	显著
5. 沟通与合作的能力	59.1（1.03）	65.1（1.04）	显著
6. 评价与反思的能力	63.9（1.01）	69.4（1.00）	显著
差异检验	1和5，3和6差异不显著，其他彼此之间差异均显著	1和4，1和5，3和6差异不显著，其他差异均显著	—

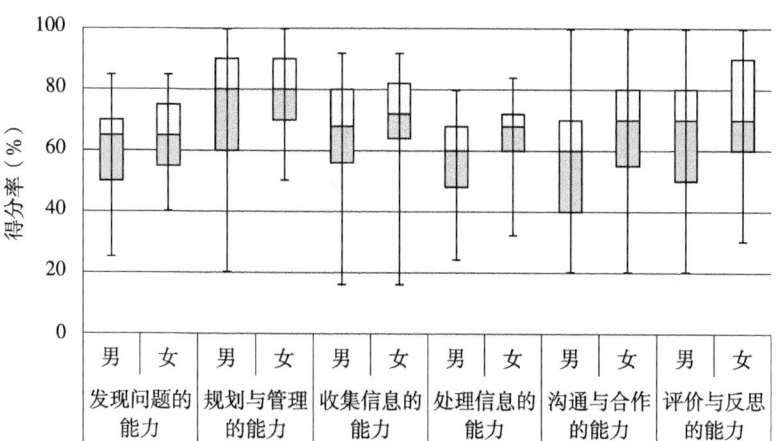

图4-2-6　中学综合实践活动问题解决思维实践能力
不同性别学生各内容领域分数分布情况

大数据背景下的基础教育质量提升：思维与应用

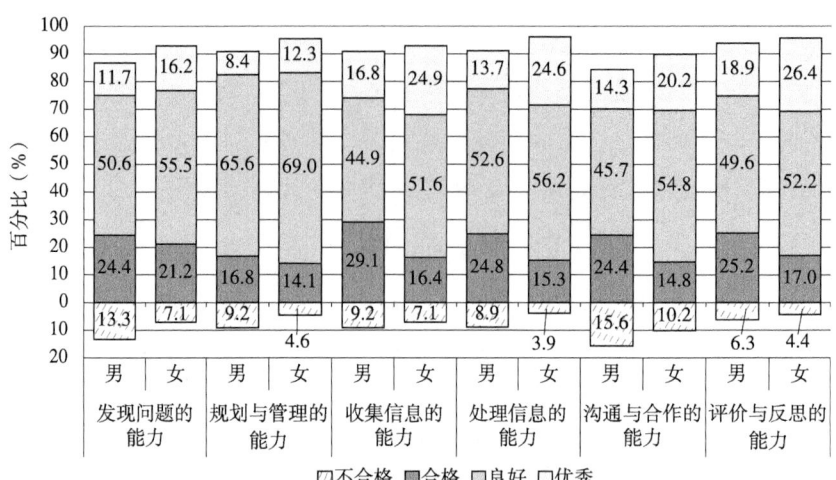

图 4-2-7　中学综合实践活动问题解决思维实践能力
不同性别学生各内容领域学业水平情况

（三）结果分析

1. 北京市不同性别学生测评情况

（1）不同性别学生测评情况

表 4-2-4 显示了中学综合实践活动问题解决思维实践能力男生—女生的测评结果。从表中可以看出：男、女生比例分别为 51.6% 和 48.4%；男生的得分率为 61.6%，女生的得分率为 66.9%；男、女生的平均学业水平均达到良好。两者差异显著。

图 4-2-4 显示了中学综合实践活动问题解决思维实践能力不同性别学生得分率分布情况。从图中可以看出：①从中位数上看，男生的得分率低于女生，有 50% 的男生得分率达到 62% 以上，50% 女生得分率达到 68% 以上。②从离散程度上看，男生的离散程度比女生略大。③从集中程度上看，女生的得分率分布更加集中。

（2）不同性别学生总体学业水平情况

图 4-2-5 显示了中学综合实践活动问题解决思维实践能力不同性别学生学业水平情况。从图中可以看出：①从合格率上来看，男生和女生的合格率分别为 92% 和 94%，均达到较高水平，男生的合格率比女生低 2 个百分点。②从优秀率来看，男生和女生的优秀率分别为 2.0% 和 5.2%，男生的优秀率

比女生的低 3.2 个百分点。

2. 北京市不同性别学生在各内容领域测评情况

表 4-2-5 显示了中学综合实践活动问题解决思维实践能力男生—女生各内容领域测评结果。从图表中可以看出：①男生和女生在"处理信息的能力"领域相差最大，男生的得分比女生低 6.6 分。②在"沟通与合作的能力""评价与反思的能力"领域相差较大，男生的得分比女生分别低 6 分和 5.5 分。③在"发现问题的能力"领域相差最小，男生的得分比女生低 4 分。进一步检验表明，男生在"发现问题的能力"和"沟通与合作的能力"领域、"收集信息的能力"和"评价与反思的能力"领域差异不显著，其余各领域得分均差异显著，女生除"发现问题的能力"和"处理信息的能力"领域、"发现问题的能力"和"沟通与合作的能力"领域以及"收集信息的能力"和"评价与反思的能力"领域差异不显著外，在各领域的得分差异显著。

图 4-2-6 显示了中学综合实践活动问题解决思维实践能力不同性别学生各内容领域分数分布情况。从图中可以看出：①从中位数上看，在"发现问题的能力"、"规划与管理的能力"、"收集信息的能力"和"评价与反思的能力"领域中，男、女生得分率几乎持平，在"处理信息的能力"和"沟通与合作的能力"的领域中，男生的得分率低于女生。②从离散程度上看，在"处理信息的能力"和"规划与管理的能力"领域中，男生得分差异略大于女生，其余领域中男、女生得分差异不大。③从集中程度上看，所有领域内无明显的分数集中趋势，男、女生分数分布情况比较一致。

图 4-2-7 显示了中学综合实践活动问题解决思维实践能力不同性别学生各内容领域学业水平情况。从图中可以看出：①从合格率上看，男生在各个内容领域中的合格率均低于女生。在"处理信息的能力"领域中二者相差较大，为 5 个百分点。②从优秀百分比上看，男生在各个内容领域中的优秀率均低于女生。在"沟通与合作的能力"领域中二者相差 5.9 个百分点。

四、不同地域比较

(一) 各地域学校学生测评结果

中学综合实践活动问题解决思维实践能力不同地域学生的测评结果见表

4-2-6,中学综合实践活动问题解决思维实践能力各地域学校分数分布情况见图 4-2-8,中学综合实践活动问题解决思维实践能力各地域学校学业水平情况见图 4-2-9。

表 4-2-6　中学综合实践活动问题解决思维实践能力不同地域学生的测评结果

各地域学校	所数百分比（%）	得分率（%）(SE)	平均学业水平
1. 城市学校	53.1	62.6（0.70）	良好
2. 县镇学校	28.1	67.1（0.76）	良好
3. 农村学校	18.8	65.2（0.82）	良好
差异检验	—	2 和 3 差异不显著，其他彼此差异均显著	

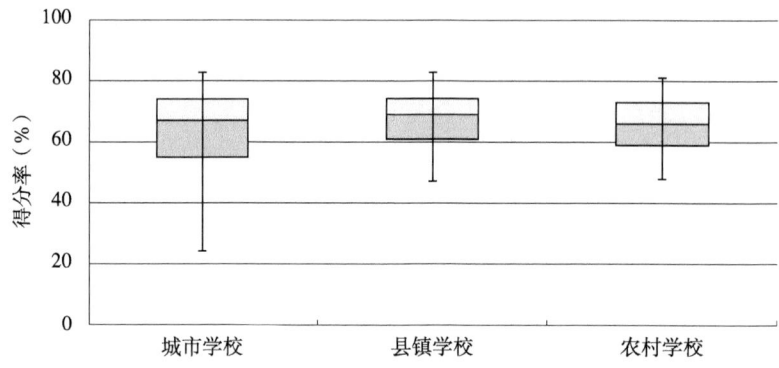

图 4-2-8　中学综合实践活动问题解决思维实践能力各地域学校分数分布情况

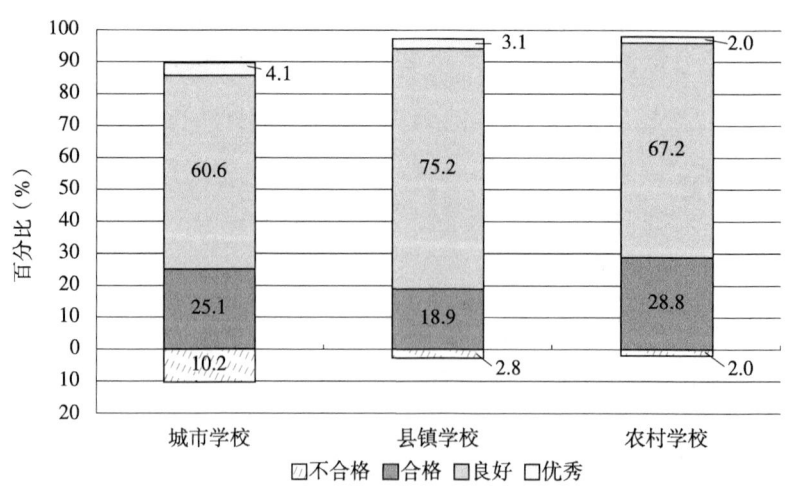

图 4-2-9　中学综合实践活动问题解决思维实践能力各地域学校学业水平情况

第四章　中学综合实践活动问题解决思维实践能力测评分析及建议

（二）各地域学校在各内容领域的测评结果

中学综合实践活动问题解决思维实践能力不同地域学校学生各内容领域测评结果见表4-2-7，中学综合实践活动问题解决思维实践能力各地域学校学生各内容领域分数分布情况见图4-2-10，中学综合实践活动问题解决思维实践能力各地域学校学生各内容领域学业水平情况见图4-2-11。

表4-2-7　中学综合实践活动问题解决思维实践能力不同地域学校学生各内容领域测评结果

	1 城市学校（%）(SE)	2 县镇学校（%）(SE)	3 农村学校（%）(SE)	差异检验
1. 发现问题的能力	59.5（0.72）	65.8（0.82）	66.1（0.89）	2和3差异不显著，其他彼此之间差异均显著
2. 规划与管理的能力	73.5（0.99）	78.6（1.05）	73.0（1.06）	1和3差异不显著，其他彼此之间差异均显著
3. 收集信息的能力	65.5（0.96）	69.6（1.06）	65.5（1.14）	1和2差异显著，其他彼此之间差异均不显著
4. 处理信息的能力	57.7（0.79）	64.2（0.79）	64.8（1.17）	2和3差异不显著，其他彼此之间差异均显著
5. 沟通与合作的能力	63.7（1.02）	61.7（1.31）	56.1（1.66）	1和2差异不显著，其他彼此之间差异均显著
6. 评价与反思的能力	66.6（0.92）	66.8（1.47）	66.1（1.75）	差异均不显著
差异检验	3和6差异不显著，其他彼此之间差异均显著	1和4，1和6，4和5差异不显著，其他彼此之间差异均显著	1和3，1和4，1和6，3和6，4和6差异不显著，其他彼此之间差异均显著	—

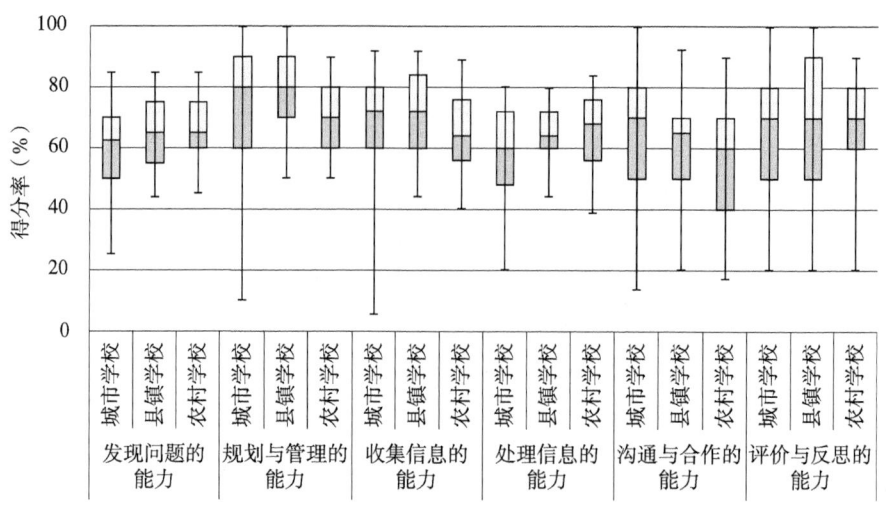

图 4-2-10　中学综合实践活动问题解决思维实践能力
各地域学校学生各内容领域分数分布情况

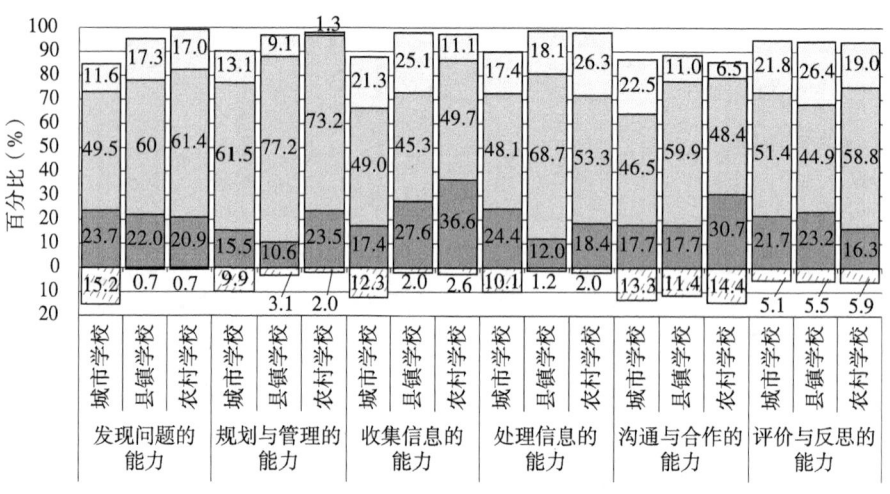

图 4-2-11　中学综合实践活动问题解决思维实践能力
各地域学校学生各内容领域学业水平情况

(三) 结果分析

1. 北京市不同地域学校学生测评情况

表 4-2-6 显示了中学综合实践活动问题解决思维实践能力不同地域学生

的测评结果。从表中可以看出：城市、县镇和农村学校数的百分比分别是53.1%、28.1%和18.8%，得分率分别为62.6%、67.1%和65.2%。所有地域学校的平均学业水平均达到良好，县镇和农村学校差异不显著，其他彼此差异均显著。

图4-2-8显示了中学综合实践活动问题解决思维实践能力各地域学校分数分布情况。从图中可以看出：从中位数上看，县镇学校的得分最高，其次为城市学校，农村学校的得分最低。

图4-2-9显示了中学综合实践活动问题解决思维实践能力各地域学校学业水平情况。从图中可以看出：①从合格率上来看，城市、县镇和农村学校学生的合格率分别为89.8%、97.2%和98%。农村学校的合格率最高，城市学校的合格率最低。②从优秀率来看，城市、县镇和农村学校学生的优秀率分别为4.1%、3.1%和2.0%，城市学校学生的优秀率最高，农村学校的优秀率最低。

2. 北京市不同地域学校学生在各内容领域中的测评情况

表4-2-7显示了中学综合实践活动问题解决思维实践能力不同地域学校学生各内容领域测评结果。从表中可以看出：在"发现问题的能力""规划与管理的能力""收集信息的能力"和"评价与反思的能力"领域中，县镇学校学生的得分最高。进一步检验表明，城市学校、县镇学校和农村学校在"评价与反思能力"的得分差异不显著，城市学校与农村学校仅在"规划与管理的能力"的得分差异不显著，城市学校与农村学校在"收集信息的能力"上差异不显著。

图4-2-10显示了中学综合实践活动问题解决思维实践能力各地域学校学生各内容领域分数分布情况。从图中可以看出：①从中位数上看，在"发现问题的能力""评价与反思的能力"中，城市、县镇和农村学校的得分差异基本持平。②从离散程度上看，在"处理信息的能力"领域中，县镇学校低于城市学校和农村学校，在"评价与反思的能力"领域中，农村学校低于城市和县镇学校。③从集中程度上看，各地域学校在各个领域中的得分均不存在明显的集中趋势。

图4-2-11显示了中学综合实践活动问题解决思维实践能力各地域学校学生各内容领域学业水平情况。从图中可以看出：①从合格率上看，各地域学校在

"评价与反思的能力"领域中达到了较高的水平，在"沟通与合作的能力"领域中的合格率均处于较低水平。在"发现问题的能力""规划与管理的能力""收集信息的能力"和"处理信息的能力"领域中，县镇和农村学校的合格率均高于城市学校的合格率。②从优秀率上看，在"发现问题的能力""处理信息的能力"领域中，农村学校高于城市和县镇学校，在"规划与管理的能力""沟通与合作的能力"领域中，城市学校高于县镇和农村学校，在"收集信息的能力""评价与反思的能力"中，县镇学校高于城市和农村学校。

第三节　影响中学综合实践活动学生思维实践能力的相关因素分析

一、相关因素分析结论

从公共部分因素方面看，学生的基本信息、课业负担、学习兴趣、学习资源和自我调节学习策略等因素会在一定程度上影响学生的中学综合实践活动问题解决思维实践能力。

从学科因素方面看，学生行为、学生收获、教师指导和学校课程现状等因素会在一定程度上影响学生的中学综合实践活动问题解决思维实践能力。

二、相关因素分析

中学综合实践活动问题解决思维实践能力测评除纸笔测试外，还通过调查问卷的方式对学生的基本情况和综合实践学习情况进行调查，从调查的数据可以了解到影响学生中学综合实践活动问题解决思维实践能力水平的相关因素。

（一）学生基本信息

学生基本信息包括性别、独生子女、学前教育、社会经济地位、教育期望，具体参见图4-3-1至图4-3-6。学生基本信息中的性别、是否为独生子女、学前教育状况、社会经济地位和父母的教育期望，对学生的得分有一定影响。例如图4-3-3，在"你希望自己接受教育的程度"的题目中，选择

"大学以上教育"的学生占测评学生总数的60.7%，其得分为66.3分，显著高于其他类别的学生。图4-3-4，在"你/你家是否拥有安静的学习环境"的题目中，选择"有"的学生占测评学生的94.2%，得分为65.7，显著高于另一类别的学生。

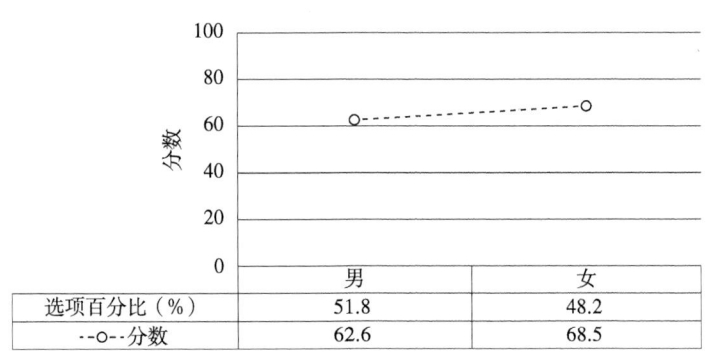

图4-3-1 题目"你的性别是"

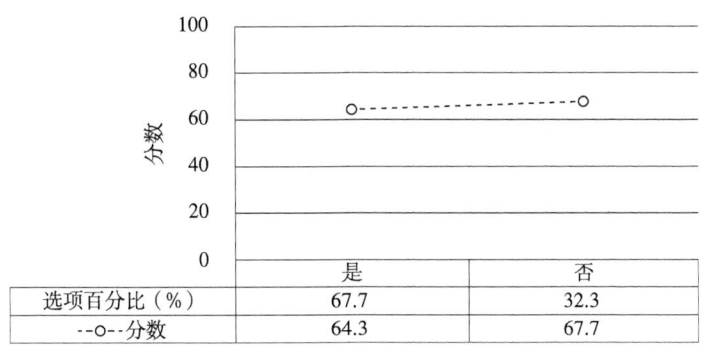

图4-3-2 题目"你是否是独生子女"

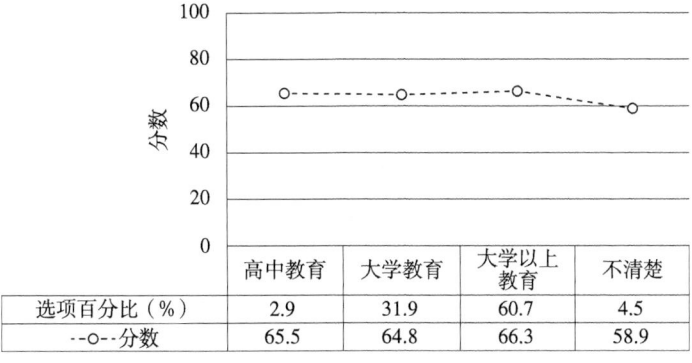

图4-3-3 题目"你希望自己接受教育的程度"

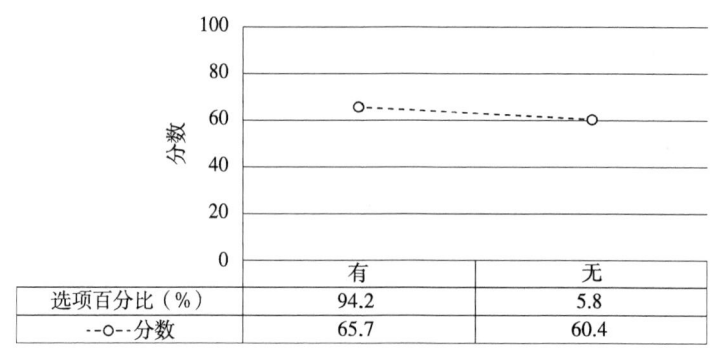

图 4-3-4　题目 "你/你家是否拥有安静的学习环境"

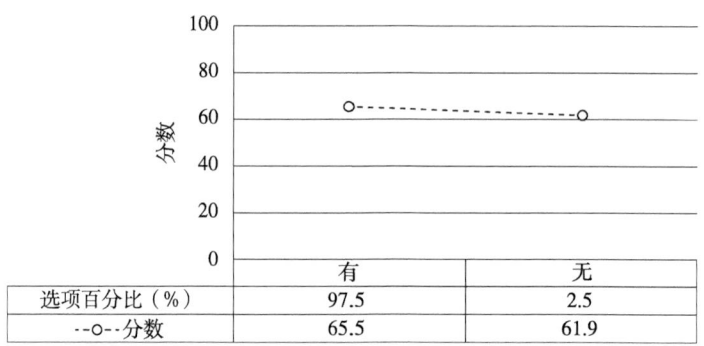

图 4-3-5　题目 "你/你家是否拥有计算机"

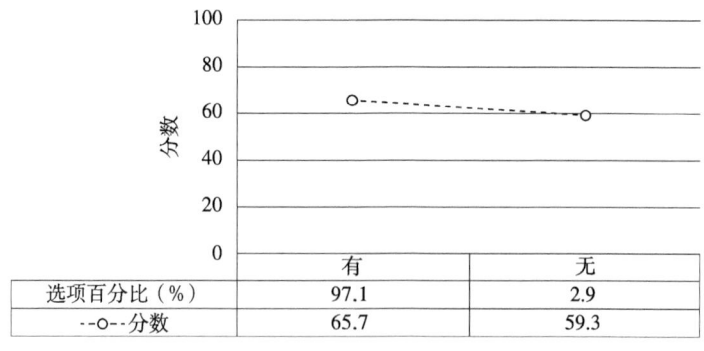

图 4-3-6　题目 "你/你家是否拥有上网条件"

(二) 客观的学生课业负担

客观的学生课业负担包括睡眠、课后学习时间、作业时间、校内课外学习、校外课外学习、校内周课时量。睡眠、课后学习时间、作业时间、校内课外学习、校外课外学习、校内周课时量，对学生的得分有一定影响，具体参见图4-3-7至图4-3-10。例如图4-3-9，在"你觉得参加英语课外学习是否是负担？"的题目中，选择"否"的学生占测评学生总数的91.8%，其得分为68.5分，显著高于另一类别的学生。图4-3-10，在"如果你参加本校组织的课外学习，具体的时间是？"题目中，选择"周一至周五"的学生占测评学生总数的53.1%，其得分为66.5分，显著高于其他类别的学生。

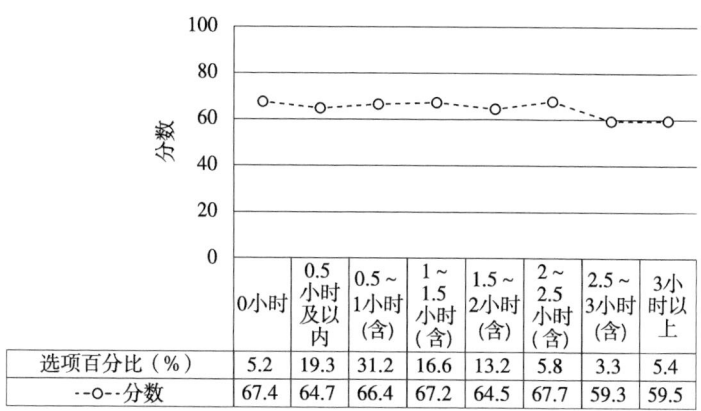

图4-3-7 题目"本学期每天放学后，你平均学习多长时间（不包括写作业的时间）？"

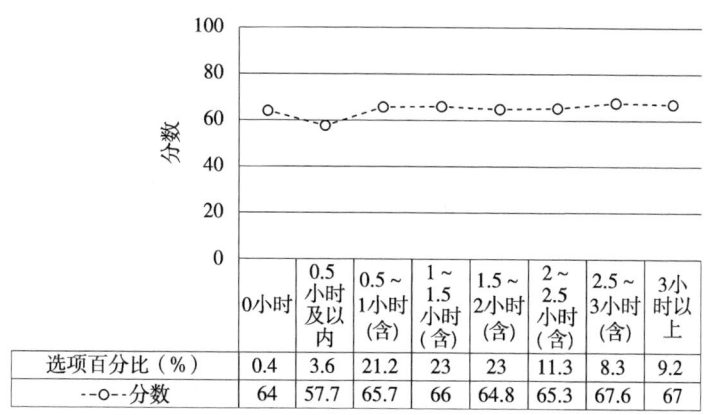

图4-3-8 题目"本学期你平均每天大约用多长时间完成学校布置的家庭作业？"

大数据背景下的基础教育质量提升：思维与应用

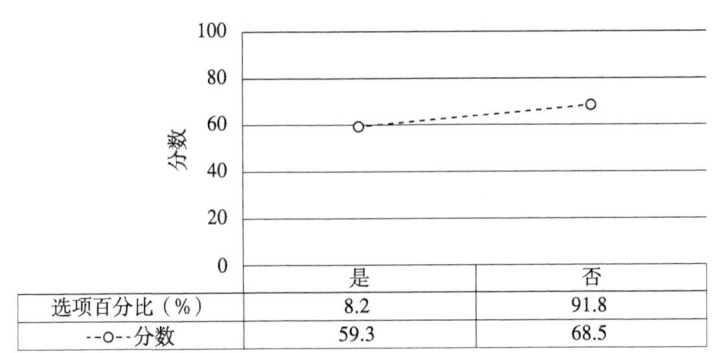

图 4-3-9 题目"你觉得参加英语课外学习是否是负担？"

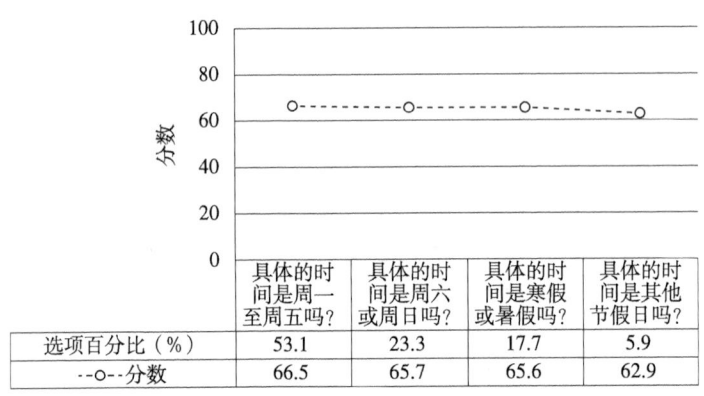

图 4-3-10 题目"如果你参加本校组织的课外学习，具体的时间是？"

（三）主观的学生课业负担

主观的学生课业负担主要是主观感受。主观感受对学生的得分有一定影响，具体参见图 4-3-11 至图 4-3-18。例如图 4-3-13，在"升入中学以来，你觉得校外考试怎么样？"题目中，选择"没有"的学生占测评学生总数的 54.3%，其得分为 66.7 分，显著高于其他类别的学生。图 4-3-17，在"看看描述符合你的程度：我感到大脑有时反应慢"的题目中，选择"非常不符合"的学生占测评学生总数的 16.1%，其得分为 68 分，显著高于另一类别的学生。

第四章 中学综合实践活动问题解决思维实践能力测评分析及建议

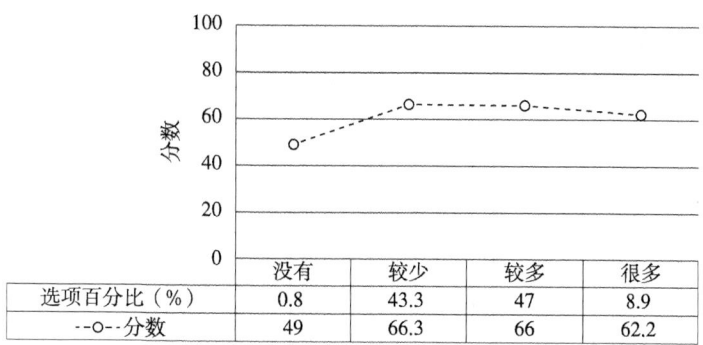

图 4-3-11 题目"升入中学以来，你觉得本校老师布置的课内学习任务怎么样？"

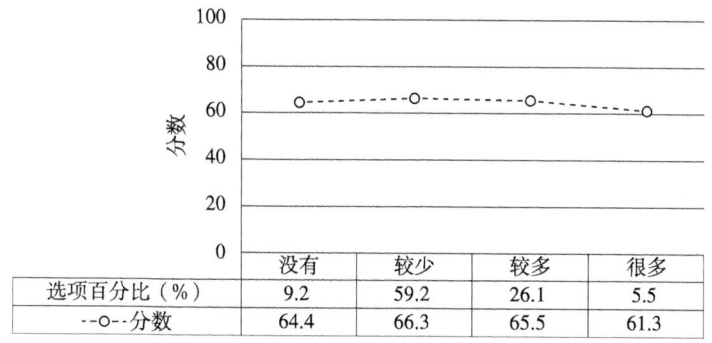

图 4-3-12 题目"升入中学以来，你觉得校内课外学习任务怎么样？"

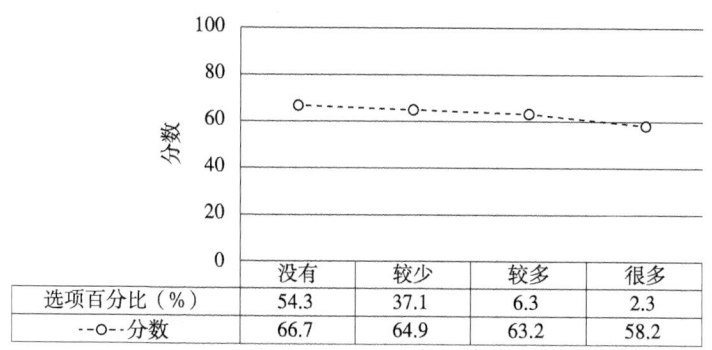

图 4-3-13 题目"升入中学以来，你觉得校外考试怎么样？"

大数据背景下的基础教育质量提升：思维与应用

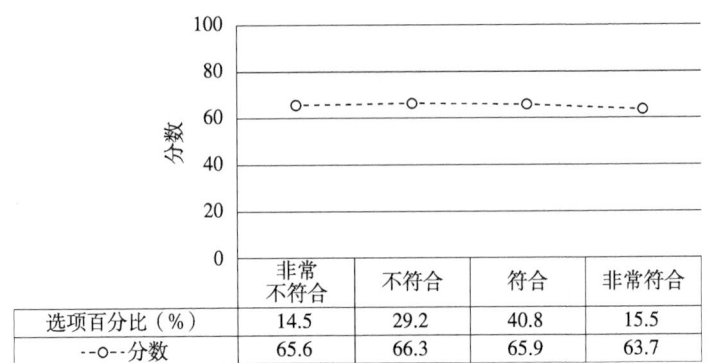

图 4-3-14　题目"看看描述符合你的程度：我的视力不断下降"

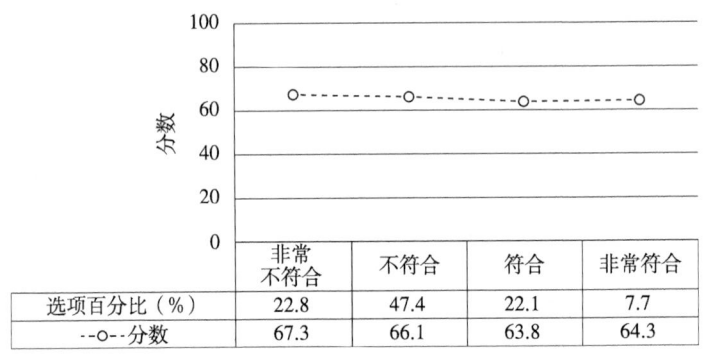

图 4-3-15　题目"看看描述符合你的程度：我经常感到身体不舒服"

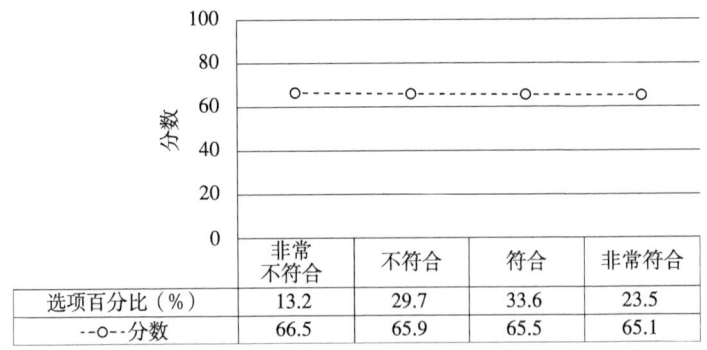

图 4-3-16　题目"看看描述符合你的程度：我睡觉时间总是不够"

第四章 中学综合实践活动问题解决思维实践能力测评分析及建议

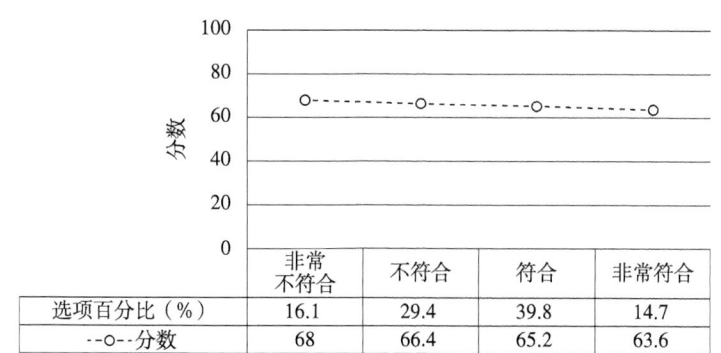

图 4-3-17 题目"看看描述符合你的程度：我感到大脑有时反应慢"

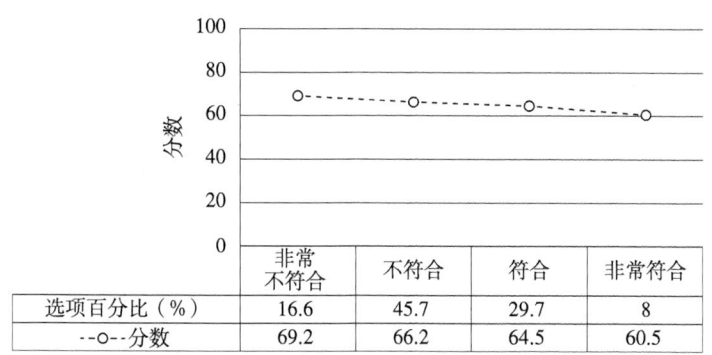

图 4-3-18 题目"看看描述符合你的程度：我上课注意力不集中"

（四）学习兴趣

学习兴趣包括自我效能、兴趣定向和兴趣缺失原因。

1. 自我效能

自我效能对学生的得分有一定影响，具体参见图 4-3-19 至图 4-3-22。例如图 4-3-21，在"看看描述符合你的程度：我对学习充满自信"题目中，选择"非常符合"的学生占测评学生总数的 12.9%，其得分为 68.1 分，显著高于其他类别的学生。

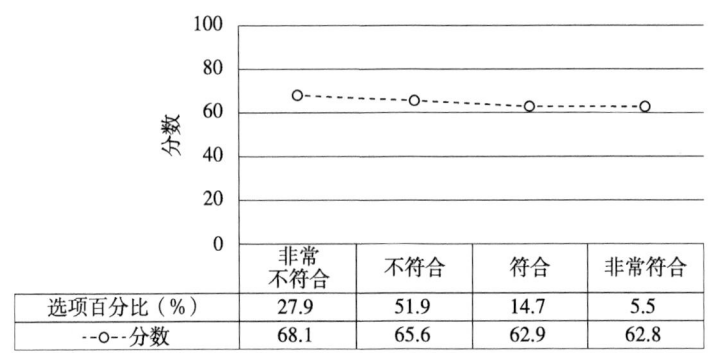

图4-3-19 题目"看看描述符合你的程度：我对学习有惧怕心理"

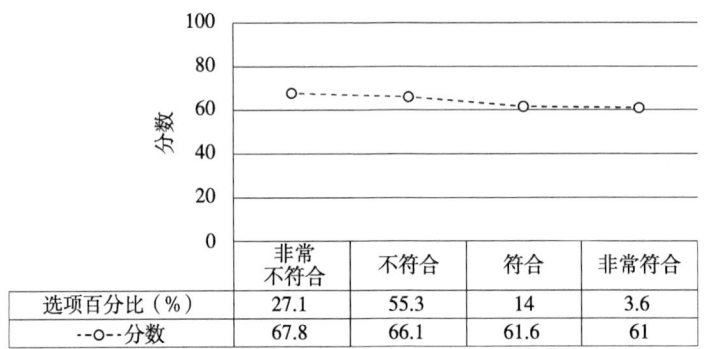

图4-3-20 题目"看看描述符合你的程度：我在学习上遇到困难就想放弃"

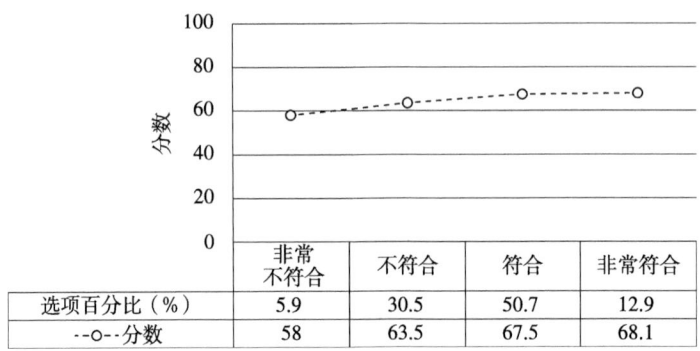

图4-3-21 题目"看看描述符合你的程度：我对学习充满自信"

第四章 中学综合实践活动问题解决思维实践能力测评分析及建议

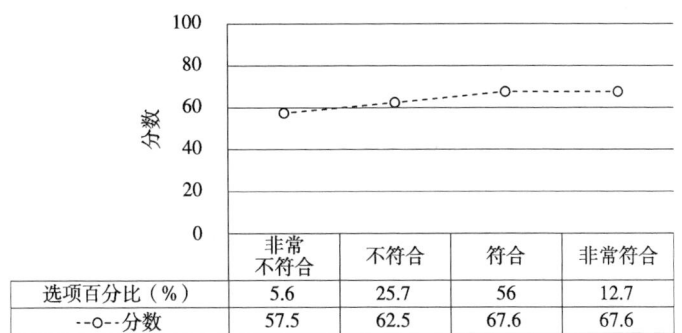

图 4-3-22 题目"看看描述符合你的程度：我能积极、主动迎接学习挑战"

2. 兴趣定向

兴趣定向对学生的得分有一定影响，具体参见图 4-3-23 至图 4-3-26。例如图 4-3-25，在"看看描述符合你的程度：学习能够丰富完善自己"题目中，选择"非常符合"的学生占测评学生总数的 17.6%，其得分为 68.4 分，显著高于其他类别的学生。

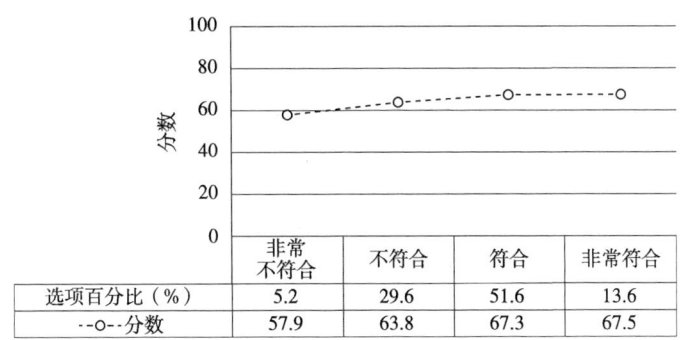

图 4-3-23 题目"看看描述符合你的程度：我喜欢探究、钻研学习内容"

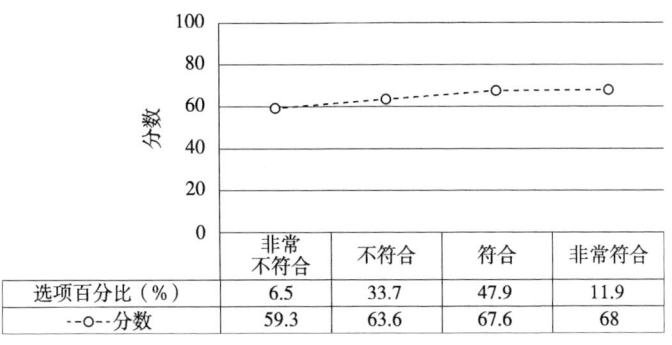

图 4-3-24 题目"看看描述符合你的程度：我对学习充满了愉悦和满足"

· 219 ·

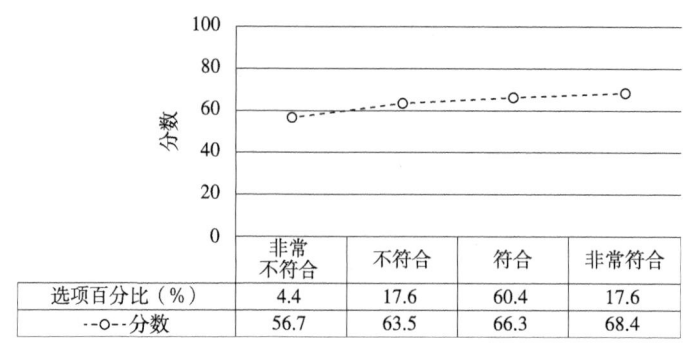

图 4-3-25 题目"看看描述符合你的程度：学习能够丰富完善自己"

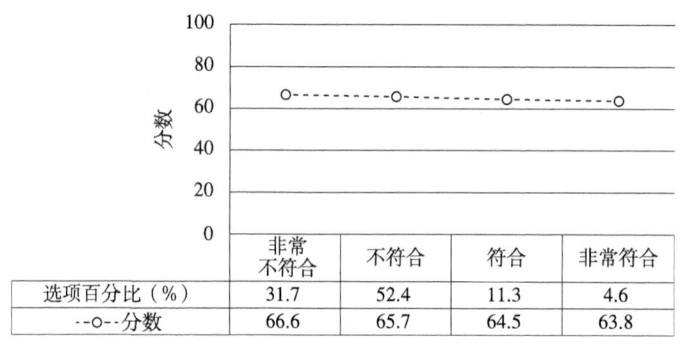

图 4-3-26 题目"看看描述符合你的程度：学习是为了让老师高兴"

3. 兴趣缺失原因

兴趣定向对学生的得分有一定影响，具体参见图 4-3-27 至图 4-3-30。例如图 4-3-27，在"看看描述符合你的程度：学习内容枯燥，令人厌倦"题目中，选择"非常不符合"的学生占测评学生总数的 21.2%，其得分为 69.4 分，显著高于其他类别的学生。

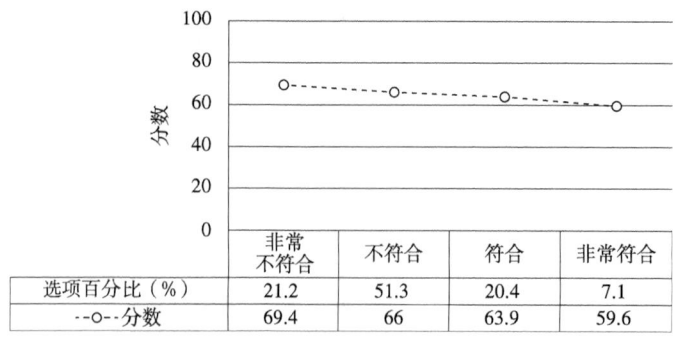

图 4-3-27 题目"看看描述符合你的程度：学习内容枯燥，令人厌倦"

第四章 中学综合实践活动问题解决思维实践能力测评分析及建议

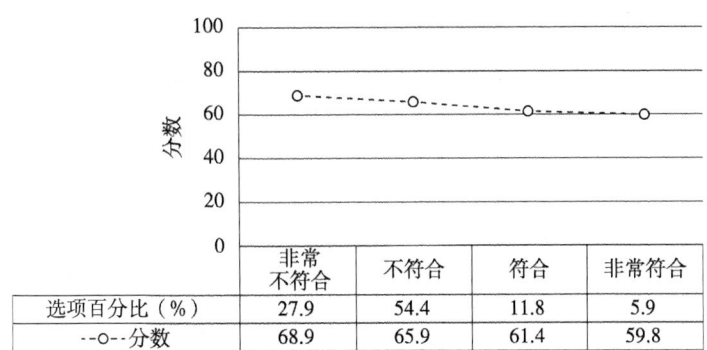

图 4-3-28 题目"看看描述符合你的程度:教师教学方法呆板,令人厌倦"

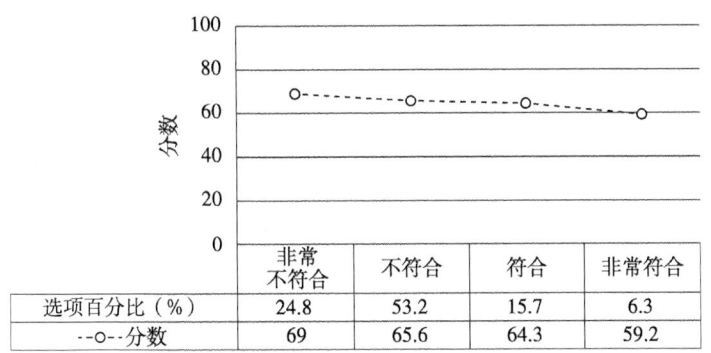

图 4-3-29 题目"看看描述符合你的程度:学习又苦又累,让人受不了"

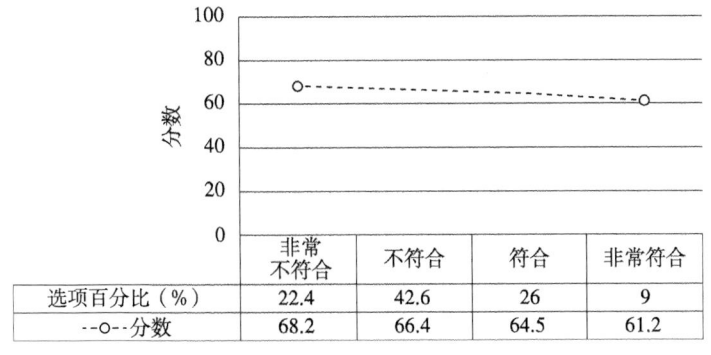

图 4-3-30 题目"看看描述符合你的程度:
尽管很努力但成绩仍然上不去,怀疑自己能力不足"

(五)学习资源

学习资源包括学习资源类型、课堂学习资源和校外学习资源。

1. 学习资源类型

学习资源类型对学生的得分有一定影响，具体参见图 4-3-31 至图 4-3-34。例如图 4-3-32，在"在日常学习生活中，你使用下列资源的情况为：在计算机、手机、平板上阅读的课外图书"题目中，选择"有时使用"的学生占测评学生总数的 33.7%，其得分为 66.8 分，显著高于其他类别的学生。例如图 4-3-34，在"在日常学习生活中，你使用下列资源的情况为：校外博物馆、美术馆等大型综合文化资源"的题目中，选择"经常使用"的学生占测评学生总数的 11.9%，其得分为 68.4 分，显著高于其他类别的学生。

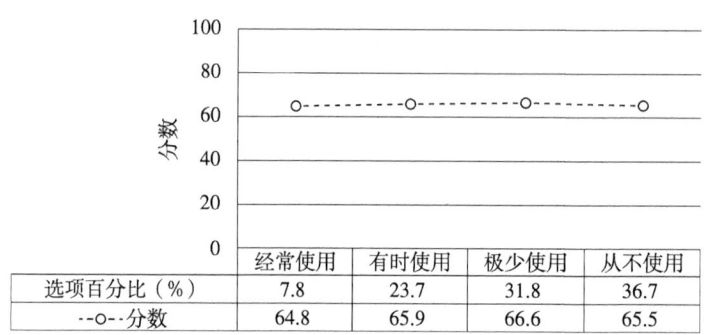

图 4-3-31 题目"在日常学习生活中，你使用下列资源的情况为：师生网上讨论、作业辅导"

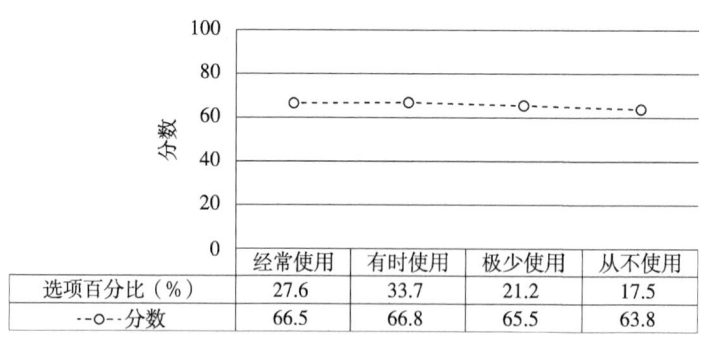

图 4-3-32 题目"在日常学习生活中，你使用下列资源的情况为：在计算机、手机、平板上阅读的课外图书"

第四章 中学综合实践活动问题解决思维实践能力测评分析及建议

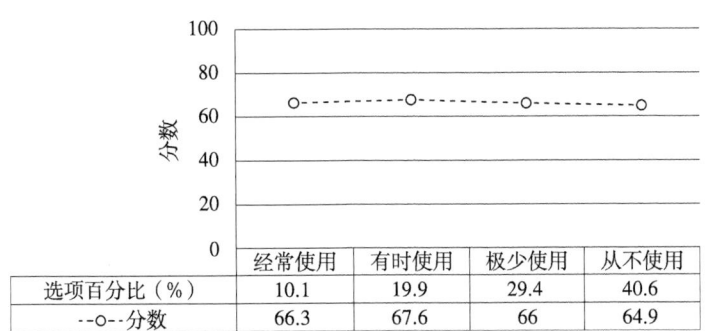

图 4-3-33 题目"在日常学习生活中，你使用下列资源的情况为：北京数字学校课程"

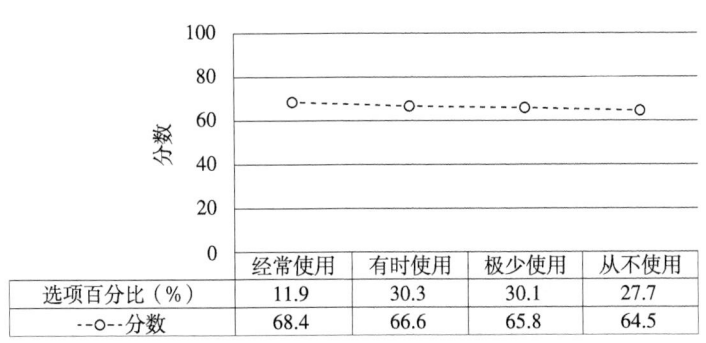

图 4-3-34 题目"在日常学习生活中，你使用下列资源的情况为：校外博物馆、美术馆等大型综合文化资源"

2. 课堂学习资源

课堂学习资源对学生的得分有一定影响，具体参见图 4-3-35 和图 4-3-36。例如图 4-3-36，在"教师在课堂上引导学生思考的方法有哪些？"题目中，选择"让学生互相讨论并汇报"的学生占测评学生总数的 53.7%，其得分为 66.8 分，显著高于其他类别的学生。

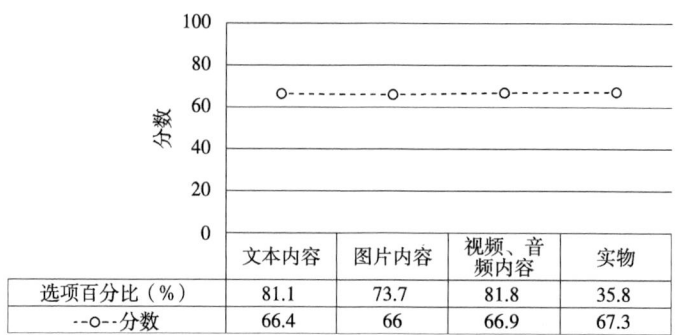

图 4-3-35 题目"本学期，教师课堂上使用学习资源的形式有哪些？"

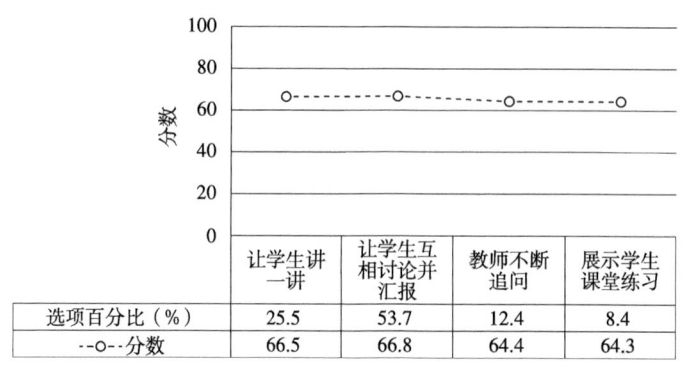

图 4-3-36 题目"教师在课堂上引导学生思考的方法有哪些？"

3. 校外学习资源

校外学习资源对学生的得分有一定影响，具体参见图 4-3-37 和图 4-3-38。例如图 4-3-37，在"本学期，你是否参加了社会大课堂活动？"题目中，选择"参加"的学生占测评学生总数的 85.1%，其得分为 66.9 分，显著高于其他类别的学生。

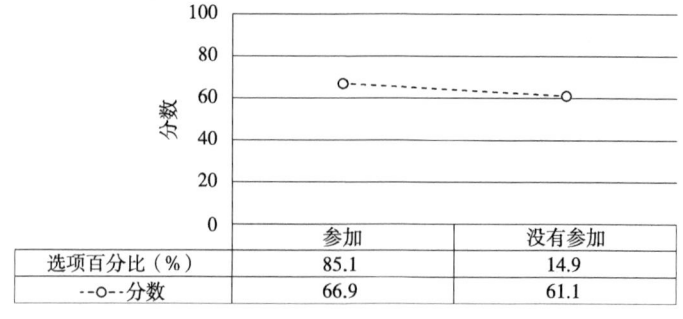

图 4-3-37 题目"本学期，你是否参加了社会大课堂活动？"

第四章　中学综合实践活动问题解决思维实践能力测评分析及建议

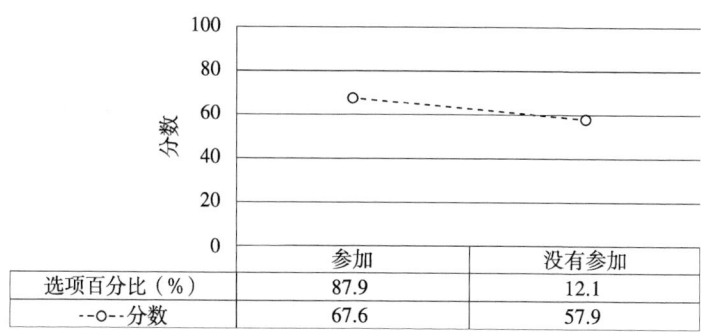

图 4-3-38　题目"你是否参加社会大课堂活动？"

（六）学生行为

学生行为包括选题阶段、实施阶段和总结阶段。

1. 选题阶段

选题阶段包括选题方式、分组方式和制定方案。选题方式、分组方式和制定方案对学生的得分有一定影响，具体参见图 4-3-39 至图 4-3-42。例如图 4-3-41，在"以下说法在多大程度上符合你自己的感受：在综合实践活动中，我们每次都制订研究计划"题目中，选择"完全符合"的学生占测评学生总数的 26.1%，其得分为 71.2 分，显著高于其他类别的学生。

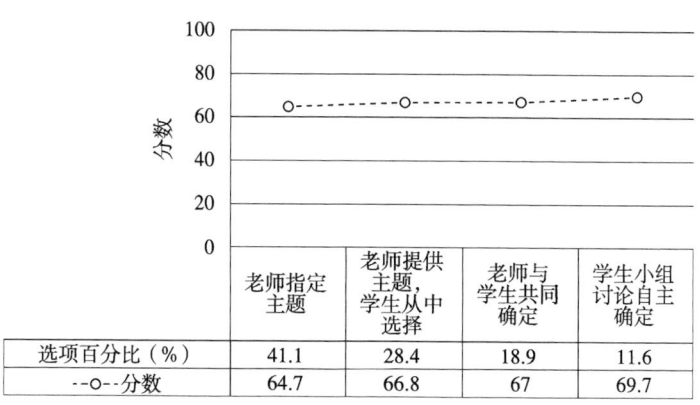

图 4-3-39　题目"在综合实践活动中，你们小组的活动主题通常是如何确定的"

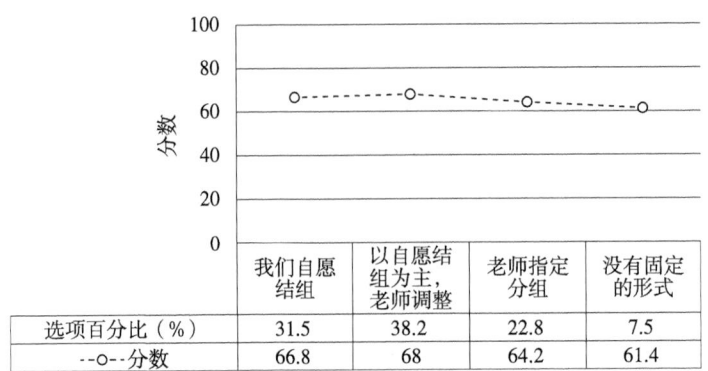

图 4-3-40 题目"在综合实践活动中,你们最常用的分组方式是什么"

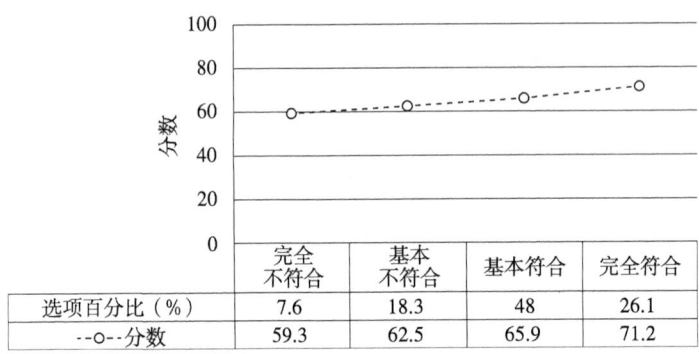

图 4-3-41 题目"以下说法在多大程度上符合你自己的感受:
在综合实践活动中,我们每次都制订研究计划"

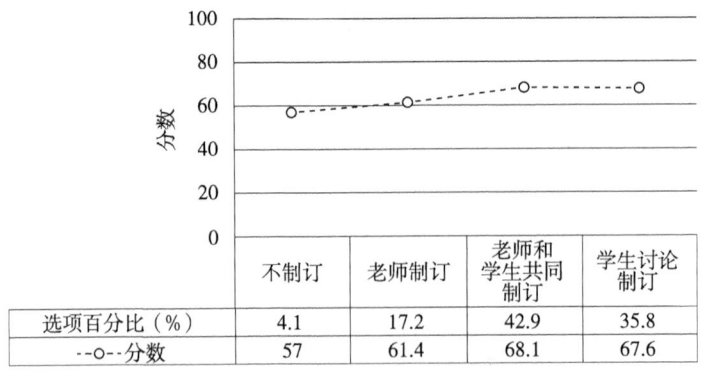

图 4-3-42 题目"在综合实践活动中,你们是怎么制订研究计划的"

第四章 中学综合实践活动问题解决思维实践能力测评分析及建议

2. 实施阶段

实施阶段包括方法运用、小组合作、问题及解决、学习方式和投入程度，具体参见图4-3-43至图4-3-49。方法运用、小组合作、问题及解决、学习方式和投入程度，对学生的得分有一定影响。例如图4-3-43，在"以下说法在多大程度上符合你自己的感受：我能在大量信息中找到有用的信息"题目中，选择"完全符合"的学生占测评学生总数的23.7%，其得分为71.1分，显著高于其他类别的学生。例如图4-3-48，在"你在开展综合实践活动的过程中，通常是如何做的"的题目中，选择"自己设计好活动去实施，需要时再请教老师"的学生占测评学生总数的62.3%，其得分为68.7分，显著高于其他类别的学生。

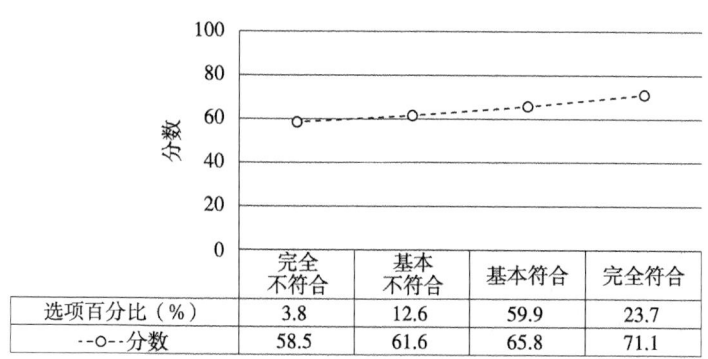

图4-3-43 题目"以下说法在多大程度上符合你自己的感受：我能在大量信息中找到有用的信息"

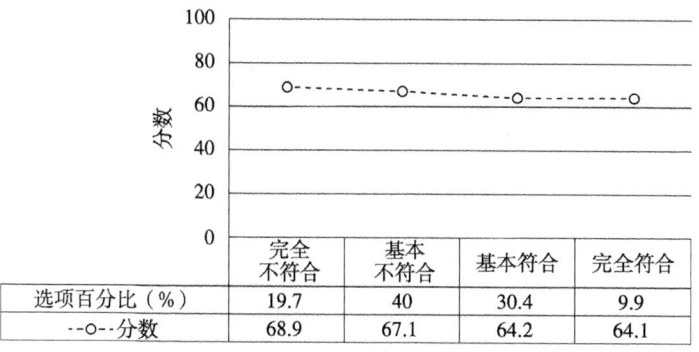

图4-3-44 题目"以下说法在多大程度上符合你自己的感受：在访谈中，我总是能主动向别人提出问题"

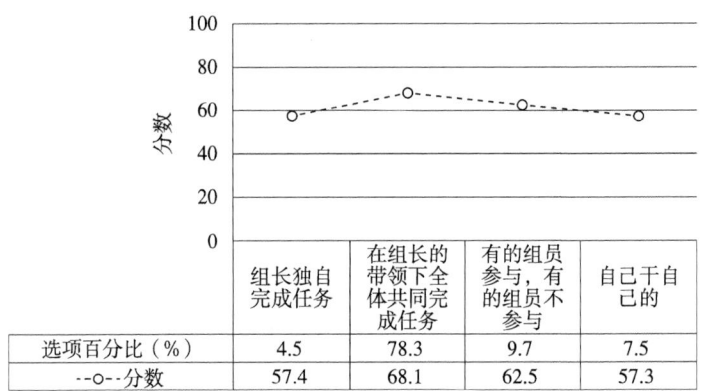

图 4-3-45　题目"在综合实践活动中，你们小组是怎么合作的"

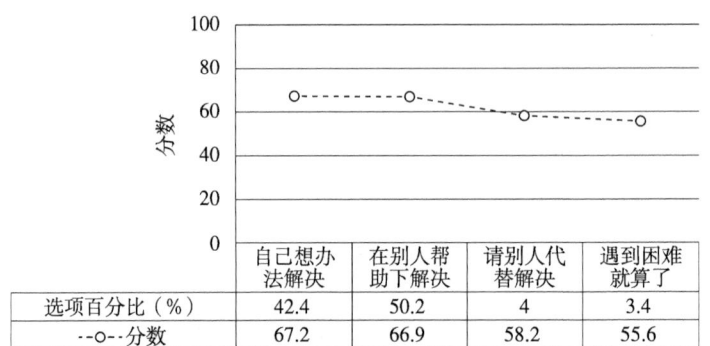

图 4-3-46　题目"在综合实践活动中遇到困难时，你通常怎样解决"

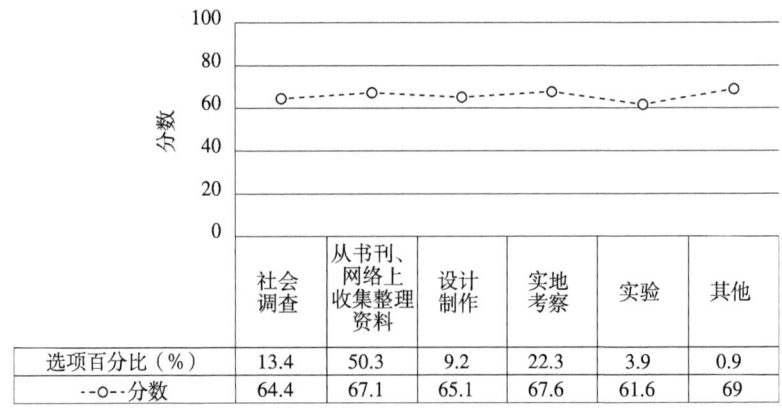

图 4-3-47　题目"在综合实践活动中，你们最常用的活动方式是以下哪种"

第四章 中学综合实践活动问题解决思维实践能力测评分析及建议

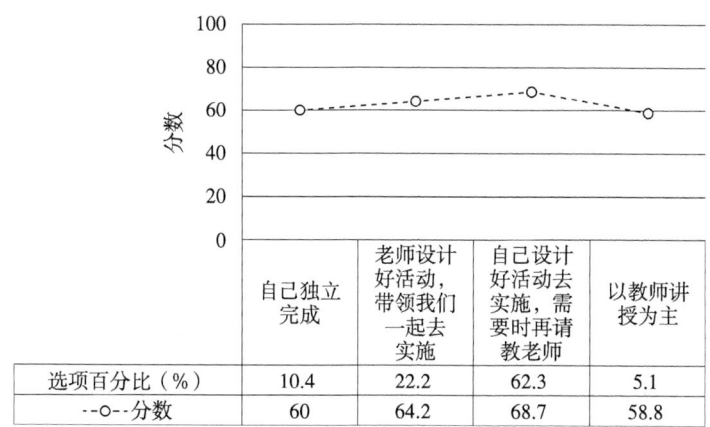

图4-3-48 题目"你在开展综合实践活动的过程中,通常是如何做的"

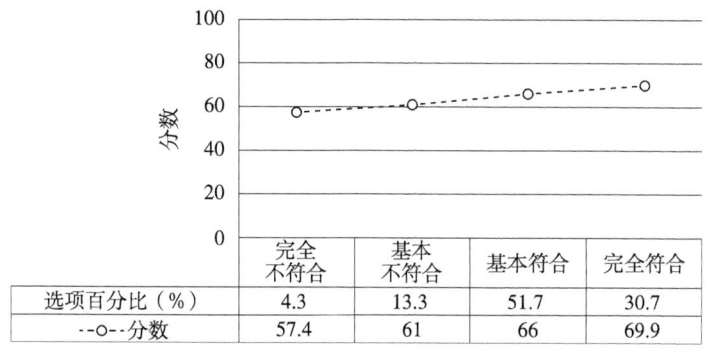

图4-3-49 题目"以下说法在多大程度上符合你自己的感受:
每次综合实践活动我都能积极参加"

3. 总结阶段

总结阶段包括展示交流、自评互评和自我反思,具体参见图4-3-50至图4-3-56。展示交流、自评互评和自我反思,对学生的得分有一定影响。例如图4-3-52,在"以下说法在多大程度上符合你自己的感受:每次活动后我们都有机会展示自己的成果"题目中,选择"完全符合"的学生占测评学生总数的27.6%,其得分为70.5分,显著高于其他类别的学生。图4-3-56,在"以下说法在多大程度上符合你自己的感受:每完成一个主题活动后我总会想想哪点做得好,哪点做得不好"的题目中,选择"完全符合"的学生占测评学生总数的22.5%,其得分为70.6分,显著高于其他类别的学生。

· 229 ·

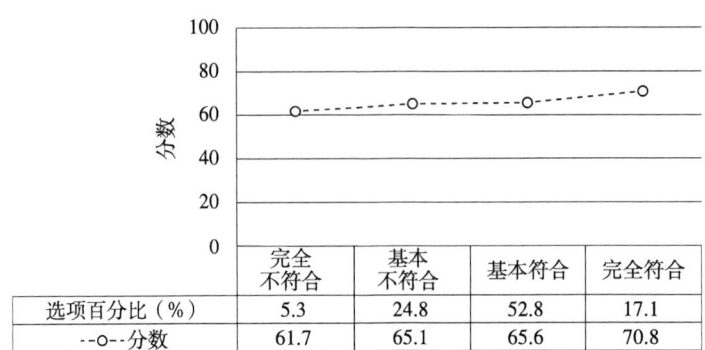

图 4-3-50 题目"以下说法在多大程度上符合你自己的感受：我能三言两语地把问题说清楚"

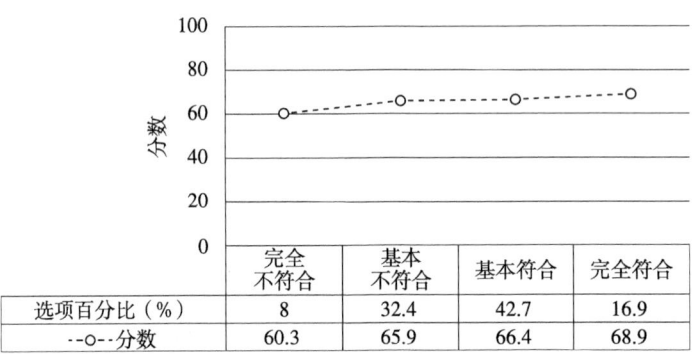

图 4-3-51 题目"以下说法在多大程度上符合你自己的感受：我善于在众人面前表达自己的想法"

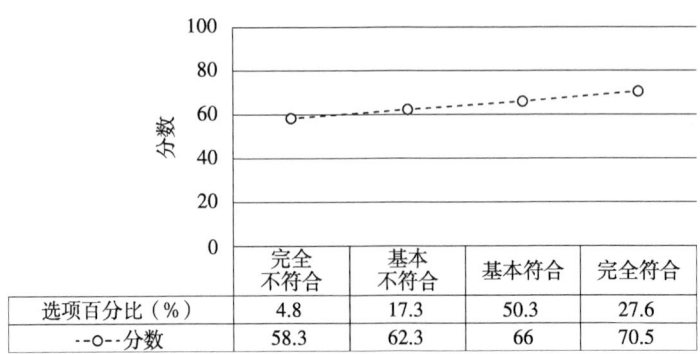

图 4-3-52 题目"以下说法在多大程度上符合你自己的感受：每次活动后我们都有机会展示自己的成果"

第四章　中学综合实践活动问题解决思维实践能力测评分析及建议

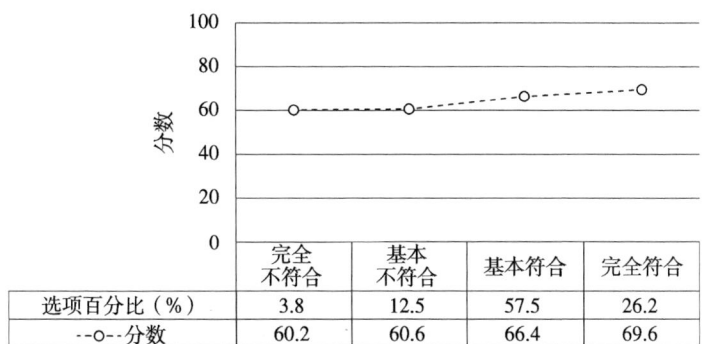

图 4-3-53　题目"以下说法在多大程度上符合你自己的感受：活动中我总能发现别人值得学习的地方"

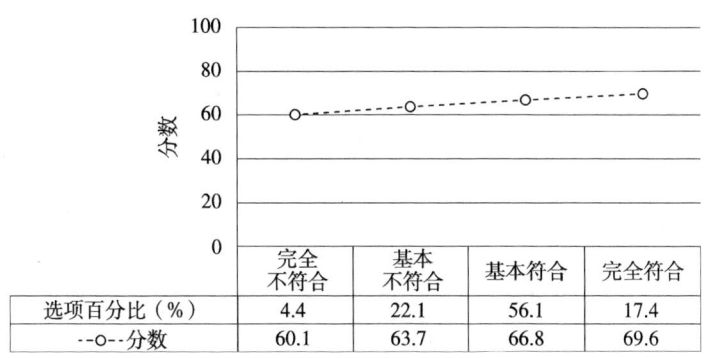

图 4-3-54　题目"以下说法在多大程度上符合你自己的感受：我总能发现别人的不足并提出好的建议"

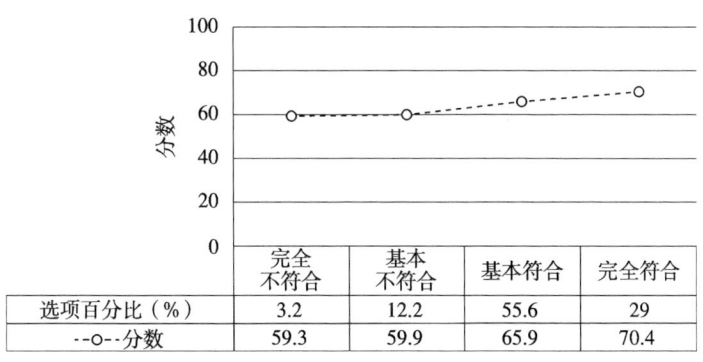

图 4-3-55　题目"以下说法在多大程度上符合你自己的感受：每次活动我都能按计划完成任务"

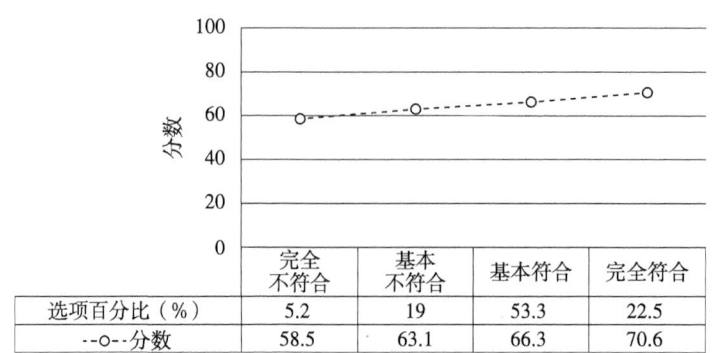

图 4-3-56 题目"以下说法在多大程度上符合你自己的感受：每完成一个主题活动后我总会想想哪点做得好，哪点做得不好"

（七）学生收获

学生收获包括情感态度方面、知识技能方面和对其他学科的影响，具体参见图 4-3-57 至图 4-3-68。情感态度方面、知识技能方面和对其他学科的影响，对学生的得分有一定影响。例如图 4-3-61，在"以下说法在多大程度上符合你自己的感受：通过综合实践活动，我学会了分享与合作"题目中，选择"完全符合"的学生占测评学生总数的 32.6%，其得分为 70.1 分，显著高于其他类别的学生。图 4-3-68，在"以下说法在多大程度上符合你自己的感受：综合实践活动对我其他学科的学习有帮助"的题目中，选择"完全符合"的学生占测评学生总数的 27.1%，其得分为 70.7 分，显著高于其他类别的学生。

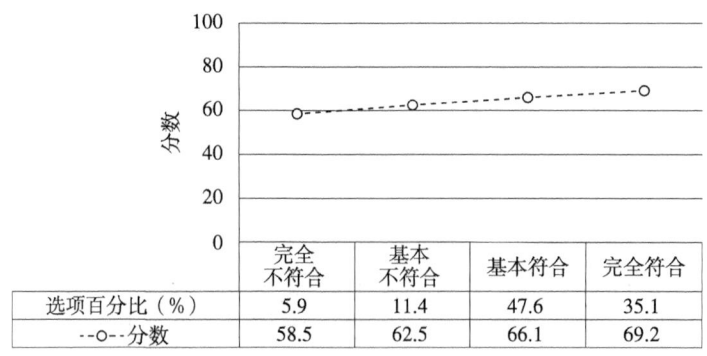

图 4-3-57 题目"以下说法在多大程度上符合你自己的感受：我喜欢综合实践活动"

第四章 中学综合实践活动问题解决思维实践能力测评分析及建议

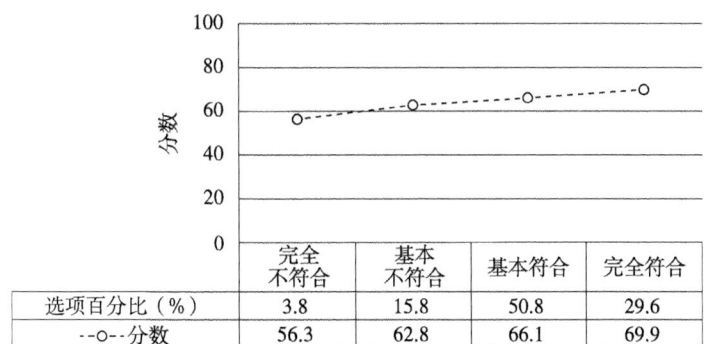

图 4-3-58 题目"以下说法在多大程度上符合你自己的感受：综合实践活动能够增强我的自信心"

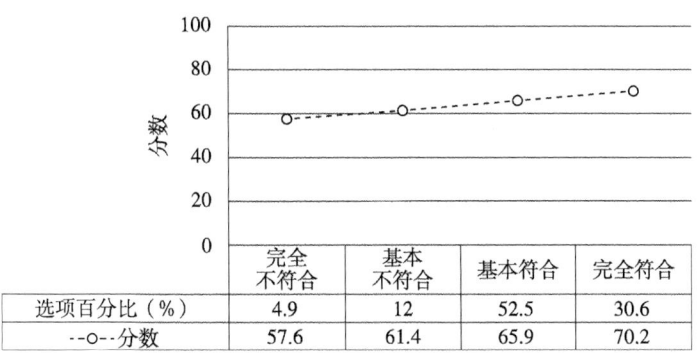

图 4-3-59 题目"以下说法在多大程度上符合你自己的感受：综合实践活动能够磨练我的意志"

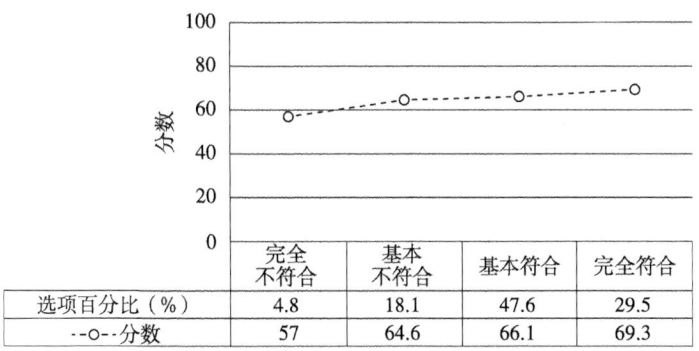

图 4-3-60 题目"以下说法在多大程度上符合你自己的感受：通过综合实践活动，我更喜欢探究问题了"

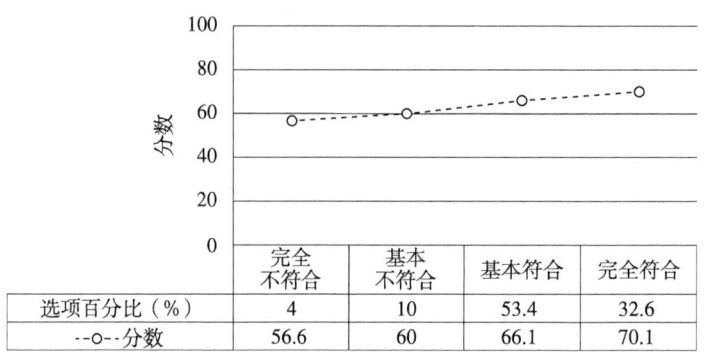

图 4-3-61 题目"以下说法在多大程度上符合你自己的感受：通过综合实践活动，我学会了分享与合作"

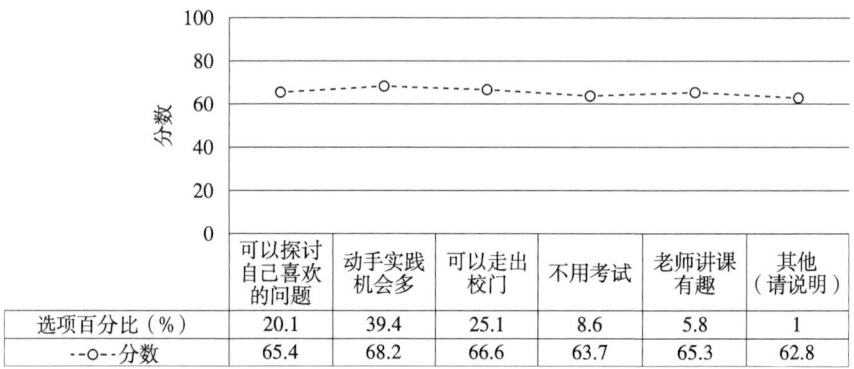

图 4-3-62 题目"对于综合实践活动，你最喜欢的方面是什么"

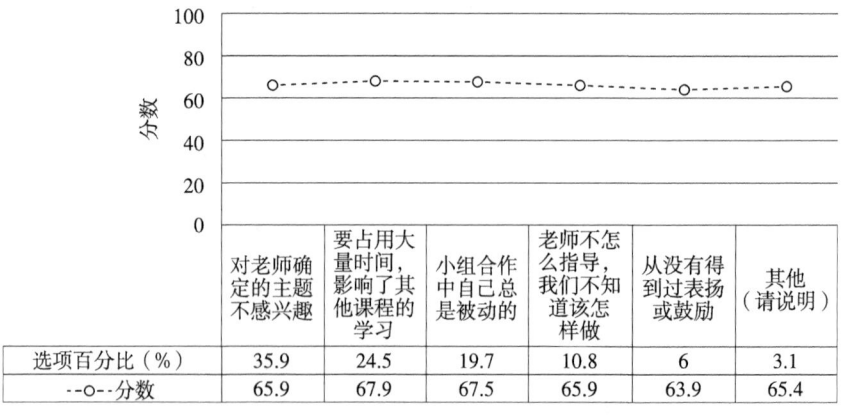

图 4-3-63 题目"对于综合实践活动，你最不喜欢的方面是什么"

第四章 中学综合实践活动问题解决思维实践能力测评分析及建议

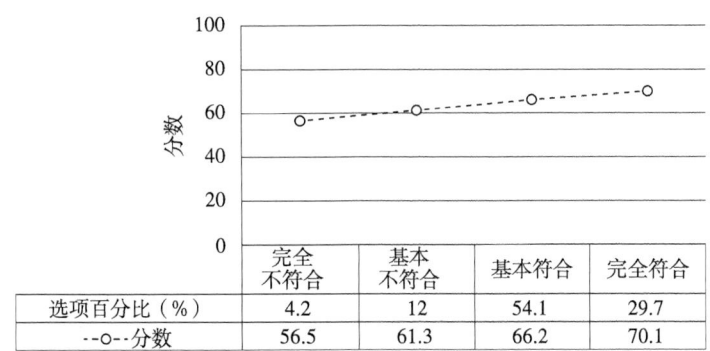

图 4-3-64 题目"以下说法在多大程度上符合你自己的感受：通过综合实践活动，我能够认真、踏实地探究，实事求是地获得结论"

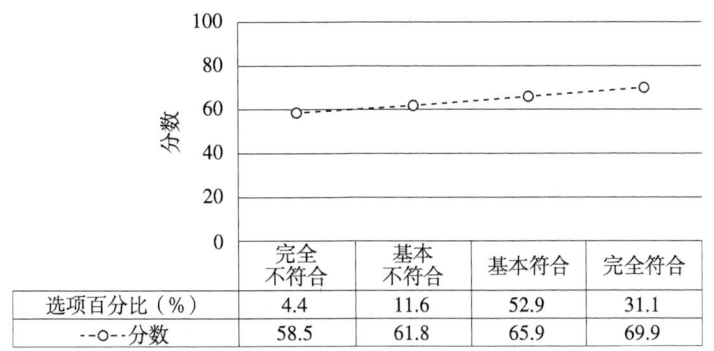

图 4-3-65 题目"以下说法在多大程度上符合你自己的感受：通过综合实践活动，我更加关注社会关心他人了"

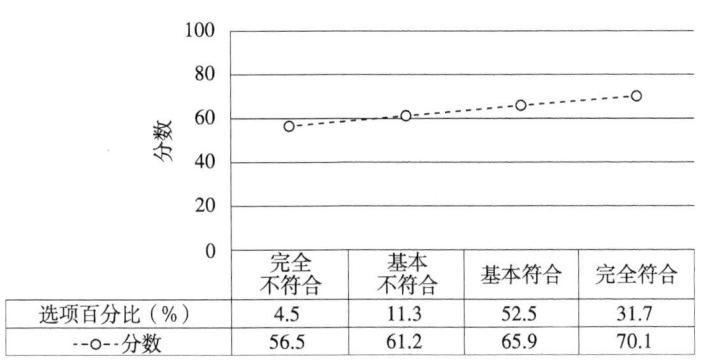

图 4-3-66 题目"以下说法在多大程度上符合你自己的感受：综合实践活动能够激发我的创新思想"

大数据背景下的基础教育质量提升：思维与应用

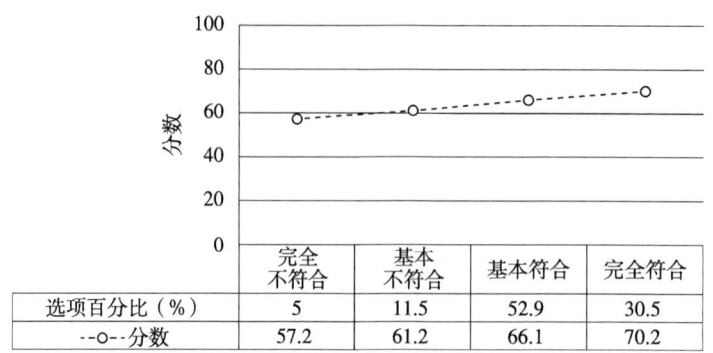

图 4-3-67　题目"以下说法在多大程度上符合你自己的感受：通过综合实践活动，我学会了调查、实验等研究方法"

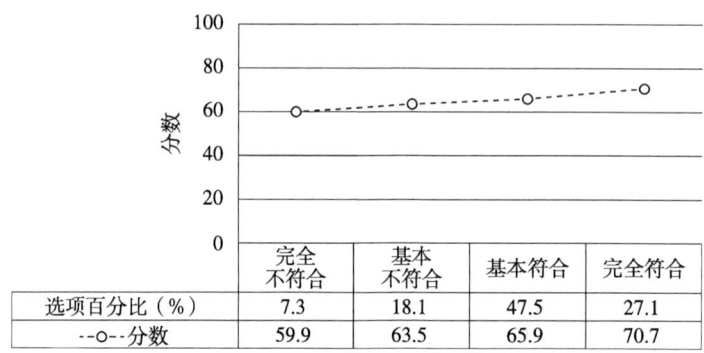

图 4-3-68　题目"以下说法在多大程度上符合你自己的感受：综合实践活动对我其他学科的学习有帮助"

（八）教师指导

教师指导主要是教学困难。教学困难对学生的得分有一定的影响。例如图 4-3-69，在"在综合实践活动中，你遇到的最大困难是"题目中，选择"家长不支持"和"其他"的学生分别占测评学生总数的 4.4% 和 2%，其得分分别为 61.3 分和 60.3 分，显著低于其他类别的学生。

第四章 中学综合实践活动问题解决思维实践能力测评分析及建议

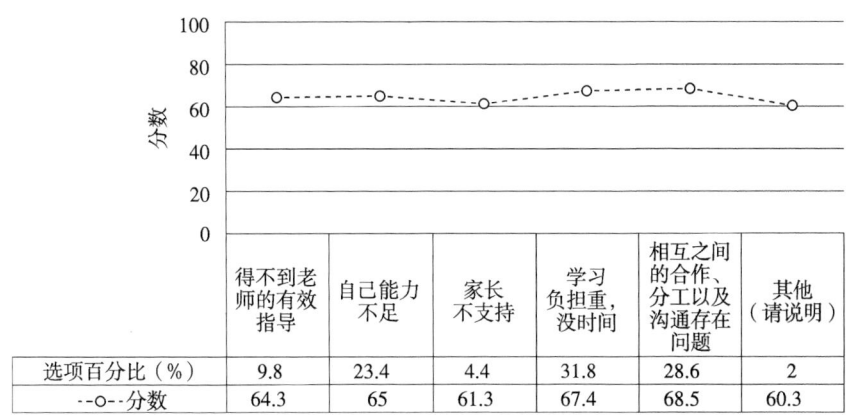

图 4-3-69 题目"在综合实践活动中,你遇到的最大困难是"

(九) 学校课程现状

学校课程现状主要是课程管理和课程资源,具体参见图 4-3-70 至图 4-3-73。课程管理和课程资源对学生的得分有一定影响。例如图 4-3-71,在"以下说法在多大程度上符合你自己的感受:家长对我参加综合实践活动非常支持"题目中,选择"完全符合"的学生占测评学生总数的 32.4%,其得分为 70 分,显著高于其他类别的学生。

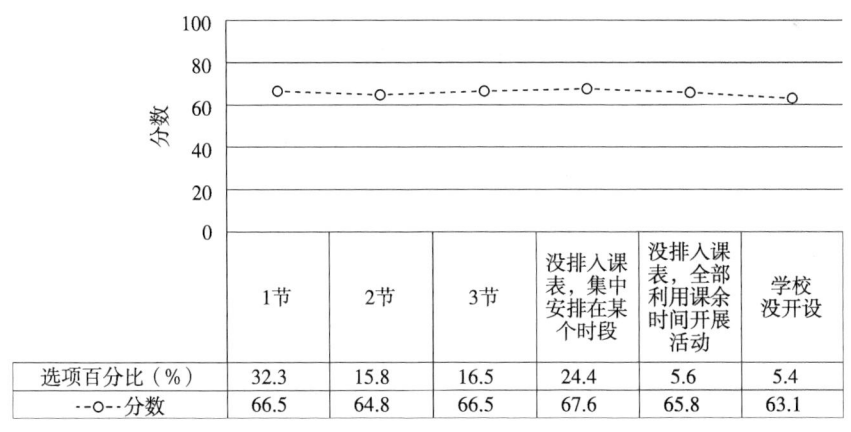

图 4-3-70 题目"你班每周安排几节综合实践活动课"

大数据背景下的基础教育质量提升：思维与应用

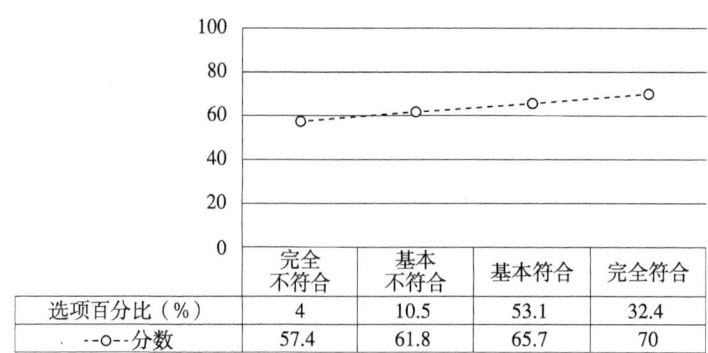

图 4-3-71　题目"以下说法在多大程度上符合你自己的感受：家长对我参加综合实践活动非常支持"

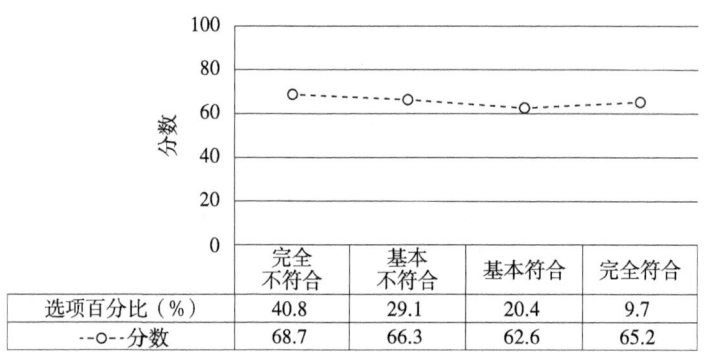

图 4-3-72　题目"以下说法在多大程度上符合你自己的感受：我们的综合实践活动经常改上其他课"

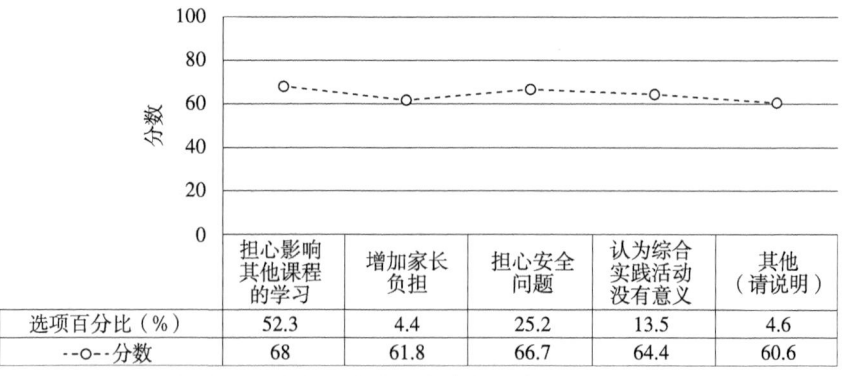

图 4-3-73　题目"据你所知家长不支持同学参加综合实践活动的最主要原因是什么"

第四章 中学综合实践活动问题解决思维实践能力测评分析及建议

第四节 学生特征分析

本节主要分析优秀水平和不合格水平学生的典型特征。其中,在学生层面,优秀水平和不合格水平学生均是基于学业水平分数线进行划定。

一、在性别上的差异

数据统计表明,处于优秀水平的学生数,女生(71.4%)远远多于男生(28.6%),处于不合格水平的学生数,男生(68.9%)远远多于女生(31.1%),优秀水平和不合格水平学生数量在性别上的差异见表4-4-1。这表明在综合实践活动的学习中女生比男生表现得更优秀。

表4-4-1 优秀水平和不合格水平学生数量在性别上的差异

题目	选项	不合格水平(%)	优秀水平(%)
你的性别是	男	68.9	28.6
	女	31.1	71.4

二、家庭背景的特征分析

数据表明,不合格水平学生是独生子女的相对较多,占82.2%;而优秀水平学生是独生子女的相对较少,只占54.3%,优秀水平和不合格水平学生在是否为独生子女方面的差异见表4-4-2。

表4-4-2 优秀水平和不合格水平学生在是否为独生子女方面的差异

题目	选项	不合格水平(%)	优秀水平(%)
你是否是独生子女	是	82.2	54.3
	否	17.8	45.7

数据表明,优秀水平学生自身(82.9%)及其父母(80.0%)对自己受教育程度期待都较高,都希望自身或孩子将来能接受大学以上的教育,而不

合格水平学生自身及父母对自己受教育程度期待都相对较低，甚至有些人没有期望值，优秀水平和不合格水平学生在希望受教育程度方面的差异见表4-4-3。

表 4-4-3　优秀水平和不合格水平学生在希望受教育程度方面的差异

题目	选项	不合格水平（%）	优秀水平（%）
你希望自己接受教育的程度	高中教育	0.0	0.0
	大学教育	40.9	17.1
	大学以上教育	50.0	82.9
	不清楚	9.1	0.0
父母希望你接受教育的程度	高中教育	2.3	0.0
	大学教育	30.2	20.0
	大学以上教育	53.5	80.0
	不清楚	14.0	0.0

三、学习品质特征分析

学习品质是个体在学习时所表现出的具有个性特点的心理倾向、行为特征、情绪体验和操作模式等一系列心智和情感活动，是影响和决定学习质量和效益的重要内在因素，具体表现为学习态度、学习行为和学习能力等方面。

（一）学习态度

学习态度是学生对学习的评价和行为倾向。表4-4-4表明，优秀水平学生对学习的自信比不合格水平学生高得多。

表 4-4-4　优秀水平和不合格水平学生在学习自信心方面的差异

题目	选项	不合格水平（%）	优秀水平（%）
我对学习充满自信	非常不符合	15.4	0.0
	不符合	33.3	11.8
	符合	46.2	61.7
	非常符合	5.1	26.5

优秀水平学生除了对学习充满自信，认为学习能够丰富完善自己，自己能

积极、主动迎接学习挑战，喜欢探究、钻研学习内容，对学习充满了愉悦和满足。而不合格水平学生中有不少对学习有惧怕心理、在学习上遇到困难就想放弃，感觉学习又苦又累，埋怨学习内容枯燥、教学方法呆板、令人厌倦、怀疑自己能力不足等，优秀水平和不合格水平学生的学习品质特征见表4-4-5。

表4-4-5　优秀水平和不合格水平学生的学习品质特征

学习品质	优秀水平学生	不合格水平学生
学习态度	我对学习充满自信	我对学习有惧怕心理
	我能积极、主动迎接学习挑战	我在学习上遇到困难就想放弃
	我对学习充满了愉悦和满足	学习又苦又累
	学习能够丰富完善自己	学习内容枯燥，教学方法呆板，令人厌倦
	我喜欢探究、钻研学习内容	怀疑自己能力不足

（二）学习行为

学习行为是指学生在日常学习中所表现出来的一切活动。调查表明，优秀水平学生比不合格水平学生在以下学习行为方面表现得更好：在学习新内容时，先整体看一看了解大致内容；弄清楚哪些概念还没有充分理解；尽量把自己的想法和课上所学的内容联系起来；如在课上没听明白，在课下继续弄懂；为了确定真正理解了所学内容，常向自己提问；为了保证学习效果，会制定每个阶段的学习目标，优秀水平和不合格水平学生在学习目标方面的差异见表4-4-6；为了适应课程需要或教师的教学方式，自己试着改变学习方式；在学习的过程中面对某个结论时，会思考其是否有足够的证据或有别的结论；试图依据所学内容形成自己的观点。经常反思自己是否解决了学习中发现的问题；在日常学习生活中，会使用计算机、手机、平板上阅读的课外图书等资源，优秀水平和不合格水平学生使用电子产品阅读课外图书方面的差异见表4-4-7。

而不合格水平学生上课注意力不集中，课上常因想其他事而错过重点，自己感到大脑有时反应慢，读完了一段材料却不知道它说的是什么。

表 4-4-6　优秀水平和不合格水平学生在学习目标方面的差异

题目	选项	不合格水平（%）	优秀水平（%）
为了保证学习效果，我都会制定每个阶段的学习目标	完全不符合	17.6	5.7
	基本不符合	35.3	17.1
	基本符合	38.3	57.2
	完全符合	8.8	20.0

表 4-4-7　优秀水平和不合格水平学生使用电子产品阅读课外图书方面的差异

题目	选项	不合格水平（%）	优秀水平（%）
在日常学习生活中，你使用下列资源的情况为：在计算机、手机、平板上阅读的课外图书	经常使用	11.8	14.3
	有时使用	20.6	40.0
	极少使用	41.1	25.7
	从不使用	26.5	20.0

四、学习特征分析

优秀水平和不合格水平学生对综合实践活动课程态度方面的差异见表4-4-8。

表 4-4-8　优秀水平和不合格水平学生对综合实践活动课程态度方面的差异

题目	选项	不合格水平（%）	优秀水平（%）
我喜欢综合实践活动	完全不符合	17.2	0.0
	基本不符合	13.8	8.6
	基本符合	38.0	22.9
	完全符合	31.0	68.5

在综合实践活动中的学习中优秀水平和不合格水平学生在学习行为方面也有很大的不同。例如，优秀水平学生每次综合实践活动都能积极参加，每次活动都能按计划完成任务。活动中总能发现别人值得学习的地方，能够借鉴同学提出的方法与建议。能在大量信息中找到有用的信息。能主动参与小组合作，并在同学需要时及时提供帮助。能条理清楚、准确生动地陈述自己

的研究过程和成果。活动结束后，能总结自己的成长和进步。此外，优秀水平学生参加并喜欢社会大课堂的活动，优秀水平和不合格水平学生在参与社会大课堂活动方面的差异见表4-4-9。

表4-4-9 优秀水平和不合格水平学生在参与社会大课堂活动方面的差异

题目	选项	不合格水平（%）	优秀水平（%）
本学期，你是否参加了社会大课堂活动？	参加	65.7	97.1
	没有参加	34.3	2.9
若选择了"参加"，请回答，你是否喜欢社会大课堂活动？	喜欢	71.4	100.0
	不喜欢	28.6	0.0

此外，优秀水平学生在开展综合实践活动的过程中，82.9%的学生是自己设计好活动去实施，需要时再去请教老师，这一数据大大高于不合格水平学生的37.9%，而且13.8%的不合格水平学生认为以教师讲授为主，优秀水平和不合格水平学生在参与综合实践活动主动性方面的差异见表4-4-10。

表4-4-10 优秀水平和不合格水平学生在参与综合实践活动主动性方面的差异

题目	选项	不合格水平（%）	优秀水平（%）
你在开展综合实践活动的过程中，通常是如何做的	自己独立完成	17.2	5.7
	老师设计好活动，带领我们一起去实施	31.0	11.4
	自己设计好活动去实施，需要时再去请教老师	38.0	82.9
	以教师讲授为主	13.8	0.0

第五节 中学综合实践活动问题解决思维实践能力问题与建议

一、当前现状

(一) 学生综合实践活动问题解决能力整体处于良好水平

从整体情况来看，中学生综合实践活动问题解决思维实践能力处于良好水平。其总体合格率为93%，优秀率为3.5%。

从各能力领域的学业水平情况来看，中学生在"发现问题的能力""规划与管理的能力""收集信息的能力""处理信息的能力""沟通与合作的能力"和"评价与反思的能力"六个能力领域均达到良好水平。就合格率而言，"评价与反思的能力"领域的合格率最高，为94.7%；"处理信息的能力"领域的合格率其次，为93.5%；"沟通与合作的能力"领域的合格率最低，为87%。就优秀率而言，"评价与反思的能力"领域优秀率最高，为22.6%；"规划与管理的能力"领域的优秀率最低，为10.3%。

就不同性别学生而言，中学男生和女生的综合实践活动平均学业水平均为良好水平，但两者差异显著。就不同地域学校学生而言，城市校、县镇校和农村校学生的中学综合实践平均学业水平均达到良好水平。城市学校的合格率低于县镇和农村学校，城市学校的优秀率高于县镇和农村学校。

(二) 学生喜欢综合实践活动课程

学生对综合实践活动课程的态度直接影响他们参与综合实践活动行为表现和活动成效。学生问卷数据显示，在"以下说法在多大程度上符合你自己的感受：我喜欢综合实践活动"调查题目上，选择"基本符合"和"完全符合"的学生分别占47.6%和35.1%，说明82.7%的学生对综合实践活动感兴趣。82.4%的学生表示自己每次都能够积极参加综合实践活动。教师问卷数据显示，80%的教师认为学生参与活动的态度很积极或比较积极，两者基本一致。学生对课程的认可程度与学生的学业水平是显著相关的，喜欢综合实践活动和能够积极参加综合实践活动的学生学业水平明显高于其他学生。

第四章　中学综合实践活动问题解决思维实践能力测评分析及建议

当进一步追问学生最喜欢综合实践活动的哪个方面时，84.5%的学生选择的内容集中在"可以探讨自己喜欢的问题""动手实践机会多"和"可以走出校门"，这三个方面体现了综合实践活动课程自主性、开放性和实践性的特点，正是这些特点让学生更加喜欢这门课程。学生对综合实践活动课程的认可在一定程度上反映出综合实践活动教育教学取得了比较理想的效果。

（三）学生的综合素质得到了发展

通过参与综合实践活动，学生在情感与态度发展方面、在实践能力发展方面、在知识与技能掌握方面都有很大收获。例如，在"以下说法在多大程度上符合你自己的感受：通过综合实践活动，我学会了分享与合作"问卷题目中，选择"完全符合"的学生占测评学生总数的32.6%，其得分为70.1分，显著高于其他类别的学生。通过综合实践活动，学生获得了参与探索的积极体验，体现在约77%的学生他们更喜欢探究问题了，80.4%的学生认为他们的自信心增强了。综合实践活动培养和发展了学生的科学态度和科学道德，83.8%的学生认为通过综合实践活动，自己能够认真、踏实地探究，实事求是地获得结论，83.1%的学生认为综合实践活动能够磨炼意志。学生的社会责任心和使命感，以及创新意识与创新精神也是综合实践活动课程重要的目标，84%的学生认为参与综合实践活动让他们更加关注社会、关心他人，84.2%的学生认为综合实践活动能够激发他们的创新思想。

实践能力是综合实践活动的重要培养目标，本次学业水平调研重点围绕学生的实践能力展开。学生完成实践性作业的情况说明学生实践能力总体上达到良好水平。86.7%的教师认为通过开展综合实践活动，学生的实践能力提高了。

学生对知识技能的掌握体现在83.4%的学生认为通过综合实践活动他们学会了调查、实验等研究方法。此外，74.6%的学生认为综合实践活动对他们学习其他学科有帮助。以上这些收获能够反映出学生在综合实践活动中获得了积极的情感体验，提高了多方面实践能力，并且学会了科学研究的基本方法，这些都是对学生终身发展具有重要意义的核心素养。

（四）学校对社会大课堂资源利用比较充分

在综合实践活动课程中，学生要走出学校，走进社会，这就需要学校和教师充分开发和利用社会教育资源。2008年，北京市中小学生社会大课堂的资源建设工作启动，大大丰富了综合实践活动课程资源，为全市中小学综合实践活动课程的有效实施奠定了基础。

数据显示，开展调查的那个学期85.1%的学生参加了社会大课堂的活动，参加活动的学生中87.9%的学生喜欢社会大课堂活动。进一步询问学生此前一年（2014年）参加社会大课堂活动次数，结果显示19.3%的学生参加了一次活动，32.9%的学生参加了两次活动，还有36.4%的学生参加了两次以上的活动。以上数据说明学生参加学校组织的社会大课堂活动还是比较普遍的。参加社会大课堂活动，可以为综合实践活动提供更加丰富的资源，促使学生的活动开展得更加深入。数据分析表明，参加社会大课堂活动能够明显提高学生的学业水平，在2014年参加了两次以上社会大课堂活动的学生学业水平明显高于仅参加了一次活动及没参加活动的学生，喜欢社会大课堂活动的学生学业水平显著高于不喜欢社会大课堂活动的学生。

在"在日常学习生活中，你使用下列资源的情况为：校外博物馆、美术馆等大型综合文化资源"问卷题目中，选择"经常使用"和"有时使用"的学生共为42.2%，选择"极少使用"的学生为30.1%，还有27.7%的学生"从不使用"。对比两道题目的数据可以看出，学生日常学习生活中对校外教育资源使用还不充分。学校开发利用社会大课堂资源，组织学生到社会大课堂中开展活动，促进了学生对社会教育资源的利用，也提高了综合实践活动的实效性。综合实践活动课程具有很强的开放性和实践性，需要学生走出教室，走进社会，开展丰富多彩的实践活动，社会大课堂资源的利用能够促进学生实践能力的提高，这些大课堂资源仅靠学生自发地使用是不够的，学校对社会大课堂资源的开发是非常重要的工作。

（五）教师的指导比较符合课程的理念和要求

综合实践活动课程尊重学生的兴趣、爱好，强调学生的自主性，提倡让学生自己选择学习的目标、内容、方式，自己决定活动结果呈现的形式。教师在学生开展综合实践活动的过程中，既不能包揽学生的全部活动，也不能对学生完全放手不管，而是应该根据学生活动的情况进行适时、适度的指导。

"在综合实践活动中，你们小组的活动主题通常是如何确定的"题目中，

58.9%学生能够在一定程度上参与活动主题的选择和确定。在"老师提供主题，学生从中选择"、"教师与学生共同商定"和"学生小组讨论自主确定"三种学生参与选题的情况下，学生的学业水平明显高于"教师指定选题"的情况。而且选题过程中，学生自主程度越高，学业水平也越高。

在"在综合实践活动中，你们最常用的分组方式是什么"题目中，学生能够"自愿结组"的占69.7%，其中"以自愿结组为主，教师调整为辅"的学生学业水平最高。在"在综合实践活动中，你们是怎么制订研究计划的"题目中，35.8%的学生讨论制订，其中"老师和学生共同制订"的学生学业水平最高。"你在开展综合实践活动的过程中，通常是如何做的"题目中，只有5.1%的学生选择了"以教师讲解为主"，94.9%的学生都能够亲身参与活动的实施。其中，"自己设计好活动去实施，需要时再去请教老师"的学生学业水平高于"自己独立完成"和"老师设计好活动，带领我们一起去实施"的学生，活动"以教师讲解为主"的学生学业水平最低。以上数据说明在确定活动主题、分组和制订计划的过程中，学生自主参与都能够促进学生提高学业水平，在学生发挥自主性的基础上，教师根据学生需要进行有针对性的指导对学生提高学业水平帮助更大。

在教师问卷中，"据您了解，学生在开展综合实践活动的过程中，教师通常是如何做的"题目中，选择"完全放手让学生去研究"和"以教师讲解为主"的教师仅占6.6%，90%的教师选择了"学生需要时教师才指导"或"教师带领学生一起去研究"。综合实践活动中方法指导是教师指导的重要内容，在"据您了解，教师在对学生进行方法指导时，主要采取哪种方式"题目中，选择"集中时间进行专门指导"和"渗透在具体活动中指导"的教师占96.7%，仅有3.3%的教师选择了"不做专门的方法指导"。

在学生问卷和教师问卷中，笔者针对学生综合实践活动实施的方式进行调查，以上数据结果显示多数教师对学生的指导比较符合课程的理念和要求。

二、问题与建议

（一）关注不同群体学生，整体提升综合实践活动学业质量

中学综合实践活动学生思维能力测评和调研结果显示，不同群体学生间的学业水平差异比较显著，学生整体学业水平仍然存在不均衡的现象，部分

学生的学业水平有待进一步提高。

参与本次调研的学生,不同性别的学生学业水平差异显著,男生在整体得分率、合格率、优秀率,以及全部六个能力领域中的得分率、优秀率、合格率均低于女生。不同地域学校学生思维能力测评结果显示,城市、县镇、农村学校学生群体平均学业水平存在差异,农村学校学生学业水平最高,县镇学校其次,城市学校最低,并且城市学校学生得分率与县镇学校和农村学校之间差异均显著。从合格率上看,农村学校的合格率最高,城市学校的合格率最低。但是从优秀率上看,城市学校学生的优秀率最高,农村学校的优秀率最低。

建议教育行政部门加强教育教学督导,通过多种方式和途径深入了解男、女生差异和地域差异所带来的学生学业水平不同的原因,并采取适当的措施,促进整体学业水平的提升,加强对基础薄弱地区的师资培训,加大投入,缩小学生学业水平的差距。

建议教研部门加强对不同地域学校的教学指导,帮助城区和郊区基础薄弱的学校寻找问题的根源,提出有效策略,提高薄弱校综合实践活动课程实施的质量。

建议教师要在综合实践活动中更加关注男生在活动中的表现,引导他们多动手实践,鼓励他们发挥自身优势,积极参与到小组各项实践活动当中,通过及时的反馈和评价促进男生学业水平的整体提高。

(二) 创造更多参与实践的机会,进一步提高学生问题解决思维实践能力

实践能力对于当今社会的每个人来说都是非常重要的,它是我们探索世界、改变世界、改变自身所不可或缺的素质,是学生核心素养的重要组成部分。

从整体来看,参与调研的中学学生总体学业水平达到良好水平,整体合格率为93%,优秀率仅为3.5%。本次调研以学生的实践能力为主要测查内容,学生在六项实践能力领域的平均学业水平均处于良好水平,都没有达到优秀水平,调研结果说明学生的实践能力还有待进一步提高。

学生的实践能力不是坐在教室里听讲就能提高的,发展学生的实践能力需要创造更多机会,让学生走出教室参与多种多样的实践活动。在亲身实践、

亲力亲为的过程中学生才能真正提高各方面的实践能力。北京市教委在修订的《北京市实施教育部〈义务教育课程设置实验方案〉的课程计划（修订）》中要求中小学各学科平均应有不低于10%的学时用于开展学科实践活动。《义务教育课程方案（2022年版）》中明确提出增强课程综合性、实践性，引导育人方式变革，着力发展学生核心素养的要求，同时规定综合实践活动开设起始年级提前至一年级，这些要求为中小学生开展实践活动创造了更多的机会，同时也提供了政策保证。建议教育行政部门严格执行新修订的课程计划，规范和指导本地区各学校在确保综合实践活动原有课时的基础上，统筹安排，合理规划，落实各学科增强实践性的要求，在各学科教学中增加实践活动的内容，发展学生的实践能力。

建议教育行政部门严格执行新修订的课程计划，规范和指导本地区各学校在确保综合实践活动原有课时的基础上，统筹安排，合理规划，落实各学科10%课时用于实践活动的要求，在各学科教学中增加实践活动的内容，发展学生的实践能力。

建议各级教研部门指导学校教师做好10%学科实践活动和原有综合实践活动的设计和开发，确保学生的实践活动能够高水平、规范地开展，提高活动实效性。

建议学校教师按照综合实践活动课程理念设计和实施，鼓励学生选择那些能够亲身参与实践活动的主题，并在活动过程中，引导和提示学生采用多种方式和方法深入开展实践活动，避免浅尝辄止，在综合实践活动中锻炼和提高学生的实践能力。

（三）探索有效指导策略，发展学生发现问题和处理信息的能力

发现问题是解决问题的起点，学生只有发现并且提出有价值的问题之后，才能开始着手解决问题。处理信息的能力是解决现实问题的关键环节，学生对收集到的信息进行处理和加工后，才能进一步提炼结论，提出解决问题的措施和方案。因此，这两项能力对于学生解决生活中的真实问题是非常重要的。

尽管中学学生总体在综合实践活动各能力领域均处于良好水平，但是对各领域间学生学业水平进行比较发现："收集信息的能力"和"评价与反思的能力"领域之间差异不显著，"发现问题的能力"和"沟通与合作的能力"

领域之间差异不显著，其余的领域之间差异显著。其中，"处理信息的能力"领域成绩最低，得分率为60.5%，"发现问题的能力"和"沟通与合作的能力"得分率也明显低于其他三个领域。学生在这两项能力上表现不够理想，提示教师在今后的综合实践活动实施过程中，应对此予以更多关注。

建议各级教研部门带领一线教师开展相关教育科学研究，积极探索有效的指导策略，帮助学生更好地提升发现问题的能力和处理信息的能力。

建议学校教师在实际教学过程中，更加关注并加强对学生选题阶段和形成活动成果阶段的指导。例如，在综合实践活动选题的过程中，教师可以通过引导学生多方面观察和记录身边的各种现象和问题，培养和提高学生的问题意识，然后再引导学生对发现的问题进行分析和筛选，从中选择有价值的问题作为活动的内容。在处理信息的过程中，教师可以更加细致地指导学生逐步对信息进行分析和加工，并从中提取有效信息，避免学生在处理信息的过程中不知所措，初中学生对信息处理仍停留在浅层次加工的状态。

（四）加强课程管理与评价，确保综合实践活动课程规范开设

综合实践活动是国家规定的必修课程，初中阶段三个年级都要开设，《北京市义务教育课程实施办法》要求综合实践活动在一至九年级开设，侧重跨学科研究性学习和社会实践，每周1学时，可统筹集中安排，也可分散安排。仅将综合实践活动集中安排在某个时段，无法完成文件要求,[①] 全部安排在课外时间进行，甚至根本不开设则不符合国家课程设置的要求。开齐课程，开足课时是学校规范办学的基本要求，也是各项教学正常开展的基本保证。促进学生实践能力发展，提高学生综合实践活动学业水平，急需加强课程管理与评价，确保综合实践活动课程规范开设。

调查结果显示，30%的学生指出学校没有将综合实践活动排入课表，而是将综合实践活动集中安排在某个时段，甚至都安排在课外时间进行，还有5.4%的学生指出学生根本没有开设综合实践活动课程。同时，也有30.1%的学生认为"综合实践活动经常改上其他课"。进一步分析显示，将综合实践活动改上其他课与学生的学业水平之间呈现显著负相关。

---

① 北京市教育委员会关于印发《北京市义务教育课程实施办法》的通知 [EB/OL]. [2023-12-28]. https://www.beijing.gov.cn/zhengcefagui/202209/t20220908_2811104.html.

建议各教育行政部门把综合实践活动课程的开设和实施作为本地区课程改革的重要内容予以整体安排和统筹考虑,从经费保障、课程建设、资源开发、监督评价等方面予以指导。设立综合实践活动教师职称评定系列,并将学校综合实践活动课程开设的情况作为教育督导评估的专项考察内容,在地区通过示范和引领,推进综合实践活动健康、稳定、有序地开展。

建议各区县教研部门能够结合视导和督导工作有计划、有目的地开展对本地区综合实践活动课程开设情况、师资情况、资源情况的调研,发现本区县各学校在综合实践活动课程管理方面存在的问题,为教育行政部门提供相应课程管理制度和政策制定的参考和依据。同时,教研部门还要指导学校做好课程的规划和设计,制定具有可操作性的综合实践活动课程计划和方案。

建议学校将综合实践活动课程纳入学校课程安排,总体设计,周密安排,制定切实可行的综合实践课程实施方案。学校要制定相应的课程管理制度,包括指导教师工作职责制度、教师培训制度、教师工作量的认定制度、教师的激励与评价制度,要明确学生参与综合实践活动的流程,形成学生研究成果的展示与激励机制,制定学生外出实践的安全预案和相应保障制度。学校要开发课程资源、提供活动经费、建立课程的评价考核体系。学校还要配置课程实施所需的师资力量,仅由1~2名专任教师或全部由兼任教师承担综合实践活动课程都是比较困难的,学校应建立一支专兼职相结合的教师队伍。

(五)提高教师培训的实效性,促进教师专业发展

综合实践活动课程的实施过程是教师指导下学生的自主实践学习过程,教师的有效指导是实现综合实践活动课程价值的基本保证。由于综合实践活动课程跨越了学科的界限,因此对教师提出了更高的要求。加强教师培训,建立起一支专兼职相结合,能够胜任综合实践活动指导工作的教师队伍,是课程有效实施必备的条件。

调研数据显示,仍有16.7%的教师在"是否有必要开设综合实践活动课程"题目中选择了"否"或"不清楚";20%的教师对综合实践活动课程价值还存在疑惑,甚至持否定态度,说明还有不少教师对综合实践活动课程的理解和认识存在不足。

学生问卷数据显示,在选题阶段41.2%学生活动主题是教师指定的,

35.9%的学生对于综合实践活动，最不喜欢的方面是"对老师确定的主题不感兴趣"，由教师指定主题的学生学业水平显著低于在不同程度上参与主题选择的学生。50.2%学生最常用的活动方式为"从书刊、网络上收集整理资料"，综合实践活动强调实践性，提倡学生亲身参与各种类型的具有实践性的活动，从书刊、网络上收集整理资料对于学生活动的开展尽管是必要的，但不应成为学生最主要的活动方式。在教师问卷中关于"某校学生想要了解学校周边某路口的拥堵状况，他们只在学校路口对过往的行人进行问卷调查。您认为这样的活动方式怎样"题目中，仅有43.3%的教师认为这个方式不可行，因为问卷调查法不是了解交通拥堵原因的最佳方式，方法的针对性不强，这一选项是正确的，但选择此项的教师比例较低。

以上调研结果说明，综合实践活动教师还需要通过培训进一步提高专业素养，在加深对课程理念和要求认识的基础上，提升自身指导学生开展综合实践活动的能力和水平，提高课程实施的质量。

建议各教育行政部门采取措施，首先稳定教师队伍，建立起一支专兼职相结合的综合实践活动教师队伍。在此基础上，建议教育行政部门建立健全教师培训机制，为教师参与各级各类进修和培训提供政策支持和保障，促进教师提高专业水平。

建议区县教研部门针对教师需求设计培训课程，多层次开展教学研究活动。由于当前北京市高等师范院校尚未开设中学综合实践活动的课程，综合实践活动教师的培训均由职后培训来完成，合理设计教师需要的培训课程，加强对在职教师的培训是提高教师教学基本功的重要措施。综合实践活动教师培训课程的设计要充分考虑教师在职接受培训的特点，针对教师的实际需求开设。培训课程的内容应更加侧重教学实践的研究和指导，减少单纯的理论和课程理念的培训，提高培训课程的针对性和实效性。综合实践活动教师专业素质的提高，仅靠短期的集中培训难以实现。为帮助教师更好地理解综合实践活动课程内涵，把握课程实施的要求，市、区教师培训与教学研究部门还需要多层次、多渠道地开展各级各类教学研究活动，为教师提供多种观摩、学习、研究和交流的机会。同时教研部门还可以通过各种评选与展示活动，促进教师参与课程研究的积极性，多方面提高教师的指导能力。

建议学校积极采取措施，形成专兼职相结合的教师团队，让一些参加过

第四章 中学综合实践活动问题解决思维实践能力测评分析及建议

培训、具有一定经验的教师能够持续稳定地担任综合实践活动的教学工作，同时带动其他教师参与综合实践活动的指导，确保课程能够深入推进。同时，学校还要为教师外出参加学习和培训提供支持和保障，并在校内建立综合实践活动教研组，定期开展校本教研和培训，提高教师团队整体水平。

建议教师重视自身专业发展，积极参与各种学习和交流活动，在培训的过程中避免被动地听讲和观摩，主动参与课程教学实践，自主设计并实施综合实践活动，结合指导学生开展活动时遇到的问题开展相应的课例研究和案例研究，不断积累实践经验，提高课程实施的能力和水平，在教学实践过程中实现自身专业发展。

附：题型示例

样题1：中学综合实践活动作业

进行访谈时，你确定的是哪一位教师？请把你选择这位教师进行访谈的原因写在下面。3分

---
* **考查内容**：学生能够正确选择访谈对象
* **适合水平**：合格水平
* **实测难度**：此题得分率为89.6%
* **参考答案**：写清教师称谓或职务，有针对性地了解学校某些方面的具体情况
* **评分标准**：3分 写出明确访谈对象（1分），选择原因包含全面了解学校情况（2分）
* **答题情况分析**：得分率为0.896，绝大多数学生可以得分

样题2：中学综合实践活动作业

请你整理收集的文献资料，为学校编写一份150字左右的简介。4分

---
* **考查内容**：考查学生进行文献收集的能力，并且能够用流畅的语言表达清楚
* **适合水平**：良好水平
* **实测难度**：此题得分率为54.6%
* **参考答案**：语言通畅，学校基本情况表达清晰，能说出学校特色
* **评分标准**：4分 简介字数在100~200字（1分）；语言流畅表达清晰（1分）；内容全面，能概括学校基本情况（1分）；能说出学校特色（1分）
* **答题情况分析**：这道题有54.6%的学生能够达到满分，28.3%的学生能够拿到3分，总体来看72.9%的学生在这道题目上表现是良好的

样题3：中学综合实践活动作业

请你对自己学校的《学校一览手册》的设计思路以及设计特色进行说明。5分

> *考查内容：学生能够对形成实践活动任务的成果有明确的设计思路，并且能够突出自己的特色
> *适合水平：优秀水平
> *实测难度：关于设计的得分率为1.7%，特色说明的得分率为55.2%
> *参考答案：能够清晰表达《学校一览手册》设计的思路，并且合理分析自己的特点
> *评分标准：设计思路说明共3分：清晰说明手册内容及各部分之间的关系（1分），说明手册内容编排的方式方法（1分），能说出手册设计的原则或说明设计原因（1分）。未做出说明不给分
> 设计特色说明共2分：能提出至少一条自己设计的特色（1分），提出的特色符合实际情况，并能言之有理（1分）。未做出说明不给分
> *答题情况分析：关于说明设计特色是学生答题的普遍问题所在，只有1.7%的学生在阐述设计特色的问题中获得了满分3分；23.4%的学生获得了2分；更多的是60.8%的学生，只得了1分；还有14.1%的学生是0分。说明关于设计的能力是学生们普遍欠缺的，今后在这个方面教学要有加强。而说明设计特色的部分学生表现尚可，有55.2%的学生获得了该问卷的满分2分，说明学生比较善于总结自己的优势

第六节 中学综合实践活动问题解决思维实践能力录像课分析

一、研究目的

为了全面了解影响学业质量的教学因素，了解课堂教学现状，笔者开展了中学综合实践活动录像课分析的研究。采用定量研究与质性研究相结合的方法，评价课堂教学质量，诊断教学问题，为有效改进教学提供建议。

二、录像课样本

（一）抽样的方法

录像课来自参加测评区县的学校。每个区县抽取了一所学校的一个班作为测评班，每个测评班摄录两节课。全市共录制8节，全部为中学课例。

第四章　中学综合实践活动问题解决思维实践能力测评分析及建议

（二）课例选择的目的

笔者选择"发现并提出问题"和"展示交流和评价反思"两节课进行课例分析，原因在于：在综合实践活动中学生发现问题的能力非常重要，它是开展综合实践活动教学的基础与起点，同时发现问题恰恰也是最为困难的一个教学环节，学生们普遍缺乏问题意识，因此教师在教学过程中必须重视对学生发现问题的指导。"展示交流和评价反思"作为活动总结归纳后的成果表现，能够清晰反馈出综合实践活动的过程研究与成果提炼，表达出学生经历整个综合实践活动的成长与思考，因此"展示交流和评价反思"的教学环节也是学习过程中重要并且精彩的一个环节。这两种课型的教学课例很能代表教师在综合实践活动中的指导能力。录像课信息见表4-6-1。

表4-6-1　录像课信息

序号	课例编号	课例名称	年级
1	J08201501	中学综合实践活动—发现并提出问题	初中二年级
2	J08201502	中学综合实践活动—展示交流和评价反思	初中二年级
3	J08201503	中学综合实践活动—发现并提出问题	初中二年级
4	J08201504	中学综合实践活动—展示交流和评价反思	初中二年级
5	J08201505	中学综合实践活动—学会提问和思考	初中二年级
6	J08201506	中学综合实践活动—展示交流和评价反思	初中二年级
7	J08201507	中学综合实践活动—发现并提出问题	初中二年级
8	J08201508	中学综合实践活动—展示交流和评价反思	初中二年级

三、研究方法

本研究采用了三种工具相结合的分析框架分别是：编码体系、记号体系和等级指标。

（一）编码体系

本研究采用了S-T分析工具对师生教学行为进行分析，采用弗兰德斯语言分析工具对师生语言互动进行分析，并将二者进行整合，整合后，弗兰德斯语言指标数量不变，依旧是1~10，共10个指标。S-T指标中，教师行为指标有8个，学生行为指标有12个。与小学综合实践活动编码体系相同。

（二）记号体系

本研究采用记号体系对活动前教师对学生提出要求、学生小组活动时教师的指导方式、学生小组展示后教师的指导方式和教师提出问题的类型进行分析，与小学综合实践活动记号体系相同。

（三）等级指标

本研究采用了等级指标工具对课堂教学整体进行分析。等级指标分为两级，每一个二级指标下，又设计了观察的要点。等级指标的得分，需要依据对观察要点的整体判断进行赋值。S-T分析结果、弗兰德斯语言互动分析结果、记号体系结果等都属于观察要点的重要组成部分。与小学综合实践活动等级体系相同。

四、研究结果

对8节录像课的分析主要包括教学目标、教学内容、教学过程和教学效果。从分析的整体结果看，教师在教学内容上的平均得分是最高的，为7.8分；其次为教学目标和教学效果，平均得分都为7.7分；平均得分最低的是教学过程，为7.5分。课堂教学质量总评结果见表4-6-2。

表4-6-2 课堂教学质量总评结果

编号	评价指标	满分	最高分	最低分	标准差	差异系数	平均分	图示
00	总体结果	10	8.4	6.6	0.6	7.7	7.7	
01	教学目标	10	8.3	6.5	0.6	7.5	7.7	
02	教学内容	10	8.5	7.0	0.6	7.2	7.8	
03	教学过程	10	8.4	6.6	0.6	8.4	7.5	
04	教学效果	10	8.8	6.3	0.8	11.0	7.7	

（一）教学目标

教学目标的评价主要包括符合课程标准的程度、符合学生实际的程度以及可操作的程度三个方面二级指标。

从分析的整体结果看，三个二级指标平均值有一定的差异：可操作的程度在三个二级指标中平均分是最高的，为 8.1 分；其次为教学目标，平均分为 7.7 分；平均分最低的是符合课程标准的程度，为 7.3 分。综合实践活动没有课程标准，教师依据的是《综合实践指导纲要》，这说明教师在制定教学目标的时候，更为关注教学目标可操作的程度，而对符合学生实际的程度有关学情的考虑还应该加强。还有一点是综合实践活动目前没有课程标准，这也就造成了符合课程标准的程度在三个二级指标中是最低的，因为教师无法按照课程统一标准把握教学。教学目标评价结果见表 4-6-3。

表 4-6-3　教学目标评价结果

编号	评价指标	满分	最高分	最低分	标准差	差异系数	平均分	图示
01	教学目标	10	8.3	6.5	0.6	7.5	7.7	
0101	符合课程标准的程度	10	8.5	6.0	0.7	9.6	7.3	
0102	符合学生实际的程度	10	8.5	6.5	0.7	9.1	7.6	
0103	可操作的程度	10	9.0	7.0	0.6	7.2	8.1	

1. 符合课程标准的程度

符合课程标准的程度从知识与技能目标、能力目标、情感目标和问题解决方法目标这 4 个方面进行评价。8 节课例中，通过数据分析可以看出，教师在落实知识与技能目标方面是表现最好的，统计比例达到 87.5%；其次是在落实能力目标和问题解决方法目标方面，比例都达到 81.3%；相对比例最低的是情感目标的落实，为 75%。符合课程标准的程度见表 4-6-4。

表 4-6-4　符合课程标准的程度

编号	评价指标	选项/项目	选择百分比（%）	图示
010101	教学目标的类别	知识与技能目标	87.5	
		能力目标	81.3	
		情感目标	75.0	
		问题解决方法目标	81.3	

2. 符合学生实际的程度

符合学生实际的程度具体评价指标有：符合班级学生整体水平、能兼顾最高水平与最低水平，有层次性和教学难点准确这三个方面。从符合班级学生整体水平这一维度来看，87.5%的教师实施的教学指导基本符合班级的整体水平，没有不符合的情况发生。从能兼顾最高水平与最低水平，有层次性的维度上看，75%的基本符合，25%的表现一般，比例为3∶1。相对问题较大的就是教学难点准确这一维度，基本符合的比例是56.2%，说明只有一半多一点的教师指导教学难点把握较好，还有6.3%的教师教学难点准确把握不够符合实际教学情况。这说明对于综合实践活动教学难点预设与突破，教师还要下功夫研究。符合学生实际的程度见表4-6-5。

表 4-6-5　符合学生实际的程度

编号	评价指标	选项/项目	选择百分比（%）	图示
010201	符合班级学生整体水平	基本符合	87.5	
		一般	12.5	
		基本不符合	—	—
010202	能兼顾最高水平与最低水平，有层次性	基本符合	75.0	
		一般	25.0	
		基本不符合	—	—
010203	教学难点准确	基本符合	56.2	
		一般	37.5	
		基本不符合	6.3	

3. 可操作的程度

这一指标的具体衡量维度有三个方面：目标描述的行为主体，具有目标达成的教学方式、方法的描述和描述指向。在目标描述的行为主体方面，8节课例中62.4%的活动主体是学生，31.3%的主体包括学生和教师，也有6.3%的主体是教师。说明综合实践活动确实是师生共同实施以学生为主的教学模式。在具有目标达成的教学方式、方法的描述维度方面，87.5%的比例侧重让学生进行展示的过程；学生进行设计的过程和让学生进行反思的过程都占

第四章 中学综合实践活动问题解决思维实践能力测评分析及建议

了50%；37.5%侧重让学生进行运用的过程；让学生进行调查的过程比例最低，为6.3%。在描述指向维度，75%是兼顾学习过程和学习结果，说明综合实践活动既重视过程性研究，同时也关注学习结果的表达。可操作的程度见表4-6-6。

表4-6-6 可操作的程度

编号	评价指标	选项/项目	选择百分比（%）	图示
010301	目标描述的行为主体	学生	62.4	
		教师	6.3	
		学生和教师	31.3	
010302	具有目标达成的教学方式、方法的描述	有让学生进行调查的过程	6.3	
		有让学生进行设计的过程	50.0	
		有让学生进行反思的过程	50.0	
		有让学生进行展示的过程	87.5	
		有让学生进行运用的过程	37.5	
010303	描述指向	学习过程	12.5	
		学习结果	12.5	
		二者皆有	75.0	

（二）教学内容

教学内容涉及五项具体指标，分别为教学内容合理性与科学性、教学内容的结构化（或系统化）程度、与学生认知水平的适切度、满足学生兴趣的程度和教师提出问题的类型。

从整体的数据分析来看，教师在满足学生兴趣的程度方面平均分得分最高，为8.1分；在教学内容合理性与科学性、教学内容的结构化（或系统化）程度两方面平均分一致，都是7.9分；在教学内容与学生认知水平的适切度方面平均分均为7.8分；得分最低的是教师提出问题的类型，平均分为7.1分，与前五项差距较大。教学内容分析结果见表4-6-7。

• 259 •

表 4-6-7　教学内容分析结果

编号	评价指标	满分	最高分	最低分	标准差	差异系数	平均分	图示
02	教学内容	10	8.5	7.0	0.6	7.2	7.8	
0201	教学内容合理性与科学性	10	9.0	6.5	0.7	8.8	7.9	
0202	教学内容的结构化（或系统化）程度	10	8.5	7.0	0.6	7.3	7.9	
0203	与学生认知水平的适切度	10	8.5	7.0	0.6	7.1	7.8	
0204	满足学生兴趣的程度	10	9.0	7.0	0.5	6.7	8.1	
0205	教师提出问题的类型	10	8.5	5.5	0.9	13.5	7.1	

1. 教学内容的合理性与科学性

有关教学内容的合理性与科学性分为三个维度：所选择的教学内容、教学内容的讲解是否有错误和拓展资源中是否有错误。从结果来看，有现实意义的选项占比为 93.8%，具有教育价值的选项占比为 68.8%，说明教学内容是科学合理的。从教学内容的讲解是否有错误角度来看，没有错误的选项占比为 93.7%，但仍然有 6.3% 的占比判断是有错误的，这对于教师来讲要格外关注，教学的严谨性是什么时候都不能忽视的。从拓展资源中是否有错误方面看，表现很好，100% 是正确的。教学内容的合理性与科学性见表 4-6-8。

表 4-6-8　教学内容的合理性与科学性

编号	评价指标	选项/项目	选择百分比（%）	图示
020101	所选择的教学内容	有教育价值	68.8	
		有现实意义	93.8	
020102	教学内容的讲解是否有错误	是	6.3	
		否	93.7	

第四章　中学综合实践活动问题解决思维实践能力测评分析及建议

续表

编号	评价指标	选项/项目	选择百分比（%）	图示
020103	拓展资源中是否有错误	是	—	—
		否	100.0	

2. 教学内容的结构化（或系统化）程度

教学内容的结构化（或系统化）程度分为三个维度，分别为教学内容能体现、能与以前的生活和学习经验相联系和能与其他学科知识有联系。其中教学内容能体现得分最高的是自主性和开放性，为81.3%；突出探究性的是68.8%；突出综合性的是43.8%。从能与以前的生活和学习经验相联系来看，结果不错，100%都与以前的生活和学习经验相联系。从能与其他学科知识有联系来看，不太符合的选项占比为6.3%。教学内容的结构化（或系统化）程度见表4-6-9。

表4-6-9　教学内容的结构化（或系统化）程度

编号	评价指标	选项/项目	选择百分比（%）	图示
020201	教学内容能体现	自主性	81.3	
		开放性	81.3	
		综合性	43.8	
		探究性	68.8	
020202	能与以前的生活和学习经验相联系	比较符合	100.0	
		一般	—	—
		不太符合	—	—
020203	能与其他学科知识有联系	比较符合	68.7	
		一般	25.0	
		不太符合	6.3	

3. 与学生认知水平的适切度

与学生认知水平的适切度分为四个维度：难度与学生水平适切、总量与学生水平适切、重点内容突出和呈现顺序循序渐进。其中表现最好的是总量与学生水平适切，比较符合选项占比为93.7%；难度与学生水平适切维度，比较符合占了81.2%；重点内容突出，比较符合占了75%；呈现顺序循序渐进表现最差，比较符合占了62.5%，还有12.5%为不太符合。与学生认知水平的适切度见表4-6-10。

表4-6-10 与学生认知水平的适切度

编号	评价指标	选项/项目	选择百分比（%）	图示
020301	难度与学生水平适切	比较符合	81.2	
		一般	18.8	
		不太符合	—	—
020302	总量与学生水平适切	比较符合	93.7	
		一般	6.3	
		不太符合	—	—
020303	重点内容突出	比较符合	75.0	
		一般	25.0	
		不太符合	—	—
020304	呈现顺序循序渐进	比较符合	62.5	
		一般	25.0	
		不太符合	12.5	

4. 满足学生兴趣的程度

满足学生兴趣的程度分为两个维度：活动是否由学生自主选题和学生对教学内容感兴趣。由于本次综合实践活动有明确主题，所以活动是否由学生自主选题否选项占据多数，为68.7%；而学生对教学内容感兴趣比较符合占了87.5%，说明设计校园一览图是学生感兴趣的活动。满足学生兴趣的程度见表4-6-11。

表4-6-11 满足学生兴趣的程度

编号	评价指标	选项/项目	选择百分比（%）	图示
020401	活动是否由学生自主选题	是	31.3	
		否	68.7	

续表

编号	评价指标	选项/项目	选择百分比（%）	图示
020402	学生对教学内容感兴趣	比较符合	87.5	
		一般	12.5	
		不太符合	—	—

5. 教师提出问题的类型

教师提出问题的类型分为：一般是非性问题、是什么的问题、为什么的问题和怎么样的问题。其中是什么的问题最为突出，占了46%；一般是非性问题位于其次，占了22%；怎么样的问题占了21%；最少的是为什么的问题，仅占11%。而恰恰为什么的问题最有思考和研究价值，教师在今后的教学中要关注问题更有深度和有思考价值。教师提出问题的类型见表4-6-12。

表4-6-12　教师提出问题的类型

编号	评价指标	选项	平均次数	百分比（%）
020501	教师提出问题的类型	一般是非性问题	3.1	22.0
		是什么的问题（What）	6.4	46.0
		为什么的问题（Why）	1.5	11.0
		怎么样的问题（How）	2.9	21.0

（三）教学过程

课堂教学过程的评价主要包括时间安排的合适程度、教师行为和学生行为比例合适程度、教学方式的适切度、师生语言互动有效等4个二级指标。

通过评价和分析，教学过程的总平均分为7.5分。在具体指标中，最高得分是"教学方式的适切度"，为7.7分；其次是"师生语言互动有效"，为7.6分；"教师行为和学生行为比例合适程度"为7.4分；最低得分是"时间安排的合适程度"，为7.3分。教学过程分析结果见表4-6-13。

表 4-6-13　教学过程分析结果

编号	评价指标	满分	最高分	最低分	标准差	差异系数	平均分	图示
03	教学过程	10	8.4	6.6	0.6	8.4	7.5	
0301	时间安排的合适程度	10	8.5	6.5	0.7	9.8	7.3	
0302	教师行为和学生行为比例合适程度	10	8.5	6.5	0.6	8.5	7.4	
0303	教学方式的适切度	10	8.5	6.5	0.6	7.2	7.7	
0304	师生语言互动有效	10	8.5	6.0	0.9	11.8	7.6	

1. 时间安排的合适程度

8节课中教学环节的时间安排大部分较为合理，教师在综合实践活动的课堂教学中在重点和难点问题的突破上时间安排较为充分，给予学生足够的展示表达时间。但在一些课例中，笔者也发现学生的交流、讨论和思考的时间略显不足。以编号为J08201506为例，这节课是活动成果的展示交流课，共分为三个主要环节：第一个环节是展示自己制作的《学校一览手册》，教师对每个同学的展示都做出点评；第二个环节是学生围绕本次活动进行反思，并相互讨论和交流；第三个环节是教师对活动进行总结。课例J08201506各教学环节时间分配如表4-6-14所示。

表 4-6-14　课例 J08201506 各教学环节时间分配

编号	评价指标	环节	平均时间（分钟）
030101	每个教学环节时间是否合适	第一环节	35
		第二环节	10
		第三环节	2

由表4-6-14可以看出，这节课第一环节用时35分钟，学生展示和教师的点评时间相对比较充足，但是留给学生相互交流、点评的时间略显不足，而学生的自我反思评价没有在课上安排。在综合实践活动成果展示交流活动中不仅要展示学生的活动成果，还要引导学生相互之间充分质疑、交流和评

价，同时反思自己的活动过程，学生的交流和反思也是展示交流课的教学重点，因此教师还应给学生间的相互交流评价提供充足的时间。

2. 教师行为和学生行为比例合适程度

教师行为占有率是指在所有课堂教学行为中教师行为所占的比例，例如，教师讲授、展示、操作、提问等行为的比例。学生行为占有率是指在所有课堂教学行为中学生行为所占的比例，例如，学生阅读、书写、操作、讨论等行为。对教师行为和学生行为的分析，采用了 S-T 分析法。将教学中的行为分为学生 S 行为和教师 T 行为两类，以 3 秒为间隔，对观察到的教师行为和学生行为进行采样、记录，根据教师行为和学生行为以及师生行为的转换情况分析其教学模式。S-T 分析方法共有 4 种教学模式：对话型、练习型、混合型和讲授型。教学模式含义见表 4-6-15。

表 4-6-15 教学模式含义

教学模式	标准条件	意义
对话型	CH≥0.4	教师行为和学生行为转换率≥40%
练习型	RT≤0.3	教师行为占有率≤30%
混合型	0.3<RT<0.7 CH<0.4	教师行为占到 30%~70%，师生行为转换率<0.4
讲授型	RT≥0.7	教师行为占有率 70% 及以上

从 8 节课的整体情况上看，课上教师行为和学生行为所用的时间分别为 22 分 12 秒和 24 分 18 秒，学生行为所用时间相对较长，说明教师比较注重学生的主体地位。8 节课教师行为时间和学生行为所用时间见表 4-6-16。

表 4-6-16 8 节课教师行为时间和学生行为所用时间

编号	分类	所用时间
1	教师行为时间	22 分 12 秒
2	学生行为时间	24 分 18 秒

本次用于分析的 8 节课，根据教学内容可分为两类：发现问题课和展示交流课。两类课上教师行为时间和学生行为所用时间有所不同，其中发现问

题课上学生在教师的引导下围绕活动主题进行比较充分的讨论和交流，学生行为时间更多。4节课发现问题见表4-6-17，4节课展示交流课教师行为和学生行为所用时间见表4-6-18。

表4-6-17　4节课发现问题课教师行为和学生行为所用时间

编号	分类	所用时间
1	教师行为时间	18分52秒
2	学生行为时间	36分20秒

表4-6-18　4节课展示交流课教师行为和学生行为所用时间

编号	分类	所用时间
1	教师行为时间	28分29秒
2	学生行为时间	18分1秒

具体分析8节课每一类教师行为与学生行为平均所用时间和百分比，发现学生行为中班级展示所用时间最多，其次是小组讨论所占的时间，说明教师们善于发挥小组讨论和展示这两种学习方式在综合实践活动课堂学习中的作用。8节课每一类教师行为与学生行为平均所用时间和百分比见表4-6-19。

表4-6-19　8节课每一类教师行为与学生行为平均所用时间和百分比

类别	语言类别	平均所用时间	百分比（%）	图示
教师行为	接纳学生的情感	6秒	0.2	
	称赞或鼓励	50秒	1.7	
	接受或利用学生的想法	1分40秒	3.4	
	教师提问	1分59秒	4.1	
	教师讲解	11分49秒	24.2	
	命令或指示	5分4秒	10.4	
	批评学生	0秒	0.0	
	教师非语言行为	56秒	1.9	
	合计	22分24秒	45.9	

续表

类别	语言类别	平均所用时间	百分比（%）	图示
学生行为	小组讨论	5 分 46 秒	11.8	
	回答问题	2 分 30 秒	5.1	
	班级展示	10 分 56 秒	22.4	
	学生点评	32 秒	1.1	
	其他	26 秒	0.9	
	学生阅读	32 秒	1.1	
	学生书写	4 分 44 秒	9.7	
	学生思考	6 秒	0.2	
	看视频、演示听录音	3 秒	0.1	
	学生独立动手操作	0 秒	0.0	
	学生合作探究	0 秒	0.0	
	语言类属不清楚或沉默	53 秒	1.8	
	合计	26 分 28 秒	54.1	

从图 4-6-1 至图 4-6-4 中可见课例 J08201508、J08201506、J08201504、J08201502 教师行为和学生行为百分比，其中学生行为占用的时间很多，因为它们都是综合实践活动成果的展示交流课，学生小组分别派代表讲解活动成果，教师只是点评，学生行为所用的时间较长。J08201502 也是综合实践活动成果的展示交流课，但教师行为所用时间较长。

课例 J08201502 的教师行为和学生行为百分比不当，学生行为只占到 44%，在本节课中，学生成果展示得很不充分，美术教师点评"规划图"的语言也不够精练，浪费了很多时间。其实，教师只要示范点评一个小组的"规划图"，其他小组展示"规划图"后，由另外小组的学生来评价，这样做生生之间的交流也可以更加深入。

大数据背景下的基础教育质量提升：思维与应用

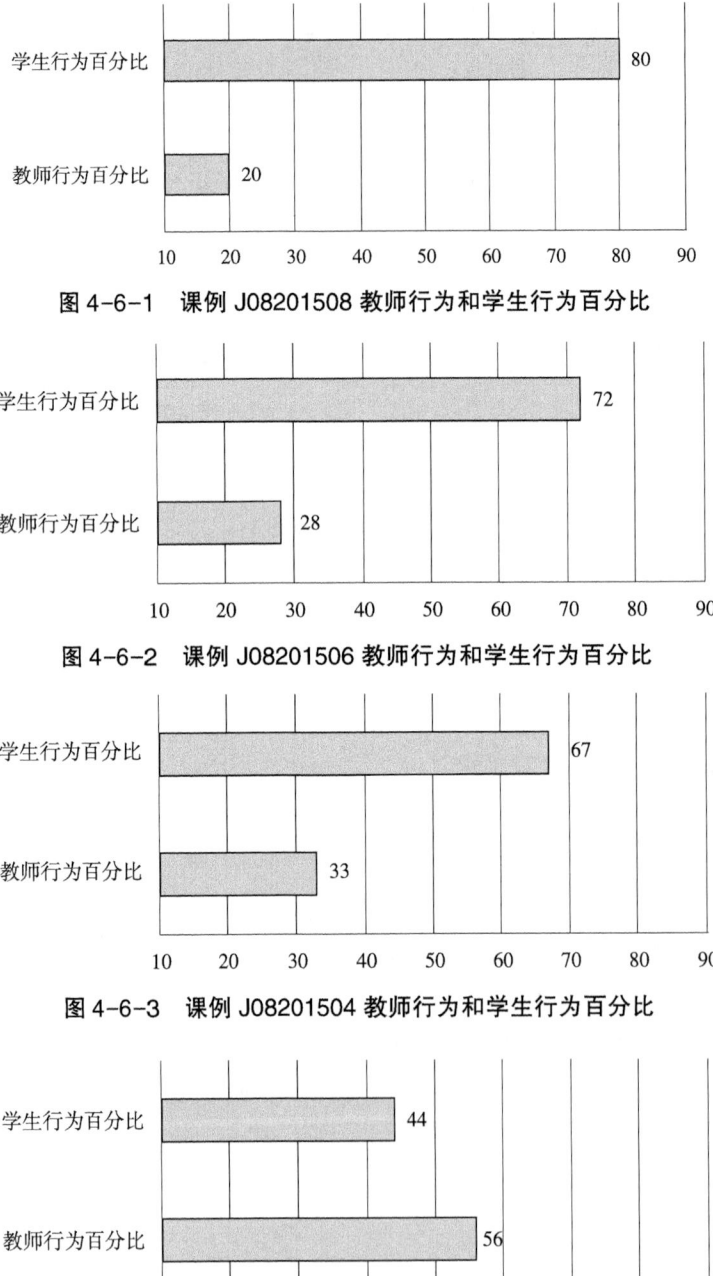

图 4-6-1　课例 J08201508 教师行为和学生行为百分比

图 4-6-2　课例 J08201506 教师行为和学生行为百分比

图 4-6-3　课例 J08201504 教师行为和学生行为百分比

图 4-6-4　课例 J08201502 教师行为和学生行为百分比

这 8 节课的教学模式类型基本上是混合型和练习型的，其中课例 J08201507 为讲授型。"发现问题课"教师应充分激发学生的兴趣，引导学生在相互交流、讨论的过程中激活思维，围绕主题发现并提出有价值的问题。但是在本节课的教学中，尽管教师设计了让学生交流和讨论的环节，从数据结果上看教师没有给学生的交流讨论留下足够的时间。

3. 教学方式的适切度

这 8 节课教学方式的适切度都比较高，尤其是"布置任务时描述的清晰程度""探究计划与学习任务的适切性""教师组织实施活动的有序性""小组合作学习前提出了共同学习的问题或活动内容""小组展示形式是小组成员代表汇报"等均达到 93.8%，说明教师们基本上都掌握了综合实践活动课堂教学的基本方法。8 节课教学方式的适切度见表 4-6-20。

表 4-6-20　8 节课教学方式的适切度

编号	评价指标	选项/项目	选择百分比（%）	图示
030301	布置任务时描述的清晰程度	清晰	93.7	
		一般	6.3	
		不清晰	—	—
		无任务描述	—	—
030302	探究计划（或学习计划）的完备性	完备	75.0	
		一般	25.0	
		不完备	—	—
		无计划	—	—
030303	探究计划与学习任务的适切性	适切	93.7	
		一般	6.3	
		不适切	—	—
		无计划	—	—
030304	教师组织实施活动的有序性	有序	93.7	
		一般	6.3	
		无序	—	—

续表

编号	评价指标	选项/项目	选择百分比（%）	图示
030305	小组合作学习前提出了共同学习的问题或活动内容	是	93.7	
		否	6.3	
030306	小组讨论或合作前让学生个体先进行思考	是	43.8	
		否	56.2	
030309	小组展示形式	小组全体成员汇报	12.5	
		小组成员代表汇报	93.8	
030310	小组汇报量	全体小组	50.0	
		个别小组	50.0	

为了进一步分析教师对学生活动指导的有效性，本研究采用记号体系对活动前教师对学生提出要求、学生小组活动时教师的指导方式、学生小组展示后教师的指导方式进行标记和分析。结果显示，在对学生活动提出要求时，教师能够对活动的内容、方式和时间做出要求，但在对活动的评价标准进行说明方面还有欠缺。在学生小组讨论时，教师基本上还是能够密切关注学生讨论的情况，并适当参与学生的讨论，对他们进行指导。在学生小组展示后教师能够引导其他学生对展示进行评价或自己对学生展示进行明确的评价，但也仍旧存在仅作简单评价或不进行评论和指导的情况。教师对学生活动指导的具体方式见表4-6-21。

表4-6-21 教师对学生活动指导的具体方式

编号	评价指标	选项	平均次数	百分比（%）
030300	教师对学生活动提出要求	对活动内容提出要求	3.8	43.0
		对活动方式提出要求	2.6	30.0
		对活动时间提出要求	1.8	21.0
		说明活动的评价标准	0.5	6.0
		自定义选项	0.0	0.0

第四章　中学综合实践活动问题解决思维实践能力测评分析及建议

续表

编号	评价指标	选项	平均次数	百分比（%）
030307	学生小组讨论时教师的指导方式	询问小组活动情况	1.6	15.0
		观察学生的讨论	3.4	33.0
		进行方法指导	3.1	30.0
		参与学生讨论	2.2	21.0
		教师做跟学生活动无关的事	0.1	1.0
030308	学生小组展示后教师的指导方式	教师引导其他学生对展示进行评价（含质疑、建议）	2.8	25.0
		教师针对学生的展示进行明确评价	4.8	44.0
		简单的评价，如非常好！不错	1.5	14.0
		教师让其他学生继续展示，不进行评论和指导	1.8	17.0

4. 师生语言互动

对于师生语言互动效果，本研究运用了 FIAS 的理论和方法。FIAS 源于这样的理念：语言行为是一些学科课堂教学的主要行为，占所有教学行为的 80% 左右。因此通过对课堂教学语言行为的分析能够把握课堂教学的规律和实质。弗兰德斯将课堂上的语言行为分为教师语言、学生语言和课堂沉默（无有效语言活动）三类共十种情况，分别用编码 1~10 表示。弗兰德斯十种语言分析结果见表 4-6-22。进行课堂观察时，观察者每 3 秒记录一次出现的行为类别。

表 4-6-22　弗兰德斯十种语言分析结果

序号	分类	分类	分类	次数	百分比（%）
1	教师语言	间接影响的语言	接纳学生的情感	2	0.2
			称赞或鼓励	16	1.7
			接受或利用学生的想法	34	3.4
			教师提问	40	4.1
		直接影响的语言	教师讲解	236	24.2
			命令或指示	101	10.4
			批评学生	0	0.0

续表

序号	分类	分类	分类	次数	百分比（%）
2	学生语言	—	学生被动发言	384	39.3
			学生主动发言	19	1.9
3	课堂沉默	—	课堂沉默	145	14.8

  对于课堂中的行为分析，除了对语言的类别进行分析，本研究还运用矩阵中的语言序对，对语言的顺序进行分析。弗兰德斯矩阵分析法将代表事件发生的数字结成序对，说明事件发生的先后顺序。例如，序对（4，4）表示教师连续提问的言语行为，即提出一个问题之后，在学生未作答的情况下继续提出问题，其中，后一个问题可能是前一个问题的重复，也可能是一个新问题的提出。序对（4，8）表示教师提出问题之后，学生紧接回答的言语行为，其回答只针对教师刚刚提出的这个问题。序对（8，4）表示学生回答完教师提问之后，教师马上继续提问。教师提问可能是针对学生刚刚发言的追问，也可能是继续提出与学生回答不相关的新问题。序对（8，8）表示学生的连续回答问题的言语行为。如果这4个方格的数字较高，属于一种典型的传统问答模式。8节课弗兰德斯转换矩阵数据见图4-6-5。

  在对每一节课的弗兰德斯转换矩阵分析中，笔者发现课例J08201503的师生语言分布。教师语言行为中，教师讲解共210次，提问80次。其中，连续提问41次。学生回答问题共251次，连续回答问题212次。本节课上，学生的主动发言达22次，由此可见，这是一节师生有效互动交流的课例。而且，本课中教师称赞鼓励、接纳想法、接纳情感较多（117次），师生的互动交流很顺畅。课例J08201503弗兰德斯转换矩阵见图4-6-6。

第四章　中学综合实践活动问题解决思维实践能力测评分析及建议

		接纳情感	称赞鼓励	接纳想法	教师提问	教师讲解	命令/指示	批评	被动发言	主动发言	课堂沉默	合计
		1	2	3	4	5	6	7	8	9	10	
接纳情感	1	1	0	0	0	1	0	0	0	0	0	2
称赞鼓励	2	0	9	1	1	3	2	0	1	0	1	18
接纳想法	3	0	2	21	3	4	1	0	1	0	1	33
教师提问	4	0	1	2	21	3	2	0	10	1	2	42
教师讲解	5	0	2	1	7	224	10	0	2	0	4	250
命令/指示	6	0	0	1	3	5	85	0	6	1	6	107
批评	7	0	0	0	0	0	0	0	0	0	0	0
被动发言	8	0	3	6	4	3	3	0	361	1	6	387
主动发言	9	0	0	1	1	0	0	0	0	15	0	18
课堂沉默	10	0	1	1	2	7	4	0	4	0	124	143
合计		1	18	34	42	251	107	0	385	18	144	1000

图 4-6-5　8 节课弗兰德斯转换矩阵

		接纳情感	称赞鼓励	接纳想法	教师提问	教师讲解	命令/指示	批评	被动发言	主动发言	课堂沉默	合计
		1	2	3	4	5	6	7	8	9	10	
接纳情感	1	8	0	1	0	2	1	0	1	0	1	14
称赞鼓励	2	0	20	4	0	4	3	0	4	1	5	41
接纳想法	3	1	3	34	8	8	1	0	3	0	4	62
教师提问	4	0	1	7	41	4	2	0	24	0	1	80
教师讲解	5	2	0	2	16	174	8	0	2	1	3	210
命令/指示	6	0	0	1	5	4	114	0	4	1	6	137
批评	7	0	0	0	0	0	0	0	0	0	0	0
被动发言	8	1	9	12	3	5	4	0	212	1	2	249
主动发言	9	1	1	1	1	1	1	0	0	16	0	22
课堂沉默	10	1	3	1	4	8	4	0	1	2	172	195
合计		14	41	62	79	210	138	0	251	22	193	1010

图 4-6-6　课例 J08201503 弗兰德斯转换矩阵

课例 J08201501 的师生语言分布，教师讲解共 319 次，教师提问 41 次，其中，连续讲解 272 次，连续提问 21 次。学生连续回答问题 211 次。但本节课上，学生主动发言少，由此可见，这是一节师生互动交流较差的课例。而且，称赞鼓励、接纳想法、接纳情感较少，这应引起该教师的高度重视，以便使师生的互动交流更为顺畅。课例 J08201501 弗兰德斯转换矩阵见图 4-6-7。

		接纳情感	称赞鼓励	接纳想法	教师提问	教师讲解	命令/指示	批评	被动发言	主动发言	课堂沉默	合计
		1	2	3	4	5	6	7	8	9	10	合计
接纳情感	1	2	0	0	0	1	0	0	0	0	0	3
称赞鼓励	2	0	1	4	0	2	1	0	2	0	0	10
接纳想法	3	0	2	21	2	7	1	0	2	1	1	37
教师提问	4	0	2	1	21	6	1	0	9	1	1	42
教师讲解	5	1	0	0	10	272	25	0	5	0	6	319
命令/指示	6	1	0	2	2	13	143	0	8	1	13	183
批 评	7	0	0	0	0	0	0	0	0	0	0	0
被动发言	8	0	5	5	4	7	4	0	211	0	1	237
主动发言	9	0	0	2	0	1	1	0	0	0	0	4
课堂沉默	10	0	0	0	2	9	7	0	1	0	158	177
合计		4	10	37	41	318	183	0	238	3	178	1012

图 4-6-7　课例 J08201501 弗兰德斯转换矩阵

(四) 教学效果

对教学效果的评价分别从教学效果目标达成度和学生的参与度等指标进行。教学效果的总平均分为 7.7 分，目标达成度的平均分是 7.8 分，学生的参与度的平均分为 7.6 分。综合分析可知，综合实践活动课堂教学效果还是较为理想的，但从最高分和最低分的差异看，教师今后还应该在学生的参与度上下功夫。8 节课教学效果分析结果见表 4-6-23。

表 4-6-23　8 节课教学效果分析结果

编号	评价指标	满分	最高分	最低分	标准差	差异系数	平均分	图示
04	教学效果	10	8.8	6.3	0.8	11.0	7.7	
0401	目标达成度	10	9.0	6.5	0.8	10.7	7.8	
0402	学生的参与度	10	9.0	6.0	1.0	13.0	7.6	

1. 目标达成度

目标达成度分为学生获得了学习或研究的方法，学生获得了某种认识或体验和学生解决了预设的问题三个维度。结果显示，通过综合实践活动课程，93.7%的学生获得了某种认识或体验，81.2%学生解决了预设的问题，75.0%的学生获得了学习或研究的方法。说明，综合实践活动课教师对于课程理念的把握很准确，对达成课程目标的教学方法已掌握并且对学生的学习方法指

第四章　中学综合实践活动问题解决思维实践能力测评分析及建议

导到位。8节课教学目标达成度见表4-6-24。

表4-6-24　8节课教学目标达成度

编号	评价指标	选项/项目	选择百分比（%）	图示
040101	学生获得了学习或研究的方法	基本符合	75.0	
		一般	25.0	
		基本不符合	—	—
040102	学生获得了某种认识或体验	基本符合	93.7	
		一般	6.3	
		基本不符合	—	—
040103	学生解决了预设的问题	基本符合	81.2	
		一般	18.8	
		基本不符合	—	—

2. 学生的参与度

综合实践活动课程学生的参与度是从"课堂教学的氛围"和"学生提出质疑性问题"两方面来评价的。有关课堂教学的氛围中活跃与沉闷占比都是37.5%，认为轻松的占了25.0%，没有学生选择紧张，由数据可看出多数教师可以营造活跃、轻松的课堂教学氛围，但学生提出质疑性问题仅占50.0%，教师在提高学生思辨能力和提出问题的能力方面要下功夫，要鼓励学生勇于提出新的思路，探索新的方法，敢于批判和质疑。8节课学生的参与度见表4-6-25。

表4-6-25　8节课学生的参与度

编号	评价指标	选项/项目	选择百分比（%）	图示
040201	课堂教学的氛围	活跃	37.5	
		沉闷	37.5	
		紧张	—	—
		轻松	25.0	
040204	学生提出质疑性问题	有	50.0	
		无	50.0	

五、结论

从录像课教学质量总评结果看,总体结果平均分为 7.7 分,教学目标、教学内容、教学过程、教学效果等各项目得分较为均衡,教学秩序整体稳定,教师工作态度认真,教师综合素养较好。本次录像课分析选择"发现并提出问题"和"展示交流和评价反思"两种课型共 8 节课例进行研究。"发现并提出问题"课能体现教师激活学生思维,指导学生提出问题的能力,"展示交流和评价反思"课能体现教师引导学生围绕活动成果进行深入交流和反思的能力,这两类课在一定程度上反映教师在综合实践活动中的指导能力。

从教学目标看,教师能够按照综合实践活动课程的理念,注重学生在实践活动中的自主性和目标的可操作性,在制定教学目标的时候关注学生的实际情况,将学生作为活动的主体,根据学生的实际需要,制定出可操作性强的教学目标。

从教学内容看,评价涉及的具体指标保持稳定,教师在满足学生兴趣的程度方面做得最好,选择的教学内容能够贴近学生真实的学习生活,激发学生积极参与学习的兴趣。此外,在教学内容合理性与科学性、教学内容的结构化(或系统化)程度、与学生认知水平的适切度方面教师们做得也不错。

从教学过程看,从教学过程看,教师积极转变教学观念,突出学生在活动中的主体地位,根据学生特点选择合适的教学方式,大部分教师能够有意识地给学生创造表达展示、交流的机会,善于启发引导学生多角度发现并提出问题,善于利用学生生成的资源,教师行为和学生行为比例合适,师生语言互动较为有效。

从教学效果看,8 节综合实践活动课的教学效果较为理想,教师对于课程理念的把握比较准确,多数教师能够营造活跃、轻松的课堂教学氛围,根据综合实践活动课程特点选择合适的教学方法并且对学生的学习方法指导到位。

六、教学改进建议

(一)建议教师逐渐增强跨学科的意识

教师要善于联合更多专业教师协助完成教学活动。

第四章　中学综合实践活动问题解决思维实践能力测评分析及建议

综合实践活动的学习方式是以问题解决的方式展开的，生活中的问题绝对不是单独某个学科的知识与技能就可以完全解决的，往往是多学科综合在一起。所以教师在教学的总体设计上要考虑跨学科教师参与共同备课以及实施教学指导，从而引导学生运用多种能力完成作品。

（二）建议教师要善于鼓励学生走上展示自己的讲台

学生的个体差异总是存在的，在展示交流环节，经常是部分学生作为小组代言人呈现小组的学习成果。希望教师动员全班同学都能够主动来展示自己的成果，组长与组员可以从不同角度介绍，既要体现小组合作学习的力量，也要有个性的呈现。面对在全班同学面前不敢表达的个别学生，教师的积极鼓励可以发挥巨大的作用，不忽略任何一名学生，给予学生自信去尝试挑战自己，这样的经历对于某些学生而言收获是巨大的。

（三）建议教师要善于关注细节的教育，对学生的评价不流于形式

展示汇报交流等活动会贯穿于综合实践活动课程推进的全程，学生经常会呈现大量的信息，会吸引听众更加投入成果丰富的形式中。教师的评价并不需要一味肯定，教师要能够非常及时地指出在某些作品中被大多数人忽略的错误，强调呈现信息的准确性是很重要的，不能似是而非，要有治学的严谨性。所以教师的评价能力就显得格外重要，要有及时必要的鼓励，更要有看到问题抓住时机进行引导的能力，在这一点上教师们还有更大提升空间。

（四）建议教师采取措施提高学生课堂学习的参与度

在教学实施过程中，教师应对学生的学习活动进行合理布置，继续保持对全体学生的关注的优点，有针对性地采取"自主、合作、探究式学习"，进一步激发学生的学习兴趣。在教学过程中，教师要特别关注学生课上的反应，了解学生对知识的掌握情况以及生活经验的积累情况，及时调整教学进程，积极鼓励、启发学生做出真正的有质量的主动发言和质疑，提高学生课堂学习的参与度。

（五）建议教师切实提高课堂师生对话的效率

教师应精心设计层级问题，注意课堂提问的频次，不能过于频繁，不能只是让学生简单地确认是或否，并善于利用学生观点进一步引导和提升学生

的认识。教师提问要让学生围绕教学目标产生真正的思考，对于学生的回答应给予具有学科价值的指导，应及时判断出学生回答的品质，对学生的优秀（或欠妥）回答要有能力明示其意义（或问题），而不是简单地以"很好，请坐"回应学生，随后立即给出自己准备好的"标准答案"。教师要有意识接纳或利用学生的观点，充分预设不同层次学生的可能答案，展示其思维过程，剖析不同的答案思路，切实提高课堂师生对话的效率，并集中力量研究如何以学生的疑难问题来驱动课堂。

（六）建议教研部门加强培训，提高教师教学能力

建议教研部门在教师研修过程中同样开放更大的空间，针对某些主题活动教学创设多种研修模式，给予教师更丰富的教学资源，提高教师教学能力。市、区教研部门和教师培训部门应结合教学中的实际问题以及教师的需求，精心设计教研和培训活动，加强对教师教学能力的培训，例如集中力量在如何引导学生质疑能力培养上进行研讨，指导和帮助教师更好地理解课程的要求，提高课程实施的质量和水平。录像课分析结果表明，教师对课程理念能够认同，对课程的性质和特点也有所了解，但对于学生实践活动过程中遇到的实际问题还缺乏有效的指导方法和策略，对有效利用当地资源开发和设计主题活动的能力也不足。因此，教研部门和教师培训部门应更加关注教师实施课程的能力，避免单纯的讲座和被动的观摩，可以引导教师自主设计并实施一次综合实践活动，结合指导学生开展活动时遇到的问题开展相应的课例和案例研究，帮助教师积累实践经验，提高课程实施的能力和水平。

第七节 中学综合实践活动问题解决思维实践能力教学质量分析

依据《综合实践指导纲要》，按照测评方案提出的中学综合实践活动评价内容和标准，在全市范围内科学抽取相应学校的学生与任课教师，采用定量研究与质性研究相结合的技术路线，对中学综合实践活动教学质量达到国家与北京市课程目标和要求的情况进行分析与评价，并在此基础上提出进一步

提高教学质量的建议。

一、教学质量现状

(一) 学生能力水平的现状

从总体上来看，中学生综合实践活动问题解决思维实践能力处于良好水平。

从不同性别学生群体来看，中学男生和女生学业水平存在差异。就不同性别学生而言，中学男、女生的综合实践活动平均学业水平均达到良好水平，但两者差异显著。男生和女生的合格率分别为92%和94%，均达到较高水平，男生的合格率比女生低2个百分点；男生和女生的优秀率分别为2.0%和5.2%，男生的优秀率比女生的低3.2个百分点。

从不同地域学生群体上看，城市校与县镇校和农村校的学生学业水平存在差异。就不同地域学校学生而言，城市校、县镇校和农村校学生的中学综合实践平均学业水平均达到良好水平，县镇和农村学校差异不显著，其他彼此差异均显著。城市、县镇和农村学校学生的合格率分别为89.8%、97.8%和98%。农村学校的合格率最高，城市学校的合格率最低；城市、县镇和农村学校学生的优秀率分别为4.1%、3.1%和2.0%，城市学校学生的优秀率最高，农村学校的优秀率最低。

(二) 课堂教学质量的现状

课题教学质量的现状主要通过对问卷调查、课堂教学录像课分析、个案研究资料的分析等途径进行描述。录像课来自参加义务教育教学质量分析评价思维能力测评区县的学校。每个区县抽取了一所学校的一个班作为测评班，每个测评班摄录两节课。全市共录制8节，全部为中学课例。

对8节录像课的分析主要包括教学目标、教学内容、教学过程和教学效果四个方面。从分析的整体结果看，教师在教学内容上的平均得分是最高的，为7.8分；其次为教学目标和教学效果，平均得分都为7.7分；平均得分最低的是教学过程，为7.5分。

通过对课堂教学录像课分析、学校个案研究可以发现，中学综合实践活动课堂教学现状总体良好，教师普遍认同综合实践活动课程的理念，结合学生特点在教学过程设计、教学方式选择和教学资源开发等方面进行探索，取得了一些成绩。

通过录像课分析和学校个案研究，笔者也发现当前综合实践活动教学中存在的一些问题，影响了课程实施的效果，主要表现在以下几方面。

1. 教师之间存在着明显差异

数据表明，本次分析的 8 节录像课在一级指标和二级指标的多个方面存在较为明显的差异，说明综合实践活动课程指导教师队伍发展的不均衡，教师对课程理念的理解和认同，以及在实际教学中对学生活动指导的能力和水平都存在较大差异，在课程实施过程中，甚至出现一些不符合课程理念和要求的现象。

2. 教学难点的教学指导针对性不强

通过本次录像课数据统计与分析可以看出，课堂教学中教师的指导在教学难点准确这一维度还是有明显不同的评价：基本符合的比例是 56.3%，说明只有一半多一点的教师指导教学难点把握较好；还有 6.3% 的教师教学难点准确把握不够符合实际教学情况。这说明对于综合实践活动教学难点预设与突破教师们还要下功夫研究。

3. 教学内容还存在不准确的状况

通过数据分析，从教学内容的讲解是否有错误角度来看，93.8% 没有错误，但是仍然有 6.3% 的是有错误的，这对于教师来讲要格外关注，教学的严谨性是不容忽视的。综合实践活动虽然不是以传授知识为主要目标的课程学习，但是在培养学生收集文献资料和查阅相关知识和理论时，要强调学习的严谨性，查阅的相关资料应该具有科学性和权威性，这样才能培养学生科学严谨的学习态度。综合实践活动中学生研究的内容经常超出教师原有的专业知识领域，教师对与主题相关的知识有可能存在一知半解的情况，此时更要注意教学的严谨性，对于自己不确定的内容可以课下进一步了解，而不能在课上随意的做出判断，出现不准确或者不科学的现象。

4. 课堂教学缺乏有深度的思维活动和探究活动

对教学过程中相关数据的分析发现，尽管教师在课上经常提出问题，但

第四章 中学综合实践活动问题解决思维实践能力测评分析及建议

真正能够引发学生深入思考，具有一定思维深度的问题还较少，多数问题仍旧是在"是与否"，或有固定答案的问题。课堂展示交流活动中，多数也以学生的展示为主，引导学生围绕展示内容，进行深入交流讨论的活动还不够，教师有效利用学生的发言进行引导其他学生进行深入思考和探究活动也不够充分。

二、现状分析

在当前教育改革的大背景下，中学综合实践活动课程作为培养学生综合素质的重要途径，受到了广泛关注。本研究通过定量研究与质性研究相结合的技术路线，对中学综合实践活动教学质量的现状做出如下分析。

（一）主要优势

第一，中学生综合实践活动问题解决思维实践能力处于良好水平。这表明学生能够通过实践活动，将理论知识与实际问题相结合，进行有效的思考和解决。这种能力的提升，有助于学生在未来的学习和工作中，更好地应对各种挑战。

第二，学生喜欢综合实践活动课程。学生普遍对综合实践活动课程抱有积极的态度和浓厚的兴趣。这种喜爱不仅体现在学生愿意参与课程活动，还表现在他们对课程内容的深入思考和积极探索。学生的这种积极态度，是提高教学质量和效果的重要基础。

第三，学生的综合素质得到了发展。综合实践活动课程的实施，促进了学生综合素质的发展。这包括学生的团队合作能力、创新思维、社会责任感等多个方面。这些素质的提升，有助于学生形成健全的人格，为他们的终身发展奠定坚实的基础。

第四，学校在综合实践活动中，对社会大课堂资源的利用比较充分。这不仅丰富了课程内容，也为学生提供了更多的实践机会和学习资源。通过与社会的互动，学生能够更好地理解社会现象，培养社会责任感。

第五，教师在综合实践活动中的指导，比较符合课程的理念和要求。教师能够根据学生的实际情况，提供有针对性的指导和帮助，促进学生在活动中主动学习和深入思考。

(二) 存在的问题

第一，不同学生群体之间学业水平不均衡。这是当前综合实践活动面临的一个主要问题。这种不均衡可能源于学生的个体差异、教育资源的分配不均等因素。解决这一问题，需要学校和教师采取更加个性化的教学策略，以满足不同学生的需求。

第二，尽管学生的综合实践问题解决能力整体处于良好水平，但仍有待进一步提高。这要求学校在课程设计和实施过程中，更加注重实践环节的设置和指导，帮助学生在实践中不断积累经验，提升能力。

第三，学生发现问题的能力和沟通、实践的能力有待加强。这需要教师在教学中更加注重培养学生的观察能力、批判性思维和沟通技巧，帮助学生在面对问题时能够主动思考和有效沟通。

第四，综合实践活动课程开设不够规范。这可能会影响到课程的教学质量和效果。因此，学校需要建立和完善课程开设的标准和流程，确保课程的规范性和有效性。

第五，教师专业素养存在差异。教师专业素养的差异，也是影响综合实践活动教学质量的一个重要因素。提高教师的专业素养，需要学校提供更多的专业培训和学习机会，同时也需要教师不断学习和进行自我提升。

三、提升建议

综合实践活动作为基础教育的重要组成部分，对于学生的全面发展具有重要意义。通过本研究的分析，我们可以看到，虽然综合实践活动课程在实施过程中存在一些问题，但从整体上看，综合实践活动在培养学生的综合素质方面发挥了积极作用。为了进一步提升教学质量，建议学校和教师：

第一，关注学生在中学综合实践问题解决思维实践能力上的个体差异，提供个性化的教学支持。

在中学综合实践活动中，关注学生问题解决思维实践能力的个体差异并提供个性化的教学支持是至关重要的。学生在问题解决思维实践能力上的差异性要求教师能够识别并满足每个学生的独特需求。这种个性化的教学支持不仅包括对学习内容的调整，还涉及教学方法、学习资源和学习环境的个性

第四章 中学综合实践活动问题解决思维实践能力测评分析及建议

化设计。例如，对于动手能力较强的学生，教师可以设计更多操作性强的实验和实践活动；对于理论分析能力较强的学生，则可以提供更多案例分析和讨论的机会。此外，教师还应通过定期的评估和反馈，不断调整教学策略，以确保每个学生都能在适合自己的方式下学习和成长。这种个性化的教学支持有助于激发学生的学习兴趣，提高他们的学习效率，同时也能够促进学生全面发展，培养他们成为具有创新精神和实践能力的人才。

第二，为学生提供更多的实践机会，让学生在实践中学习和成长。

通过综合实践活动，学生能够将理论知识与实际操作相结合，从而更深刻地理解和掌握知识。学校应积极创造条件，为学生提供多样化的实践机会，如实验室操作、社会调查、社区服务、艺术创作等。这些实践活动不仅能够增强学生的实际操作能力，还能培养他们的团队合作精神、社会责任感和创新意识。在实践中，学生会遇到各种问题和挑战，这正是他们学习和成长的最佳时机。教师应鼓励学生主动参与实践，引导他们在实践中发现问题、分析问题并解决问题，从而提高他们的实践能力和综合素质。

第三，加强中学综合实践课程设计，确保课程内容的科学性和实用性。

加强中学综合实践课程设计是确保教学质量的基础。课程设计应基于科学的教育理念和学生的实际需求，确保课程内容既科学又实用。这意味着课程内容不仅要涵盖必要的理论知识，还要包含丰富的实践活动，使学生能够在实践中学习和应用知识。课程设计还应考虑到不同学科的交叉和整合，鼓励学生进行跨学科的学习。此外，课程设计还应关注学生的未来职业发展，为他们提供与未来职业相关的知识和技能。通过精心设计的课程，能够培养学生在中学阶段就具有扎实的知识储备和实践能力，为他们未来的学习和职业生涯打下良好的基础。

第四，建立和完善综合实践课程评价体系，确保课程的规范性和有效性。

建立和完善综合实践课程评价体系是确保课程规范性和有效性的关键。评价体系应全面反映学生的学习成果和课程的教学效果。这包括对学生知识掌握、技能发展、创新能力、团队合作等多方面的评价。评价方式应多样化，包括自我评价、同伴评价、教师评价等，以确保评价的客观性和公正性。评价结果应及时反馈给学生和教师，以便他们能够根据评价结果调整学习策略和教学方法。此外，评价体系还应包括对课程本身的评价，如课程内容、教学方法、教学资源等，以促进课程的持续改进和优化。通过完善的评价体系，学校能够确保综合实践活动课程的质量，为学生的全面发展提供保障。

第五，加强综合实践教师培训，提高教师的专业素养和教学能力。

加强教师培训是提高教学质量的重要途径。教师的专业素养和教学能力直接影响学生的学习效果。因此，学校应定期组织教师培训，提高教师的教学技能，丰富教师的专业知识，促进教师的专业发展。培训内容应包括最新的教育理念、教学方法、课程设计、学生评估等方面。教师培训还应注重培养教师的实践能力，如组织实践活动、指导学生实践等。此外，教师培训还应鼓励教师进行自我反思，以促进教师的持续成长。通过加强教师培训，学校能够建立一支高素质的教师队伍，为学生的全面发展提供强有力的支持。教师的专业成长和教学创新将直接影响学生的学习体验和学习成果，从而提高中学综合实践活动的整体教学质量。

后　记

本书是北京教育科学研究院孵化项目"大数据背景下首都基础教育质量提升计划"的研究成果。聚焦大数据背景下首都基础教育质量提升，以小学数学、小学综合实践活动和中学综合实践活动为载体探索问题解决思维与应用。本书是团队研究成果的呈现，各章节内容撰稿人信息如下：

第一章：问题解决思维能力测评方案（第一节：张熙，郭立军；第二节：张熙，梁烜，刘玲）

第二章：小学数学问题解决思维能力测评分析及建议（第一节：郭立军，张熙；第二节：张咏梅，田一；第三节：田一；第四节：郝懿，田一；第五节：郭立军；第六节：原露，何光峰，郭立军；第七节：郭立军）

第三章：小学综合实践活动问题解决思维实践能力测评分析及建议（第一节：刘玲，张熙；第二节：张咏梅，王家祺；第三节：王家祺；第四节：郝懿，王家祺；第五节：刘玲；第六节：何光峰，刘玲；第七节：刘玲）

第四章：中学综合实践活动问题解决思维实践能力测评分析及建议（第一节：梁烜，张熙；第二节：张咏梅，李美娟；第三节：李美娟，原露；第四节：郝懿，李美娟；第五节：梁烜；第六节：何光峰，梁烜；第七节：梁烜）

在此，我们要特别感谢课题开展中给予过支持的各位专家、领导；感谢团队成员的辛苦努力；感谢张咏梅、田一在书籍出版过程中的校对和沟通工作；同时，真诚感谢所有编辑人员的辛勤工作，是你们的敬业和专业，让这本书趋于完美。

本书集合了课题组的智慧和努力，期待广大读者批评指正。

2024 年 9 月 22 日